새로운

성경 헬라어 문법

정창욱 지음

총신대학교출판부

머리말

해 아래 새 것이 없기에 전적으로 새로운 무엇인가를 만들어 내는 일은 불가능하다.

이것은 저술 활동에 있어서도 마찬가지다. 하지만 새로운 책을 출판할 때는 이전과는 다른 책을 저술한 동기와 목적을 설명해야 하는 것이 마땅하다. 특별히 수많은 성경 헬라어 문법서들이 이미 출판 되어 있는 마당에 왜 또 다른 헬라어 문법서가 필요한지에 대해 설명하는 것은 독자에 대한 예의라고 생각한다.

한국의 성경 헬라어 문법서 사용 현황을 살펴보자면, 메이첸에 의해 쓰여진 초급 신약 성경 헬라어에 거의 전적으로 의존하고 있다. 그 책이 그 당시에 쓰여진 탁월한 성경 헬라어 교재라는 데는 이견이 없을 것이다. 그럼에도 불구하고 다음과 같은 약점을 가지고 있다. 첫 번째는 연습 문제의 문장들이 성경 구절이 아니고, 문법을 익히기 위해 만들어 낸 것이다. 그래서 그 책으로 초급 문법을 모두 배운 후에도 헬라어 성경을 제대로 읽어 내지 못한다. 메이첸의 책에 근거하여 편집 또는 요약한 문법서들도 여러 개 출판되어 있다. 그 중에는 헬라어 문법을 한글에 맞게 설명하면서 편역한 문법서도 있는데 헬라어 문법을 한글을 사용하는 한국인 입장에서 기술한 것은 높이 평가할 만한 일이다. 그런데 여전히 연습 문제에서 헬라어 작문을 배제시킨 것 외에는 헬라어 독해를 위한 문장을 그대로 놔두어 성경 본문에 친숙해지도록 만들지 못한 문제를 지니고 있다. 두번째로 현재 언어 환경이 메이첸의 문법서를 저술할 당시와는 너무도 달라졌는데 그 현실성을 잘 담아내지 못하는 한계를 가지고 있다. 이것은 앞에서 언급한 첫번째 내용과 연결되어 있다. 그 당시에는 독해는 물론 작문까지 할 정도로 원어를 익힌 뒤에 성경 헬라어를 강독하는 분위기였으나, 지금은 가능한 한 빨리 배우고 싶어한다. 이러한 태도는 꼭 부정적인 것만은 아니다. 왜냐하면 그 당시와는 달리 현재는 헬라어 성경 강독을 도와주는 도구들, 특별히 컴퓨터 소프트 웨어들이 많이 개발되어 있기 때문이다. 가능한 한 기초 문법을 빨리 배우고 그런 도구들을 사용하면서 실제적인 필요를 따라 헬라어를 익혀 나가도록 도와주는 문법서의 출현이 절실한 것이다.

이상에서 제기한 문제점들을 해결하기 위하여 이 책을 내 놓게 되었다. 본 문법서는 제본하여 시제품으로 지난 4년간 총신 대학에서 초급 헬라어 교재로 사용하면서 많은 수정과 보완을 거친 것이다. 모든 연습 문제는 초반부의 극소수를 제외하고는 신약 성경에서 뽑아낸 것이다. 초반부에 사용된 어떤 성경 구절들은 문법 내용에 맞추어 단어 한 두개가 고쳐진 경우가 있으나 이 또한 한 두개에 불과하다. 이 책을 끝까지 배우는 사람은 500구절 가량의 헬라어 성경 구절을 강독하게 될 것이다. 그리고 문법 내용 중에 중요성이 떨어지거나 불필요한 내용은 축소하거나 과감하게 삭제하여 24과로 구성하였다. 이는 두 학기에 초급 문법을 마치기 위해서이다. 현실적으로 한 학기에 15-16주 강의를 하게 되는 경우, 중간 고사와 기말 고사를 제외하고 그 외의 다른 이유로 빠질 수 밖에 없는 날을 빼고 나면, 한 학기에 12주, 일년에 24주 가량 수업을 하게 되어 있는 것이 현실이다. 과의 수를 줄임으로써 현실적인 요구에 부응할 수 있으리라 생각한다. 이러한 필요 외에도 앞서 언급한 대로 빠른 시일 안에 필수적인 초급 문법을 배우고 성경 헬라어 강독을 도와주는 도구들을 활용할 수 있도록 가능하면 분량을 단축하였다.

이 책을 이끌어 가는 두 개의 축이 있다. 첫 번째는 헬라어 변화형에서 불규칙해 보이는 변형이 일어나면 거의 발음 때문에 생긴 변형이라는 사실이다. 따라서 어떤 불규칙한 변형을 외우기 전에 음성학적으로 가능한 설명을 찾아보는 시도를 하게 될 것이다. 그러한 시도를 통하여 헬라어에 대한 이해와 친근함이 생기리라 믿기 때문이다. 두 번째 이 교재는 철저하게 실용성과 실제성을 추구한다. 신약 성경에 등장하지 않는 형태를 배우기 위해 머리를 싸매는 일이 없도록 구성하였다.

이 책을 사용하는데 있어 실제적인 면을 몇 가지 언급하자면, 첫째로 각과의 독해를 위한 단어에 그 과의 연습 문제에 등장하는 단어들을 앞

과에서 이미 나온 것을 제외하고는 전부 포함시켰다. 또한 책 뒤의 부록에 단어집을 알파벳 순으로 첨부하여 모르는 단어를 쉽게 찾아 볼 수 있게 하였다. 둘째로 부록에 각종 변화표도 함께 수록하여서 참조하며 변화형을 익힐 수 있도록 배려하였다. 연습 문제를 익히면서 헬라어 성경 구절과 헬라어 변화형을 함께 익힐 수 있기를 바란다.

많은 분들의 소중한 도움이 없이 이 책을 혼자의 힘으로는 완성할 수 없었기에 이 책이 나오기 까지 도움을 주신 분들을 언급하지 않을 수 없다. 우선 지난 4년간 수업 시간에 이 교재의 시제품을 가지고 배우면서 많은 질문을 해 주고 오자(誤字) 교정에 도움을 준 총신대학의 제자들에게 고마움을 전하고 싶다. 그들의 질문은 가르치는 자로서 저자가 미처 생각지 못했던 부분을 보게 해 주었고 설명의 미진함을 깨닫게 해 주었다. 그런 의미에서 나의 제자들은 나의 선생이라 고백하지 않을 수 없다. 어떤 학생들은 오자를 찾아내기 위해 세밀하게 교재를 읽어 주기도 했다. 아울러 실제적으로 이 교재 발간에 큰 도움을 준 나의 제자 박정훈 군에서 마음 속 깊은 곳에서 우러나는 고마움을 표현하고 싶다. 바쁜 중에도 도표를 만드는 것은 물론, 이 책의 부록에 있는 어휘와 변화형 작업을 기꺼이 해 주었다. 그의 실제적인 도움이 없었더라면 이 책은 훨씬 더 늦게 그리고 더 부족한 형태로 출간되었을 것이다. 마지막으로 언제나 나를 마음으로 응원해 주고 지원해 주는 우리 가족에게 감사의 마음을 전한다. 특별히 언제나 아이들 양육에 힘을 쏟으며 묵묵히 집안일을 감당하는 아내에게 감사의 마음을 전하고 싶다. 또한 너무 바빠서 잘 보살펴 주지도 못하는 아빠를 잘 이해해 주고 언제나 응원해 주는 열음이와 예인이에게도 고마움과 미안함을 담아 보낸다. 그 무엇보다도 하나님께 감사드리며 이 작은 책이 하나님의 나라를 위해 조금이나마 유익을 주는 책이 되기를 간절히 소망하는 바이다.

2008년 1월 25일

사당골 연구실에서

Contents

CHAPTER 01

알파벳

01 CHAPTER 알파벳

개 요

헬라어 습득의 첫걸음은 알파벳을 익히고 발음을 배우는 것이다. 알파벳의 소문자가 주로 사용되므로 소문자를 익히는 것이 가장 중요하다. 대문자는 사람의 이름이나 문단의 맨 처음 글자에 쓰이므로 역시 익혀두어야 한다. 발음과 관련하여 기억할 것은 우리가 배우는 헬라어 발음은 이미 2천년 전에 있었던 발음을 여러 가지 자료를 근거로 추론해서 만든 것이라는 사실이다. 각 나라마다 발음법이 서로 다르며 따라서 절대적인 기준은 없다. 그러므로, 자신이 알고 있는 것만이 옳다는 생각은 어리석은 것이다. 하지만, 이 말은 마음대로 아무렇게나 발음해도 된다는 것은 아니다. 최소한 공통되는 것들이 있으며 다만 차이점에 유의하면 된다. 이러한 점을 기억하며 아래의 알파벳을 익혀보자.

소문자	대문자	음명	음가
α	A	알파	아
β	B	베타	ㅂ
γ	Γ	감마	ㄱ
δ	Δ	델타	ㄷ
ϵ	E	엡실론	에
ζ	Z	제타	드ㅈ, 즈드
η	H	에타	에이
θ	Θ	세타(데타)	ㅅ,ㄷ (영어의 th)
ι	I	이오타	이
κ	K	캎파	ㅋ
λ	Λ	람다	ㄹ
μ	M	뮈	ㅁ
ν	N	뉘	ㄴ
ξ	Ξ	크시	크ㅅ
ο	O	오미크론	오
π	Π	피	ㅍ
ρ	P	로	ㄹ
σ(ς)	Σ	시그마	ㅅ
τ	T	타우	ㅌ
υ	Y	윕실론	위 (독일어 über의 ü)
ϕ	Φ	휘 (phi)	ㅎ (*philosoph*의 ph)
χ	X	ㅋ히	크ㅎ(독일어 *Buch*의 ch)
ψ	Ψ	프시	프ㅅ
ω	Ω	오메가	오우

Ⅰ. 알파벳과 관련된 일반 중요사항

1. η는 길게 "에이"로 발음하여 ϵ와 구분하여 준다.

2. θ는 영어의 th와 같이 발음하여 준다.

3. 헬라어에는 영어의 'h'에 해당하는 문자가 없다. 단어가 만일 모음으로 시작하고 'h'에 해당하는 'ㅎ'발음을 모음과 함께 내고 싶으면 강기식(ʽ)을 찍어주어 사용했다. 이런 식으로 'h'대신 강기식을 보완적으로 사용한다 : ἡμᾶς 헤이마스 (에이마스가 아님).

4. ρ는 영어나 한글로 표현할수 없는 소리로서 목 부근에서 울려주며 내야 한다. 이런 까닭에 이것이 단어의 첫머리에 오면 자음임에도 불구하고 모음에 붙는 강기식을 붙여주어 'ㅎ'음이 나게 해준다.
   ῥῆμα　　　　ῥαββί

5. υ은 독일어의 u움라우트와 같은 음가를 가지며 입을 최대한 오무려서 발음해 주는 까닭에 단어의 맨 처음에 나오면 언제나 강기식이 붙는다.
   υἱός　　　　ὑπό

6. χ는 독일어의 Buch의 마지막 ch처럼 크ㅎ 에 가까운 소리를 낸다.

7. γ는 'ㄱ'으로 발음되나, 바로 뒤에 나오는 자음이 'ㄱ'계통음이면 'ㅇ'으로 변화된다. 이러한 현상은 발음의 편의상 나타나며, 영어에서도 비슷한 현상이 종종 일어난다 (link, think, bank 등).
   ἄγγϵλος : 앙겔로스 (악겔로스가 아님)

ἄγκυρα : 앙퀴라 (악퀴라가 아님)

8. 영어의 s에 해당하는 σ는 단어의 마지막에 쓰이면 영어문자와 같은 ς이지만, 그외의 위치에서는 σ로 쓰인다.

9. ζ, ξ, ψ는 이중 자음으로서 두 자음으로 발음해 준다.

   ζ- 드ㅈ 또는 즈 ㄷ (영어의 wis*d*om 나 a*dz*e)

   ξ- 크ㅅ ψ- 프ㅅ

   이 세 자음 중에서 ζ는 이중 자음의 성격을 거의 갖지 않아서 단순자음인 '즈' (영어의 z)로 간주한다.

II. 모음과 관련된 사항

1. 헬라어는 한국어의 아, 에, 이, 오, 우 다섯 가지 모음과 같은 소리의 수를 가지고 있으나 (α ε ι ο υ), 헬라어에는 '에'와 '오'소리의 단모음과 장모음이 각각 따로 있다. 그래서 ε와 ο는 언제나 단모음이고, η와 ω는 반대로 언제나 장모음이다. 총 모음 수는 7개가 된다. 나머지 모음들인 α ι υ는 경우에 따라 단모음, 장모음으로 쓰인다.

2. 단어가 모음으로 시작하면 언제나 그 첫 모음에 기식을 붙이는데, 주로 연기식이 붙으며, 경우에 따라 강기식이 붙는다 (기식에 대한 자세한 설명은 밑에 있다).

3. 모음 두개가 합쳐서 형성되는 이중 모음은 다음과 같이 정리할 수 있다.

1) 이중 모음= 개모음 (α ϵ ο η ω) + 폐모음(ι υ) : 이것은 발음방식을 생각할 때 자연스러운 것이다. 처음 모음은 열어주는 역할을 하고 마지막 모음은 닫아주어야 바르게 연결이 되기 때문이다.

2) 예외가 있으니 그것은 υι라는 이중 모음으로 폐모음 두개가 합쳐져서 이중 모음을 이룬다.

3) 이중 모음은 보통 있는 대로 발음해 주면 되나, 때로는 하나의 소리로 발음하기도 한다 :

αι	아이
αυ	아우
ϵι	에이
ϵυ	에우(또는 유)
ηυ	에이우
οι	오이
ου	우
υι	위

4. ι는 장모음 뒤에 사용되면 언제나 그 장모음 밑에 붙어서 사용된다. 이것을 이오타 하기법(subscript)이라고 부르며, 이때에 이 이오타는 발음되지 않는다 : ᾳ ῃ ῳ

5. 강기식과 연기식 : 모음으로 시작하는 모든 단어에는 기식이 붙는다. 대부분은 연기식이 붙으며, 드물게 강기식이 붙는데 강기식은 'ㅎ'발음을 내게 한다. 앞에서 언급한 대로, υ과 자음인 ρ로 시작하는 단어에는 반드시 강기식이 붙으며, 그외의 모음에는 경우에 따라 가끔씩 붙는다. 또한 기식은 이중 모음으로 시작하는 단어의 경우에는 이중 모음의 마지막 모음 위에 온다.

αἷμα

대문자에 기식이 붙는 경우에는 대문자 앞에 찍어준다.
'Ιησοῦς

Ⅲ. 억양 부호(액센트)

억양 부호에는 세 가지가 있는데, 자세한 것은 다음 과에서 배우기로 한다.

Ⅳ. 구두점과 여러 부호

1. 구두점 : 헬라어에는 4가지 구두점이 있으며, 이것들 중 쉼표와 마침표는 한국어에서와 똑같이 기능한다. 의문부호는 한글이나 영어의 의문 부호(?) 가 아니라 영어의 세미 콜론(;) 이며, 영어의 세미콜론에 해당하는 부호는 줄 위에 찍는 점이다 (·). 이 마지막 부호는 영어의 세미콜론과 같이 다양하게 해석된다.

2. 분음 부호 : 이중모음 형태를 띠고 있으나, 이중모음으로 취급하지 말고 분리되어 있는 모음으로 취급하라는 표시. 대표적인 예로 이사야 선지자의 헬라어 표기인 'Ησαΐας 를 들 수 있는데, 여기서 αι는 함께 읽지 않고 α와 ι를 분리해서 읽어 주어야 한다.

[본문에 사용된 단어]

아래 명사에서 기본형 바로 옆에 있는 표시는 각 명사의 단수 소유격 형태를 나타내 주며 마지막에 있는 것은 성을 나타내 주어서, ὁ는 남성, ἡ는 여성, τό는 중성을 각각 표시해 준다.

ἄγγελος ου ὁ 천사

ἄγκυρα ας ἡ	닻
ῥαββί οῦ ὁ	랍비
ῥῆμα ατος τό	말씀
υἱός οῦ ὁ	아들

연습문제

마태복음 15장 1절-9절을 천천히 읽어 보시오.

1. Τότε προσέρχονται τῷ Ἰησοῦ ἀπὸ Ἱεροσολύμων Φαρισαῖοι καὶ γραμματεῖς λέγοντες,
2. Διὰ τί οἱ μαθηταί σου παραβαίνουσιν τὴν παράδοσιν τῶν πρεσβυτέρων; οὐ γὰρ νίπτονται τὰς χεῖρας [αὐτῶν][주)] ὅταν ἄρτον ἐσθίωσιν.
3. ὁ δὲ ἀποκριθεὶς εἶπεν αὐτοῖς, Διὰ τί καὶ ὑμεῖς παραβαίνετε τὴν ἐντολὴν τοῦ θεοῦ διὰ τὴν παράδοσιν ὑμῶν;
4. ὁ γὰρ θεὸς εἶπεν, Τίμα τὸν πατέρα καὶ τὴν μητέρα, καί, Ὁ κακολογῶν πατέρα ἢ μητέρα θανάτῳ τελευτάτω.
5. ὑμεῖς δὲ λέγετε· ὃς ἂν εἴπῃ τῷ πατρὶ ἢ τῇ μητρί· δῶρον ὃ ἐὰν ἐξ ἐμοῦ ὠφεληθῇς,
6. οὐ μὴ τιμήσει τὸν πατέρα αὐτοῦ· καὶ ἠκυρώσατε τὸν λόγον τοῦ θεοῦ διὰ τὴν παράδοσιν ὑμῶν.

주) 헬라어 성경 본문에 이와 같이 괄호가 쳐져 있는 경우에는 사본학적으로 괄호 안의 내용이 있을 수도 있고 없을 수도 있음을 나타낸다.

7. ὑποκριταί, καλῶς ἐπροφήτευσεν περὶ ὑμῶν **Ἠσαΐας** λέγων,
8. Ὁ λαὸς οὗτος τοῖς χείλεσίν με τιμᾷ, ἡ δὲ καρδία αὐτῶν πόρρω ἀπέχει ἀπ᾽ ἐμοῦ·
9. μάτην δὲ σέβονταί με διδάσκοντες διδασκαλίας ἐντάλματα ἀνθρώπων.

내용 보다 더 중요한 마무리

어떤 사람의 외국어 능력을 측정하는 방법은 여러가지가 있다. 그 중에서 중요한 부분을 차지하는 것은 얼마나 잘 읽느냐 하는 것이다. 헬라어도 큰 소리를 내어 읽어 나가는 훈련을 처음부터 지속적으로 해 나가게 되면 헬라어에 대한 자신감과 친근감이 붙게 된다. '익숙함'은 심리적으로 자신감과 편안함을 주어서 보다 수월하게 헬라어를 배울 수 있도록 도와주기 때문이다. 본 과의 연습 문제를 여러 번 읽은 다음에 녹음을 하거나 동영상을 촬영하여 듣거나 보게 되면 많은 도움이 될 것이다. 소리를 내어 읽게 되면 많은 유익을 얻게 되는데, 우선 눈으로 보게 되고 입으로 말하게 되며 자연스럽게 귀로 듣게 되어 집중하여 배울 수 있다. 이것은 비단 헬라어 뿐만 아니라 모든 외국어에 해당하는 것이다. 이제 남은 것은 실행 뿐이다. 읽기에 시간을 들인 만큼 헬라어와 친근해질 테니 믿고 따라해 보기 바란다.

CHAPTER 02

액센트

액센트

02 CHAPTER

개 요

헬라어의 액센트 기호는 3세기경에 만들어졌는데, 그 목적은 액센트가 있는 음절의 음악적 고저 (musical pich)를 나타내는 것이었다고 한다. 액센트와 관련하여 처음에 직면하는 문제는 그것을 원래 그대로 음악적 고저를 나타내며 읽는 것이 불가능하다는 것이고 다음으로는 헬라어 작문을 하지 않는 현대인이 그것을 배울 필요가 있는가 하는 의문이다. 두번째 문제와 관련하여 생각할 것은 지금까지 헬라어를 배우고 가르쳐온 입장에서 볼 때, 액센트를 아예 모르고 배운 학생과 액센트를 조금 알고 배운 학생, 그리고 액센트를 잘 알고 배운 학생 사이에는 헬라어 습득과 헬라어에 대한 자신감 등에서 상당한 차이가 있었음을 지적하고 싶다. 우선, 헬라어로 성경을 읽는 사람은 그(녀)가 원하든 원치 않든, 헬라어 성경에 액센트가 찍혀 있음을 발견하게 된다. 그것이 무엇인지 전혀 모르고 낯선 그림처럼 그것을 대하는 학생은 액센트에 친숙한 학생보다 헬라어 강독에 있어서 더 큰 어려움을 겪게 될 것이다. 본 저자는 액센트를 철저히 가르친 선생에게서 헬라어를 배우고 익혀 헬라어에 대한 정확성과 자신감, 그리고 친근감을 가질 수 있었다. 그 반면에 액센트에 대한 과도한 강조는 헬라어에 대해 심리적인 어려움을 가중시킬 수 있다. 액센트를 헬라어 교육 초기에 배우게 된다는 점을 감안할 때 더욱 그렇다. 그러므로, 본 교재에서는 액센트에서 꼭 배워야 하는 기본적인 사항만 익히도록 한다. 그렇게 함으로 막연한 어려움을 떨쳐버리고, 동시에 모호한 상황을 극복할 수 있을 것이다.

Ⅰ. 액센트와 관련된 기본 사항

1. 음절 : 음절이 무엇인지를 설명하는 것은 음성학적으로 볼 때 거의 불가능할 정도로 복잡하나, 일반적으로 생각할 때는 아주 간단하다. 곧 하나의 모음이 한 음절을 구성하는 기본 단위다. 여기에 자음이 앞이나 뒤, 또는 앞뒤 모두에 덧붙여질 수 있다.

   ἀγαθός ἀ - γα - θός 3음절

   ἄνθρωπος ἄν - θρω - πος 3음절

   βλέπω βλέ - πω 2음절

2. 단어의 끝 음절을 울티마(Ultima)라 부르고, 끝에서 두 번째 음절을 페널트(Penult)라 하며, 세 번째 음절을 안티 페널트(Antepenult)라 부른다. 이 세 단어는 라틴어에서 유래한 것인데, '마지막'을 뜻하는 ultimus에서 울티마가 왔고, '거의'에 해당하는 paene와 ultima가 합쳐져서 ('거의 마지막') penult가 되었으며, 그 단어에 '앞에'를 의미하는 ante가 붙어서 ('거의 마지막 앞에') antepenult가 되었다. 위의 첫 번째 예인 ἀ γα θός에서 맨 뒤의 θός는 울티마이며 뒤에서 두 번째인 γα는 페널트이고 뒤에서 세 번째 음절인 ἀ는 앤티 페널트다. 액센트는 뒤에서 세 번째 음절까지만 올 수 있다.

3. 장모음이나 이중모음을 가지고 있는 음절은 장음절이며, 다만 οι나 αι가 단어의 맨 나중에 나오면 단음절 취급한다.

II. 액센트의 종류와 기본 사항

1. 액센트에는 세 가지 종류가 있다 : 애큐트 (´), 써컴플렉스 (ˆ), 그레이브 (`). 그 힘의 크기에 비례해서 지배 영역이 결정된다. 곧 애큐트는 앤티 페널트까지 써컴플렉스는 페널트까지, 그리고 그레이브는 울티마에만 찍힌다.

´	´	´
	ˆ	ˆ
		`

2. 써컴플렉스는 무거워서 짧은 음절에 찍히지 못한다.
3. 그레이브는 단어의 마지막 부분인 울티마에 찍힌 애큐트가 뒤에 다른 단어가 따라 나올 경우에 바뀌어서 생긴다. 이것은 발음 할 때 뒤의 단어와 연결해서 읽을 때 날카롭게 끊듯이 읽을 수는 없다는 사실을 생각할 때 자연스러운 것이다.

III. 액센트 법칙

1. 동사의 액센트 법칙

동사의 액센트는 역행적(recessive)이다. 곧, 가능하면 안티 페널트에 찍어준다.

2. 명사, 형용사, 분사의 액센트 법칙

명사, 형용사, 분사의 액센트는 지속적 (persistent)이다. 곧 단수, 주격에 찍혀있는 액센트를 가능하면 그대로 유지한다. 따라서 단어를 외울 때 나타나는 단수 주격형을 잘 익혀두어야 한다.

위에서 '가능하면'이라는 표현을 썼는데, 이것은 특별히 울티마가 길 경우에 생기는 문제를 염두에 둔 것이다. 울티마가 길면,

1) 앤티 페널트에 액센트가 오지 못한다. 예를 들면 아래와 같다.
   동사 λέγω : λέγομεν (o), ἔλεγου (x)- ἐλέγου (o)
   명사 ἀπόστολος: ἀπόστολου (x), ἀποστόλῳ (o)

2) 만일 액센트가 페널트에 붙으면, 써컴플렉스가 오지 못하며 반드시 애큐트가 붙는다.
   ἐλῦου (x), ἐλύου (o)

3) 울티마에 액센트가 붙으면 경우에 따라 애큐트가 되기도 하고 써컴플렉스가 되기도 한다.

4) 울티마가 짧은 경우에는 한가지 법칙이 있는데 이것은 울티마가 짧은 것과 더불어 페널트가 길 때에만 적용되는 법칙이다. 이 때에 페널트에는 반드시 써컴플렉스가 와야 한다.

오해하기 쉬운 사항

ἄνθρωπος (명사) : ἄνθρωπε (o), ἀνθρῶπε (x)- 울티마가 짧고 페널트가 길다고해서 반드시 페널트에 액센트가 찍혀야 한다는 법칙이 아님.

δῆμος (명사) : δήμου　　δῆμε -이와 같이 울티마가 짧고 페널트가 긴데, 액센트가 페널트에 오게 되면 반드시 써컴플렉스가 온다는 것.

[요점]

> 액센트 원리 습득에 있어서 중심 사항은 울티마가 길 때 생기는 변화를 파악하는 것이다. 울티마가 짧을 때는 거의 변동이 없고 길 때는 대부분 변동이 생긴다.

[독해를 위한 단어]

ἄνθρωπος ου ὁ	사람
ἀπόστολος ου ὁ	사도
βλέπω	보다
γινώσκω	알다
δῆμος ου ὁ	군중
δοῦλος ου ὁ	종
κύριος ου ὁ	주인
λέγω	말하다
λαμβάνω	취하다

연습문제

1. 다음 명사나 형용사의 액센트를 찍으시오.

ἀγαθός: ἀγαθοι ἀγαθους ἀγαθη

ἀπόστολος: ἀποστολου ἀποστολοι ἀποστολοις ἀποστολους

δοῦλος: δουλου δουλε δουλων δουλοι δουλων

2. 다음 동사의 액센트를 찍으시오.

λαμβανομεν ἐλαμβανου ἐλαμβανον

λεγομεθα ἐλεγοντο ἐλεγομεθα (α는 짧다)

γινωσκομεν γινωσκεσθε ἐγινωσκου

βλεπεται ἐβλεπετο ἐβλεπομην

내용 보다 더 중요한 마무리

스포츠 경기에서 심리적인 요인은 경기력과 밀접한 관계를 맺고 있다. 심리적으로 상대방에 대해서 위축이 되고 자신감이 없게 되면 경기 능력을 맘껏 발휘하지 못하게 되는 것이다. 헬라어를 배울 때도 마찬가지다. 헬라어라는 상대에 대해서 좀 더 잘 알고 접근을 하면 심리적으로 위축되는 것을 이겨낼 수 있고 정복하기도 수월해 진다. 친밀감을 키움에 있어서 액센트의 기본 원리를 익히는 것이 중요한 요소임은 말할 필요도 없다. 헬라어 연습 문제를 풀면서 헬라어를 쓸 때 빠짐없이 액센트를 찍어 나가는 훈련을 하게 된다면 헬라어를 효과적으로 배울 수 있으리라 감히 단언하는 바이다.

CHAPTER 03

제 1,2 변화 명사와 형용사, 관사

03 CHAPTER

제 1, 2 변화 명사와 형용사, 관사

개 요

헬라어의 명사는 성(gender), 수(number), 격(case)을 가지고 있다. 그 중에서 중요한 것은 격인데, 격은 어미 변화로 나타낸다. 따라서 명사의 격을 외우는 것이 중요하다. 또한 각각의 명사는 각기 다른 성(gender)을 가지고 있으며 성에 따라 변화형이 다르다. 형용사의 변화는 명사의 변화를 종합해 놓은 것이며 정관사의 변화도 형용사의 어미를 따로 떼어내어 형성한다. 그러므로, 이번 과에서 배우는 것은 세 가지가 아니라 사실은 한 가지, 곧 형용사의 어미 변화이다. 형용사의 변화로 대표되는 이 변화형은 앞으로 배우게 될 관계 대명사, 인칭 대명사, 재귀 대명사의 어미 변화와 일치함은 물론, 분사의 중간태(수동태) 어미 변화와도 일치한다. 헬라어는 이러한 방식으로 어미가 서로 연결되어 변화하는데, 명사 뿐만 아니라 동사의 변화도 서로 밀접하게 연결되어 있다. 이것은 다음 과에서 설명하도록 하겠다. 앞서 지적한대로 명사의 액센트는 단수 주격의 액센트 위치에 따라 결정되므로 단어를 외울 때 소리를 내어 액센트를 넣어 발음하며 외우도록 하자.

Ⅰ. 명사와 형용사의 격

헬라어 명사와 형용사는 다섯 가지 격을 가지고 있다. 한글이나 영어에서는 똑 같은 형태가 어떤 때는 주어로 또 어떤 때는 간접, 직접 목적어로 쓰이나, 헬라어는 아예 주어로 쓰이는 주격의 형태가 따로 있고 간접 목적어로 쓰이는 여격의 어미, 직접 목적어로 쓰이는 목적격의 어미가 따로 있다. 이것은 독어나 불어가 명사와 형용사의 격을 가지고 있는 것과 같다. 각 격의 주요 용법은 다음과 같다:

주　격 : 동사의 주어로 사용되거나 서술적 보어로 사용된다.
개는 사람을 좋아한다. 그는 *의사가* 되었다.

소유격 : 소유관계를 주로 나타내며, 기원이나 분리를 나타내기도 한다.
그 *소녀의* 개는 영리하다. *한국의* 음식은 건강에 좋다.

여　격 : 간접 목적어로 주로 쓰이며, 때때로 수단이나 방법을 나타낸다.
개는 반가우면 *사람에게* 꼬리를 흔든다. 개는 *혀로* 상처를 핥는다.

목적격 : 직접 목적어로 사용된다.
개는 *주인을* 잘 따른다.

호　격 : 부를 때 사용하는 격이다.
이 사람아! 나 여기 있어.

Ⅱ. 명사의 성과 수

격과 더불어 헬라어는 수를 가지고 있으며 단수와 복수가 있다. 고전 헬라어에는 쌍수가 있었으나 성경 헬라어에는 쌍수가 없다. 각 단어는 성(gender)을 가지고 있으며, 남성, 여성, 중성이 있다.

III. 형용사 ἀγαθός의 변화

구분		남성	여성	중성
단수	주	ἀγαθ**ός**	ἀγαθ**ή**	ἀγαθ**όν**
	소	ἀγαθ**οῦ**	ἀγαθ**ῆς**	ἀγαθ**οῦ**
	여	ἀγαθ**ῷ**	ἀγαθ**ῇ**	ἀγαθ**ῷ**
	목	ἀγαθ**όν**	ἀγαθ**ήν**	ἀγαθ**όν**
	호	*ἀγαθέ*	ἀγαθ**ή**	ἀγαθ**όν**
복수	주	ἀγαθ**οί**	ἀγαθ**αί**	ἀγαθ**ά**
	소	ἀγαθ**ῶν**	ἀγαθ**ῶν**	ἀγαθ**ῶν**
	여	ἀγαθ**οῖς**	ἀγαθ**αῖς**	ἀγαθ**οῖς**
	목	ἀγαθ**ούς**	ἀγαθ**άς**	ἀγαθ**ά**
	호	ἀγαθ**οί**	ἀγαθ**αί**	ἀγαθ**ά**

1. 어미 (endings)의 변화는 위의 굵은 글씨체로 되어 있는 부분이 나타내 주고 있다. 어미를 떼어낸 앞의 부분을 어간 (stem)이라고 부른다.

2. 어미 변화와 관련하여 기억할 사항은 다음과 같다.

   1) 모든 성과 수에 있어서 호격은 언제나 주격과 같으며, *유일한 예외는 남성, 단수의 호격*이다. 남성 단수 호격은 주격과 같지 않고 ϵ을 사용하여 구분하고 있다.

   2) 여성과 관련하여서는 단수 변화에서 어미는 위의 ἀγαθ**ός**에서와 같이 어간이 자음으로 끝나면η가 되고 어간이 ϵ, ι, ρ로 끝나면

η대신 α를 사용한다 :

μικρός (작은)의 여성변화- μικρή가 아니라 μικρά. (μικρᾶς μικρᾷ μικράν)

δίκαιος (의로운)의 여성변화- δικαίη가 아니라 δίκαια. (δικαίας δικαίᾳ δίκαιαν)

3) 중성과 관련하여서는 다음 세 가지를 꼭 익혀두어야 한다:

ㄱ. 중성은 어떤 경우에든 주격과 목적격과 호격이 같다. 단수 주격은 단수 목적격, 호격과 형태가 같고, 복수 주격은 복수 목적격, 호격과 형태가 같다. 이것에는 예외가 없어서 앞으로 배우게 될 다른 형태의 명사, 형용사에도 적용되는 법칙이다.

ㄴ. 중성 복수 주격, 목적격, 호격의 어미는 언제나 α이며, 이것도 어떠한 예외도 없다.

ㄷ. 이러한 법칙이 적용된 주격, 목적격 호격외의 변화는 남성과 동일하다.

Ⅳ. 제 1, 2변화 명사의 변화

1. 제 1변화 명사의 성은 여성이며, 제 2변화 명사의 성은 극소수를 제외하고는 성이 남성이거나 중성이다. 제 2변화의 남성과 중성은 각각 형용사의 남성과 중성과 동일하게 변화한다.

2. 문제는 제 1변화 여성 명사인데, 기본적으로 형용사의 여성 변화와 동일하게 변화한다.

1) 어간의 끝 글자가 자음이냐 모음이냐에 상관없이 단수 주격 어미

가 η가 되기도 하고, α가 되기도 한다. (다만, 어간이 ϵ, ι, ρ로 끝나는 여성 명사의 어미는 α인 경향이 있고, 자음으로 끝나는 경우에는 η인 경향이 있다)

2) 어미가 η로 끝나는 여성 명사는 형용사 ἀγαθός의 여성 변화와 동일하게 변화시켜주면 된다.

3) 제 1변화 여성 명사의 변화에서 중심 사항은 α로 끝나는 여성 명사의 *단수 소유격, 여격의 변화*이다 : 어간이 ϵ, ι, ρ로 끝나는 경우는 α를 그대로 유지시켜주지만, 그외의 알파벳으로 끝나면, 단수 소유격, 여격변화에서 *α를 η로 바꾸어 준다* (위에서 언급한 대로 모음이나 ρ로 끝나는 여성 명사의 어미는 α인 경향이 있으므로 대부분의 경우는 이러한 현상이 일어나지 않음을 알 수 있다).

<table>
<tr><td rowspan="4">단수</td><td>주</td><td>ἀρχή</td><td>σκοτία (ἡμέρα)</td><td>γλῶσσα (δόξα θάλασσα ῥίζα τράπεζα γέεννα)</td></tr>
<tr><td>소</td><td>ἀρχῆς</td><td>σκοτίας</td><td>γλώσσης</td></tr>
<tr><td>여</td><td>ἀρχῇ</td><td>σκοτίᾳ</td><td>γλώσσῃ</td></tr>
<tr><td>목</td><td>ἀρχήν</td><td>σκοτίαν</td><td>γλῶσσαν</td></tr>
<tr><td rowspan="4">복수</td><td>주</td><td>ἀρχαί</td><td>σκοτίαι</td><td>γλῶσσαι</td></tr>
<tr><td>소</td><td>ἀρχῶν</td><td>σκοτιῶν</td><td>γλωσσῶν</td></tr>
<tr><td>여</td><td>ἀρχαῖς</td><td>σκοτίαις</td><td>γλώσσαις</td></tr>
<tr><td>목</td><td>ἀρχάς</td><td>σκοτίας</td><td>γλώσσας</td></tr>
</table>

메쯔거 단어집에 있는 수 많은 여성 명사 중에 γλῶσσα와 더불어 괄호 안에 있는 단어들만이 이러한 변화의 적용을 받는다.

[요점]

어간이 자음으로 끝나면 원래 η가 붙는다. 그런데 어간이 자음으로 끝나면서 단수 주격에 α가 붙는 γλῶσσα를 비롯한 다섯 단어만이 단수 소유격, 여격에서 α가 η로변한다.

V. 정관사

헬라어에는 부정관사가 없고 정관사만 있다. 정관사는 형용사의 어미에 τ를 붙여서만들어 주는데 이때에 남성과 여성의 단수, 복수 주격에는 τ가 붙지 아니한다. 정관사의 어미는 형용사의 어미와 동일하나, 남성 단수 주격이 ὁς가 아니라 ὁ인 것과 중성 단수 주격이 τόν이 아니라 τό인 것이 다르다.

구분	단수			복수		
	남성	여성	중성	남성	여성	중성
주	**ὁ**	**ἡ**	**τό**	οἱ	αἱ	**τά**
소	τοῦ	τῆς	τοῦ	τῶν	τῶν	τῶν
여	τῷ	τῇ	τῷ	τοῖς	ταῖς	τοῖς
목	τόν	τήν	τό	τούς	τάς	τά

VI. 정관사와 형용사의 용법

정관사와 형용사의 용법에서 공통으로 적용되는 법칙은 함께 하는 명사와 언제나 성, 수, 격이 일치한다는 것이다. 여기에는 어떠한 예외도 없다.

1. 정관사의 용법

헬라어의 관사는 영어의 관사 용법과 비슷하기도 하지만 다르기도 하다. 초기에는 관사가 있으면 "그"라고 붙여서 해석하는 것도 한 방법이다. 하지만, 보다 더 실제적으로 한글로 해석할 때는 관사를 붙여 보기도 하고 떼어 보기도 하면서 문장을 결정하면 된다.

2. 형용사의 용법

형용사의 용법에는 세 가지가 있으니, 곧 관형적 용법과 서술적 용법과 독립적 용법이다. 용법을 관사의 유무에 따라 크게 다음과 같이 나눈다.

1) 관사가 있을 때

ㄱ. 관사 + 형용사 + 명사
관사 + 형용사 + 관사 + 명사 : 관사가 형용사와 붙어서 명사를 수식하면 *관형적 용법*이다.
ὁ ἀγαθὸς ἄνθρωπος 그 선한 사람이
ὁ ἀγαθὸς ὁ ἄνθρωπος 그 선한 사람이

ㄴ. 관사 + 명사 + 형용사
형용사 + 관사 + 명사 : 관사가 명사와 붙어 있으면 *서술적 용법*이다. 이 경우에 영어의 "be"동사가 생략된 것으로 보아야 한다.
ὁ ἄνθρωπος ἀγαθός 그 사람은 선하다.
ἀγαθὸς ὁ ἄνθρωπος 그 사람은 선하다.

ㄷ. 관사 + 형용사 : 명사 없이 형용사가 명사 역할을 하므로 독립적 용법이다 이때 관사와 형용사의 성, 수, 격에 주의하여 뜻을 해석한다. 이것은 관사가 없이 형용사만 쓰여도 똑같다.

(아래 참조)

ὁ ἀγαθός 그 선한 남성이 οἱ ἀγαθοί 그 선한 남성들이

αἱ ἀγαθαί 그 선한 여성들이 τοὺς ἀγαθούς 그 선한 남성들을

2) 관사가 없을 때

ㄱ. 형용사 + 명사 : 관사가 없이 형용사가 명사와 함께 쓰이면 문맥에 따라서 관형적이 되기도 하고 서술적이 되기도 한다.

ἀγαθὸς κύριος 선한 주인 또는 주인은 선하다.

κύριος ἀγαθός 선한 주인 또는 주인은 선하다.

ㄴ. 명사 없이 형용사만 쓰여 형용사가 명사의 역할까지 감당하면 독립적 용법이다. 이때 형용사의 성수격을 따라 해석을 해 준다.

ἀγαθός 한 선한 사람이 ἀγαθή 한 선한 여성이

ἀγαθαῖς 선한 여성들에게

[요점]

문법적으로 형식을 암기하려고 하기 보다는 있는 순서대로 자연스럽게 해석해 나가면 문법이 드러난다. 곧 관사+형용사+명사는 당연히 '그 어떤 무엇'으로 해석되는 까닭에 관형적 용법이며 관사+명사+형용사는 당연히 '그 무엇은 어떻다'로 해석되어야 하기에 서술적 용법이 된다.

[독해를 위한 단어]

ἀγαθός ή όν 선한, 좋은

ἅγιος α ον 거룩한

ἀρχή ῆς ἡ	시작, 처음
γῆ γῆς ἡ	땅
γλῶσσα ης ἡ	혀
διακονία ας ἡ	섬김, 봉사
δίκαιος α ον	의로운
δόξα ης ἡ	영광
δῶρον ου τό	선물
εὐλογητός ή όν	찬양받는
ἡμέρα ας ἡ	날, 낮
θεός οῦ ὁ	하나님, 신
Ἰησοῦς οῦ ὁ	예수
καί	그리고, 또한
καλός ή όν	선한, 아름다운
καρδία ας ἡ	마음
μακάριος α ον	복된
μικρός ά όν	작은
νόμος ου ὁ	율법
ὁ ἡ τό	관사
οἶκος ου ὁ	집
πνεῦμα ατος τό	영(19과)
πτωχός ή όν	가난한
σάββατον ου τό	안식일
σκοτία ας ἡ	어둠
τρεῖς τρία	셋(23과)
ὥστε	그러므로 그래서

[독해를 위한 동사 분해]

ἔσται εἰμί 미. 직. 3. 단. ---이다(12과 참조)

ἦν εἰμί 미완. 직. 3. 단. ---이다(7과 참조)

연습문제

1. ὁ λόγος ἅγιος.
2. κύριος ἀγαθός.
3. ὁ κύριος τοῦ δούλου μικρός.
4. καὶ θεὸς (ἦν) ὁ λόγος.
5. ὁ νόμος τοῦ θεοῦ δίκαιος.
6. μικρὸς οἶκος καλός.
7. ἡ διακονία τοῦ λόγου τὸ δῶρον τὸ καλὸν τοῦ θεοῦ.
8. ὁ υἱὸς ἅγιος τοῦ ἀνθρώπου.
9. (눅 6:20)

   μακάριοι οἱ πτωχοί (τῷ πνεύματι).
10. (마 12:8)

    κύριος (γάρ ἐστιν) τοῦ σαββάτου ὁ υἱὸς τοῦ ἀνθρώπου.

    (막 2:28)

    ὥστε κύριός ἐστιν ὁ υἱὸς τοῦ ἀνθρώπου καὶ τοῦ σαββάτου.
11. (막 12:29)

    κύριος ὁ θεὸς (ἡμῶν).
12. (마 12:40)

    ἔσται ὁ υἱὸς τοῦ ἀνθρώπου ἐν τῇ καρδίᾳ τῆς γῆς τρεῖς

ἡμέρας.

13. (눅 1:68)

εὐλογητὸς κύριος ὁ θεὸς τοῦ Ἰσραήλ.

내용 보다 더 중요한 마무리

이번 과에서 여러가지 변화형을 배운 것 같으나 사실 형용사 변화의 습득이 그 중심임을 알 수 있다. 그 중에서 우리에게 어려움을 주는 것처럼 보이는 것은 여성명사 변화인데, 사실은 앞서 제시한 여섯 단어만 그렇게 변화하기에 진정한 어려움은 아니다. 동사가 없이도 명사와 형용사만으로도 문장이 구성됨을 연습 문제를 통하여 알 수 있었을 터인데, 이제 다음 과 부터는 동사를 배워 다양한 문장 형태를 익혀보도록 하자. 참고로 형용사의 변화는 앞으로 배우게 될 3인칭 대명사나 재귀 대명사의 변화와 거의 똑 같으며, 관계 대명사 변화도 거의 같다. 뿐만 아니라, 현재 분사의 중간태 수동태 어미 변화와 단순과거 분사의 중간태의 어미 변화와 똑같다. 따라서 형용사 어미를 익힘으로 해서 앞으로 나올 수많은 다른 헬라어 변화형을 완성했음을 기억하며 전진하도록!

CHAPTER 04

현재 능동태 직설법과 미래 능동태 직설법의 변화 εἰμί의 현재 직설법 변화

현재 능동태 직설법과 미래 능동태 직설법의 변화 εἰμί의 현재 직설법 변화

04 CHAPTER

개 요

동사가 얼마나 중요한 요소인가 하는 것은 동사에 해당하는 영어 단어 verb가 "단어"(word)를 뜻하는 라틴어 verbum에서 유래했다는 사실에서 잘 알 수 있다. 모든 단어 형태를 대표할 만큼 중요한 위치를 차지하고 있다는 것이다. 이번 과부터 동사를 배워나가는데, 앞에서 언급한 대로 동사의 어미는 각 시제 간에 서로 연관성을 가지고 변화해 간다. 이 과에서 현재와 미래 능동태를 동시에 배우는 이유도 현재 어미와 미래 어미가 동일하게 변화하기 때문이며 다만 미래의 표식이 현재 변화형에 더해지는 것만 다르다. 이러한 식의 연관성은 현재와 미래 사이에서 뿐만 아니라 다른 시제들 사이에서도 나타난다. 따라서 변화형의 암기와 더불어 원리를 익히는 것이 중요하다.

변화형과 아울러 헬라어 시제(혹은 시상)의 의미를 익혀가는 작업이 중요하다. 헬라어의 시제는 한글의 시제는 물론 영어나 그외의 다른 서구 언어의 시제와는 다른 의미를 가지고 있다. 간단히 말하자면, 영어나 한글에서 시제는 시간 개념을 나타내지만, 헬라어는 동작의 종류 또는 상(aspect, 相)을 나타낸다. 이러한 개념은 비록 혼란스러워 보여도 처음부터 염두에 두면서 학습을 진행해 나가면 더욱 깊은 이해를 갖게 될 것이다. 시제에 대한 올바른 이해는 주석학적으로도 중요한 함축적 의미를 가지므로, 헬라어의 활용을 위하여 제대로 이해하는 것이 필수적이다.

Ⅰ. 동사와 관련된 기본 사항

1. 헬라어 동사는 시제와 법과 태가 있다:
   시제 : 현재, 미래, 미완료 과거, 단순 과거, 현재 완료, 과거 완료.
   법 : 직설법, 분사, 가정법, 명령법, 부정사, 희구법.
   태 : 능동태, 중간태, 수동태.

2. 신약 성경에서는 시제 중에 과거 완료 시제는 거의 사용되지 않으며, 법 중에 희구법도 제한적으로만 사용된다. 그리고 중간태의 사용도 어느 정도는 한정되어 있다.

3. 다른 법의 의미는 다루는 장에서 살펴보도록 하고 직설법의 의미만 살펴보자면, 이 법은 어떤 사실을 단순히 기록할 때 사용하는 법으로서 일반 문장에서 가장 흔히 사용된다.

Ⅱ. λύω의 현재 능동태 직설법과 미래 능동태 직설법의 변화

1. 현재 능동태 직설법

구분	단 수		복 수	
1인칭	λύω	내가 풀고 있다 (푼다)	λύομεν	우리가 풀고 있다 (푼다)
2인칭	λύεις	네가 풀고 있다 (푼다)	λύετε	너희가 풀고 있다 (푼다)
3인칭	λύει	그(그녀,그것)이 풀고 있다 (푼다)	λύουσι(ν)	그들(그녀들,그것들)이 풀고 있다 (푼다)

2. 미래 능동태 직설법

구 분	단 수		복 수	
1인칭	λύσω	내가 풀 것이다	λύσομεν	우리가 풀 것이다
2인칭	λύσεις	네가 풀 것이다	λύσετε	너희가 풀 것이다
3인칭	λύσει	그(그녀, 그것)가 풀 것이다	λύσουσι(ν)	그들(그녀들,그것들)이 풀 것이다

III. 현재와 미래 능동태 직설법 변화에 대한 설명

1. 동사는 수와 인칭이 있으며, 수는 단수와 복수, 인칭은 1인칭, 2인칭, 3인칭으로 되어 있다.

2. 동사의 인칭과 수에 따라 위의 굵은 글씨 부분처럼 변화하며, 한글이나 영어와는 달리 그 속에 주어가 이미 들어 있어서 명사나 대명사가 주어로 반드시 따로 나와 있어야 하는 것은 아니다.

3. 시상과 관련하여 현재의 경우에 "푼다"와 같이 단순히 현재를 나타내는 것으로 해석하거나, "풀고 있다"와 같이 현재 진행 중인 의미로 해석할 수 있다. 미래는 특별한 경우로 이러한 구분이 없이 단순히 미래사건을 나타낸다.

4. 위에서 보듯이 현재 능동태 직설법과 미래 능동태 직설법의 차이는 σ의 유무이다. 미래는 현재어미와 어간 사이에 시상 표식어로 σ를 사용한다.

5. 미래변화의 경우에 위의 λύω는 모음으로 끝나서 어간에 단순히

σ를 붙여주면 되지만, 만일 어간이 자음으로 끝나면 σ와 함께 하나의 소리를 형성한다. 이것은 발음을 위해서 그렇게 만든 것이며, 따라서 발음을 해보면 자연스럽게 유추가 된다.

1) γ, κ, χ + σ = ξ

γ, κ, χ는 "ㄱ"계통의 음을 내며, "ㅅ"소리를 가진 σ와 합쳐지면 "그ㅅ"음가를 가진다. 따라서 이것은 ξ 로 변한다.

ἄγω => ἄγσω => ἄξω ἔχω=> ἔχσω=>ἕξω (액센트가 강기식으로 변화)

2) β, π, φ + σ = ψ

β, π, φ는 "ㅂ"계통의 음을 내며, σ와 합쳐지면 "브ㅅ"음가를 가진다.

따라서 ψ가 된다.

πέμπω의 미래=> πέμπσω=> πέμψω

3) δ, θ, τ + σ = σ

δ, θ, τ는 "ㄷ"계통의 음을 내며, σ와 합쳐지면 탈락되고 σ만 남는다. θ가 σ와 유사성을 가지고 있어서 탈락한다고 보면 된다.

4) -ζω로 끝나는 동사는 어간이 δ로 끝나는 것으로 보아야 하며 따라서 위의 3)번 법칙의 적용을 받는다.

σώζω의 미래=> σώδσω=> σώσω

6. 미래의 경우에 현재와는 다른 미래 어간을 갖는 경우가 종종 있는데, 이것은 6과에서 배운다.

7. 후치사 : 어떤 단어는 의미상 문장의 맨 처음에 있어야 하나, 문법상 문장의 맨 앞에 나오지 못하며 두번째 이후에 쓰이는데,

주로 두번째 위치에 쓰인다. 대표적인 것으로, δέ와 γάρ가 있다. (본과 연습문제 5번,10번을 보라)

IV. εἰμί의 현재 직설법 변화

구 분	단 수	복 수
1인칭	εἰμί	ἐσμέν
2인칭	εἶ	ἐστέ
3인칭	ἐστί(ν)	εἰσί (ν)

1. εἰμί는 영어의 'be'동사에 해당하는 중요한 동사로써 불규칙 변화를 한다.
2. εἰμί와 관련하여 한가지 기억해야할 것은 수동태가 없어서 능동태라고 말할 필요가 없다는 것이다.
3. 그 뜻이 '----이다'도 되고 '----이 있다' 두지로 다 쓰인다. 이것은 영어에서 'be'동사가 이 두가지 뜻으로 사용되는 것과 같다.

[독해를 위한 단어]

ἀκούω	(+소, +목)듣다
ἁμαρτία ας ἡ	죄악, 죄
ἀμήν	참으로
ἀπό	(+소)에서부터
ἀποστέλλω	보내다
ἄρχων οντος ὁ	통치자(19과)
αὐτός ή ό	3인칭 대명사

βασιλεία ας ἡ	왕국
Βεελζεβούλ	바알세불
βδέλυγμα ατος τό	가증한것(19과)
γάρ	왜냐하면
γραμματεύς έως ὁ	서기관(19과)
δαιμόνιον ου τό	귀신
δέ	그러나, 그리고
ἐγώ μου μοι με	나
ἐν	(+여) 안에
ἐκβάλλω	내쫓다
εἰμί	이다
ἐμός ή όν	나의
τὰ ἐμά	나에게 속한 것들
ἐνώπιον	(+소)앞에
ἔχω	소유하다
ἐξουσία ας η	권세, 권한
ἔρχομαι	오다, 가다
Ἱεροσολύμα	예루살렘
Ἰωάννης ου ὁ	요한
καρδία ας ἡ	마음
καρπός οῦ ὁ	열매
λαός οῦ ὁ	백성
λύω	풀다
μέχρι	까지
νεκρός ά όν	죽은
νῦν	지금 이제

ὄνομα ατος τό	이름(19과)
ὅτε	…할 때
ὅτι	왜냐하면, …한바[주)]
οὐ(κ)	아니
πᾶς πᾶσα πᾶν	모든(23과)
ποιμήν ένος ὁ	목자(19과)
ποῦ	어디에? …곳
πότε	한때
προφήτης ου ὁ	선지자
σώζω	구원하다
τίς τί	무엇?(22과)
τότε	그때
ὑμεῖς ὧν ἶν ᾶς	너희
ὑψηλός ή όν	높은
φωνή ῆς ἡ	음성, 소리
ὥρα ας ἡ	시간, 때

[독해를 위한 동사분해]

διδάξει διδάσκω 미. 능. 직. 3. 단. 그가 가르칠 것이다.

ἔλεγον λέγω 미완. 능. 직. 3. 복. 그들이 말하기 시작했다.(7과 참조)

καλέσεις καλέω 미. 능. 직. 2. 단. 네가 부를 것이다.

ποιήσω ποιέω 미. 능. 직. 1. 단. 내가 만들 것이다.(9과 참조)

συνάξω συνάγω 미. 능. 직. 1. 단. 내가 모을 것이다.

σώσει σώζω 미. 능. 직. 3. 단. 그가 구원할 것이다.

---

2) 이 접속사 앞에 콤마(,)가 있으면 왜냐하면(because)로, 그렇지 않으면 ..한바 (that)으로 보면 된다.

연습문제

1. (마 9:6)
   ἐξουσίαν ἔχει ὁ **υἱὸς** τοῦ ἀνθρώπου.
2. (마 13:41)
   ἀποστέλλει ὁ **υἱὸς** τοῦ ἀνθρώπου τοὺς ἀγγέλους αὐτοῦ.
3. (요 5:25)
   νῦν ἐστιν ὅτε οἱ νεκροὶ **ἀκούσουσιν** τῆς φωνῆς τοῦ υἱοῦ τοῦ θεοῦ.
4. (마 1:21)
   καὶ καλέσεις τὸ ὄνομα αὐτοῦ Ἰησοῦν· αὐτὸς γὰρ **σώσει** τὸν λαὸν αὐτοῦ ἀπὸ τῶν ἁμαρτιῶν αὐτῶν.
5. (눅 12:12)
   τὸ γὰρ ἅγιον πνεῦμα **διδάξει** ὑμᾶς ἐν αὐτῇ τῇ ὥρᾳ.
6. (눅 12:17)
   Τί ποιήσω, ὅτι οὐκ ἔχω ποῦ **συνάξω** τοὺς καρπούς μου.
7. (막 3:22)
   Βεελζεβοὺλ ἔχει καὶ ἐν τῷ ἄρχοντι τῶν δαιμονίων ἐκβάλλει τὰ δαιμόνια.
8. (요 9:13)
   Ἄγουσιν αὐτὸν πρὸς τοὺς Φαρισαίους τόν ποτε τυφλόν.
9. (요 10:14)
   Ἐγώ εἰμι ὁ ποιμὴν ὁ καλός καὶ **γινώσκω** τὰ ἐμὰ καὶ γινώσκουσί με τὰ ἐμά.
10. (눅 16:15)
    ὁ δὲ θεὸς **γινώσκει** τὰς καρδίας ὑμῶν· ὅτι τὸ ἐν ἀνθρώποις ὑψηλὸν βδέλυγμα ἐνώπιον τοῦ θεοῦ.

마무리

현재 능동태 직설법 동사의 변화형은 이후에 배우게 될 미완료 과거의 능동태와 제 1,2 단순과거 능동태 변화의 근간이 된다. 뿐만 아니라 가정법의 능동태 변화의 근간을 이룬다. 철저하게 익혀 두어서 후에 다른 시제의 동사 형태를 배울 때 자유롭게 활용 할 수 있도록 해야 할 것이다.

CHAPTER 05

전치사, 인칭 대명사와 재귀 대명사

05
CHAPTER

전치사, 인칭 대명사와 재귀 대명사

개 요

대명사는 먼저 쓰인 명사를 받아서 대신하여 사용하며, 대명사가 지칭하고 있는 명사를 선행사라고 부른다. 중요한 사항은 대명사는 선행사와 성, 수는 일치하나, 격은 일치하지 않을 수 있다는 것이다. 재귀 대명사는 주어의 동작을 받는 대명사로서 인칭 대명사와는 형태부터가 틀리다. 인칭 대명사 중 3인칭 대명사의 어미는 우리가 이미 알고 있는 1, 2형용사 변화와 똑같이 변화한다. 따라서 1, 2인칭 대명사의 변화가 중요한 암기 사항이다. 재귀 대명사 역시 어미 변화는 형용사와 동일하며 다만 인칭에 따라 앞에 다른 형태가 붙는다. 재귀 대명사는 신약 성경에 등장하는 형태만 배우도록 한다.

I. 전치사

전치사 (preposition)는 "앞에 놓이는 품사"라는 뜻으로 명사나 대명사의 앞에 놓여서 그것과 함께 구 (phrase)를 형성한다.

1. 각 전치사는 특정한 격(case)을 취하는데, 전치사에 따라 하나 혹은 둘, 때로는 세 개의 격을 취하기도 하며, 격에 따라 동일한 전치사라도 의미가 달라진다.

2. 격에 따라 갖는 의미의 경향이 대략적으로 정해지는데, 이것은 특별히 공간과 관련되어 전치사가 사용될 경우에 그렇다.
   소유격- 분리 ἐκ τοῦ οὐρανοῦ, 하늘로부터.
   여격- 정지 ἐν τῷ οὐρανῷ, 하늘에서.
   목적격- 접근, 이동 πρός τὸν οὐρανόν, 하늘로.

3. 모음으로 끝나는 전치사가 모음으로 시작하는 단어와 함께 사용되면 전치사의 마지막 모음은 액센트와 함께 탈락하고 아포스트로프(’) 표시를 사용하여 탈락을 표시한다(단, περί는 예외).
   ἀπ’ οὐρανοῦ μετ’ ἀγγέλου δι’ ἡμερῶν ἐπ’ ἄρτῳ κατ’ ἐξουσίαν (그러나, περί ἄρτων).
   이러한 전치사중에서 π나 τ로 끝나고 (ἀπό ἐπί κατά μετά) 강기식을 가진 단어와 함께 사용되면 전치사의 마지막 자음 π와 τ는 각각 φ와 θ로 변한다(이론상 ὑπό도 여기에 해당하나 신약은 물론 70인경에도 나타나지 않는다):
   ἀφ’ ἡμερῶν ἐφ’ ἡμᾶς καθ’ ἡμέραν μεθ’ ἡμέρας

4. ἐκ의 경우 자음으로 시작하는 단어 앞에서는 그대로 사용되나

모음으로 시작되는 단어 앞에서는 ἐξ로 변화한다 : ἐξ οὐρανοῦ

§참고 : οὐ ; οὐκ (모음 앞에서) οὐχ (강기식 앞에서)

5. 합성동사 : 전치사와 동사가 합쳐져서 하나의 동사가 되기도 하는데 이런 동사를 합성 동사라고 한다. κατά + κρίνω= κατακρίνω συν + ἄγω= συνάγω
위의 3의 경우와 비슷하게 모음으로 시작하는 동사 앞에서 전치사의 마지막모음은 탈락한다. ὑπό + ἄγω = ὑπάγω
(합성동사의 전치사에는 액센트를 찍을 수 없다. ὕπεγον이 아니라 ὑπέγον)

II. 인칭 대명사의 변화

1. 1인칭, 2인칭 대명사

구분	단 수		복 수	
	1인칭	2인칭	1인칭	2인칭
주	ἐγώ	σύ	**ἡμεῖς**	**ὑμεῖς**
소	**μου** (ἐμοῦ)	**σου** (σοῦ)	**ἡμῶν**	**ὑμῶν**
여	**μοι** (ἐμοί)	**σοι** (σοί)	**ἡμῖν**	**ὑμῖν**
목	με (ἐμέ)	σε (σέ)	**ἡμᾶς**	**ὑμᾶς**

1) 1인칭 대명사와 2인칭 대명사는 단수 주격만 빼고는 어미가 동일하게 변화함을 알 수 있다. 따라서 어느 하나만 암기하면 다른 하나는 자동으로 외워진다.

2) 1인칭 대명사는 영어에도 그 영향이 남아 있어서 ego (자아, ἐγώ), my (나의, μοῦ), me (나를, μϵ)에서 그 흔적을 뚜렷이 찾을 수 있다. 따라서, 1인칭 대명사를 중심으로 외우면 수월하다.

3) 1, 2인칭 단수 소유격, 여격, 목적격에서 괄호 안에 있는 것은 강조형이다. 이 강조형은 주로 전치사의 목적어로 사용되면, 드물게 대명사를 강조하거나 다른 명사나 대명사와 대조될 때 사용된다. (단, πρός μϵ는 예외다).

2. 3인칭 대명사 단수 복수변화

구 분		남 성		여 성		중 성	
단수	주	αὐτός	그가	αὐτή	그녀가	αὐτό	그것이
	소	αὐτοῦ	그의	αὐτῆς	그녀의	αὐτοῦ	그것의
	여	αὐτῷ	그에게	αὐτῇ	그녀에게	αὐτῷ	그것에게
	목	αὐτόν	그를	αὐτήν	그녀를	αὐτό	그것을
복수	주	αὐτοί	그들이	αὐταί	그녀들이	αὐτά	그것들이
	소	αὐτῶν	그들의	αὐτῶν	그녀들의	αὐτῶν	그것들의
	여	αὐτοῖς	그들에게	αὐταῖς	그녀들에게	αὐτοῖς	그것들에게
	목	αὐτούς	그들을	αὐτάς	그녀들을	αὐτά	그것들을

1) 3인칭 대명사의 어미는 중성 단수 주격, 목적격이 ον대신 ο가 된 것을 제외하고는 형용사 ἀγαθός의 변화와 똑같다.

2) 1,2인칭 대명사는 성격상 (내가, 너는), 오직 하나의 성 (gender)만 가진다. 그 반면, 3인칭 대명사는 성격상 (그가, 그녀가, 그것이) 남성 여성 중성을 모두 갖는다.

II. 재귀 대명사의 변화

구 분		남 성			여 성	중 성
		1인칭	2인칭	3인칭	3인칭	3인칭
단수	소	ἐμαυτοῦ	σεαυτοῦ	ἑαυτοῦ	ἑαυτῆς	ἑαυτοῦ
	여	ἐμαυτῷ	σεαυτῷ	ἑαυτῷ	ἑαυτῇ	ἑαυτῷ
	목	ἐμαυτόν	σεαυτόν	ἑαυτόν	ἑαυτῆν	ἑαυτό
복수	소	ἑαυτῶν	ἑαυτῶν	ἑαυτῶν	ἑαυτῶν	ἑαυτῶν
	여	ἑαυτοῖς	ἑαυτοῖς	ἑαυτοῖς	ἑαυταῖς	ἑαυτοῖς
	목	ἑαυτούς	ἑαυτούς	ἑαυτούς	ἑαυτάς	ἑαυτά

1. 재귀 대명사는 주어의 동작을 받아주므로 주격이 없으며 어미는 3인칭 대명사와 동일하게 변화한다.

2. 여성과 중성 재귀 대명사는 1,2인칭 변화형이 70인경에서는 발견되나 신약성경에서는 발견되지 않는다. 따라서 변화형에서 제외시켰다.

[요점]

1,2 인칭 대명사 중 1인칭을 중심으로 외우면 수월한데 단수형의 주격과 목적격이 영어에 그대로 반영되어 있기 때문이다. 재귀 대명사의 뒷부분은 3인칭 대명사와 동일하며 앞 부분에 1인칭 단수에는 ἐμ(1인칭 단수 강조형)이 붙고, 2인칭에는 σε(2인칭 단수)가 붙으며, 나머지에는 ἑ가 붙는다.

III. 인칭 대명사, 재귀 대명사의 용법

1. 인칭 대명사

1) 인칭 대명사는 명사를 대신하여 사용되며, 인칭 대명사가 지칭하는 명사를 선행사라고 부른다. 대명사는 선행사와 성, 수는 같으나, 격은 다를 수 있다. 이것은 문장의 이치를 생각해 보면 쉽게 이해할 수 있다 :

그 경비원은 선한 사람이다. 그런데, 경찰들이 그를 잡아갔다.

이 문장에서 '그 경비원'은 '그(를)'의 선행사이며, 이 선행사는 대명사와 성(남성)과 수(단수)는 일치하지만, 격은 주격에서 목적격으로 바뀌었다. 그 이유는 두 번째 문장에서 인칭 대명사의 역할이 목적어이기 때문이다.

2) 인칭 대명사의 주격은 동사속에 이미 주어가 포함되어 있으므로 따로 주어로 집어넣을 필요가 없다:

λέγει ὑμῖν τὰ ἀγαθα. 그는 그 선한 것들을 너희에게 말하고 있다.

이 문장에서 주어로 αὐτός를 넣을 필요는 없으며, 따라서 만일 인칭대명사 주격을 주어로 사용하면 강조하는 역할을 한다. 한글로 표현할 때는 인칭에 따라 '바로 내(네, 그)가' (다른 사람이 아닌) 또는 '나 (너, 그) 자신은', 때로는 '내(너, 그)가 곧'으로 해석한다.

λέγει αὐτῷ [ὁ] Ἰησοῦς, Ἐγώ εἰμι ἡ **ὁδὸς** καὶ ἡ ἀλήθεια καὶ ἡ ζωή· (요 14:6)

예수께서 그에게 말씀 하신다. "내가 **곧 (바로)** 길이요 진리요 생명이다."

2. 재귀 대명사

재귀 대명사는 주어의 동작을 받아줄 때 사용한다.

ἔχω ὑπ' ἐμαυτὸν στρατιώτας. 나는 내 (자신) 밑에 군사들을 가지고 있다.

σεαυτὸν κατακρίνεις. 너는 너 자신을 심판한다.

οὐκ ἔχει δὲ ῥίζαν ἐν ἑαυτῷ. 그러나 그것이 그 자체 안에 뿌리를 가지고 있지 않다.

[독해를 위한 단어]

ἀλήθεια ας ἡ	진리
ἄρτος ου ὁ	떡
αἰών ῶνος ὁ	시대(19과)
εἰς τὸν αἰῶνα	영원히
βαπτίζω	세례주다
διδάσκω	가르치다
δύο	둘
ἑαυτοῦ	그 자신의
ἐγγίζω	가까이 오다

εἰς	(+목)안으로
ἐκ	(+소)밖으로
ἐλαία	올리브 나무
ἑπτάκις	일곱번
ἐμαυτοῦ	나자신의
ἐπί	(+여)위에
ἐπιβάλλω	올려놓다
ἕως	까지
ζωή ῆς ἡ	생명
ἱμάτιον ου τό	겉옷
κατά	(+목)따라서
	(+소)반대하여
κατακρίνω	반대하여 심판하다
μαρτυρία ας ἡ	증거
μέν	한편으로
μένω	머물다
μετά	(+소)함께
	(+목)후에
μετανοία ας ἡ	회개
ὁδός οῦ ἡ	길
οἰκία ας ἡ	집
ὄρος ους το	산(19과)
ὅς ἥ ὅ	관계대명사
ὅτε	…할 때
οὐρανός οῦ ό	하늘

πατήρ τρός ὁ	아버지(19과)
πίστις εως ἡ	믿음(19과)
πρός	(+목)향하여
πῦρ ρος τό	불(19과)
πῶλος	나귀새끼
σεαυτοῦ	너자신의
στρατιώτης ου ὁ	군인
συναγωγή ῆς ἡ	회당
ὕδωρ ατος τό	물(19과)
φέρω	가져 오다.

[독해를 위한 동사 분해]

ἔχε ἔχω 현. 능. 명. 2. 단. 갖다(20과 참조)

ἔχει κατά + 재귀대명사(목) - 유지하다

πιστεύων πιστεύω 현. 능. 분. 남. 단. 주. 믿는 자(13과 참조)

연습문제

1. (요 5:26)
ὁ πατὴρ ἔχει ζωὴν ἐν ἑαυτῷ.
2. (요일 5:10)
ὁ πιστεύων εἰς τὸν υἱὸν τοῦ θεοῦ ἔχει τὴν μαρτυρίαν ἐν ἑαυτω.
3. (요 14:10)
ἐγὼ λέγω ὑμῖν ἀπ' ἐμαυτοῦ.
(요 8:35)
ὁ δὲ δοῦλος οὐ μένει ἐν τῇ οἰκίᾳ εἰς τὸν αἰῶνα, ὁ υἱὸς μένει εἰς τὸν αἰῶνα.
4. (막 11:1)
Καὶ ὅτε ἐγγίζουσιν εἰς Ἱεροσόλυμα εἰς Βηθφαγὴ καὶ Βηθανίαν πρὸς τὸ ὄρος τῶν ἐλαιῶν, ἀποστέλλει δύο τῶν μαθητῶν αὐτοῦ.
5. (요 18:34)
ἀπὸ σεαυτοῦ σὺ τοῦτο λέγεις.
6. (마 3:11)
ἐγὼ μὲν ὑμᾶς βαπτίζω ἐν ὕδατι εἰς μετάνοιαν.
αὐτὸς ὑμᾶς βαπτίσει ἐν πνεύματι ἁγίῳ καὶ πυρί·
7. (마 13:54)
διδάσκει αὐτοὺς ἐν τῇ συναγωγῇ αὐτῶν.
8. (마 21:37)
ἀπόστελλειπρὸς αὐτοὺς τὸν υἱὸν αὐτοῦ.

9. (마 18:22)

λέγει αὐτῷ ὁ Ἰησοῦς, Οὐ λέγω σοι [ἕως ἑπτάκις].

10. (막 11:7)

καὶ φέρουσιν τὸν πῶλον πρὸς τὸν Ἰησοῦν καὶ ἐπιβάλλουσιν αὐτῷ τὰ ἱμάτια αὐτῶν.

CHAPTER 06

현재 중간태 수동태와 미래 중간태, 디포넌트 동사

06 CHAPTER 현재 중간태 수동태와 미래 중간태, 디포넌트 동사

개 요

현재에서는 중간태와 수동태의 형태가 서로 같으며, 이것은 미완료 과거와 현재 완료에서도 마찬가지다. 그 반면에 미래와 단순 과거에서는 중간태와 수동태의 형태가 서로 다르다. 현재 중간태형은 신약성경에서 자주 사용되지는 않으며, 사용되더라도 그 의미를 초급 단계에서 취급하는 것은 적절치가 않다. 따라서 현재 중간태, 수동태 형의 동사가 나오면 연습을 위해 편의상 일단은 수동태로 보고 해석을 하도록 한다.

동사 중에는 능동태 형이 없고 중간태나 수동태 형만이 존재하나 뜻은 능동인 동사가 있다. 이것을 디포넌트 (deponent)동사라고 한다. 영어의 deponent라는 단어는 라틴어의 de-ponere라는 동사에서 왔으며 뜻은 "사용을 그만두다" (lay aside)로서, 능동태를 사용하지 않는다는 뜻이다. 어떤 동사는 현재에서는 디포넌트 동사가 아니지만 다른 시제에서 디포넌트 동사가 되기도 하고 드물게는 현재에서는 디포넌트이지만 다른 시제에서는 디포넌트 동사가 아니라 일반 동사가 되기도 한다. 이렇게 디포넌트 동사와 관련해서 혼동이 생길 수 있으므로 디포넌트의 정의를 잘 기억할 필요가 있다.

I. λύω의 수동태 (중간태) 직설법 변화와 수동태의 의미

구 분	단 수		복 수	
1인칭	λύομαι	내가 풀리고 있다 풀린다	λυόμεθα	우리가 풀리고 있다. 풀린다.
2인칭	λύῃ	네가 풀리고 있다 풀린다	λύεσθε	너희가 풀리고 있다. 풀린다.
3인칭	λύεται	그(그녀,그것)이 풀리고 있다. 풀린다.	λύονται	그들(그녀들, 그것들)이 풀리고 있다. 풀린다.

1. 2인칭 단수 어미는 원래 εσαι이지만, 두 모음(ε, α)사이에서 σ가 탈락하고 두 모음이 단축현상을 일으켜서 뒤의 모음 α가 탈락하고 앞 모음 ε을 길게 η로만들어 준 후에 ι는 그 모음 밑에 놓았다.

2. 현재 능동태에서와 마찬가지로 현재 중간태, 수동태 어미는 다른 시제의 중간태 (수동태) 변화의 근간이 됨으로 잘 익혀두어야 한다.

3. 영어에서 수동태를 쓰면 수동태의 주체를 by로 나타낸다 : The boy was taken by her. 헬라어에서 이와 같은 역할을 ὑπό + 소유격 명사 구가 담당한다.

4. 중간태의 경우에 그 의미는 수동태와는 아주 달라서, 중간태 동사는 주어의 참여를 강조하는 방식으로 해석되어야 한다. 예컨대, 중간태인 λύομαι의 뜻은 '내가 나 자신을 푼다' '내가 나 자신을 위해 푼다' 가 된다.

5. 디포넌트(deponent)동사 : 라틴어에서 유래한 단어로 '놓는다'에 해

당하는 pono 동사에 '분리'를 나타내는 de를 합쳐 놓아 '떼어 놓는다'는 의미다. 그래서 개요에서 언급한 '사용을 중지하다'라는 의미를 얻게 된다. 곧 동사 중에 능동태형은 떼어 놓아 사용하지 않고, 오로지 중간태형이나 수동태형만 가지고 있으며, 뜻은 능동인 동사를 디포넌트 동사라고 한다.

6. 많은 경우에 중간태를 디포넌트와 동일한 개념으로 취급하는 경향이 있다. 곧 형태는 중간태이나 뜻은 능동태와 동일하다고 보는 것이다. 이것은 특별히 신약성경에서 능동태가 없이 오로지 중간태만 쓰일 경우에 더욱 그렇다. 하지만, 최근들어 포터 (S.E. Porter)는 디포넌트 동사의 범위를 가능한 한 축소시키고 중간태의 범위를 넓힐 것을 권고한다. 왜냐하면, 그렇게 하면 주석학적으로 중간태가 많은 의미를 갖게 되기 때문이다.
   ἐξομολογέω 동의하다 ἐξομολογοῦμαι 고백하다

[요점]

디포넌트 동사의 정의를 정확하게 이해할 필요가 있다. 그 단어의 원래 의미에 착안하여 능동태 형을 떼어내 버린 동사로 생각하면 기억이 쉬울 것이다.

II. λύω의 미래 중간태 직설법 변화

구 분	단 수		복 수	
1인칭	λύσομαι	내가 (나를) 풀 것이다	λυσόμεθα	우리가 (우리를) 풀 것이다
2인칭	λύσῃ	네가 (너를) 풀 것이다	λύσεσθε	너희가 (너희를) 풀릴 것이다
3인칭	λύσεται	그(그녀,그것)이 그(그녀, 그것)을 풀 것이다.	λύσονται	그들(그녀들, 그것들)이 그들(그녀들, 그것들)을 풀 것이다.

더 이상의 설명이 필요 없을 정도로 σ가 붙은 것 외에는 현재 중간태 (수동태)와 똑같이 변화한다.

III. 미래 어간이 현재 어간과 다른 동사의 변화

앞서 언급한대로 어떤 동사들은 현재 어간과는 전혀 다른 미래 어간을 가진다. 여기에는 어떠한 법칙이 없고 외워나가야 한다. 그러나, 성경 강독의 경우에는 마지막에 붙은 어미 부분을 보고 시제를 미루어 짐작해 나갈 수 있다.

ἔρχομαι ⇒ ἐλεύσομαι　　　λαμβάνω ⇒ λήμψομαι
βαίνω ⇒ βήσομαι　　　κηρύσσω ⇒ κηρύξω

위의 예에서 볼 수 있듯이 비록 어간을 알 수는 없어도 미래형을 보면 σ 가 있으므로 미래임을 짐작할 수 있다. 위의 단어 중에서

λαμβάνω와 βαίνω는 미래에서 디포넌트 동사로 변화하는데 이같이 한 시제에서만 디포넌트인 동사를 반(half) 디포넌트 동사라 부른다.

IV. 중성 복수 주어와 단수 동사

중성 복수 주어는 경우에 따라 복수 동사가 아닌 단수 동사를 취할 수 있다.

[독해를 위한 단어]

ἁγιάζω	거룩하게 하다
ἀναβαίνω	올라가다
ἀναβλέπω	시력 회복하다
βιάζομαι	힘으로 차지하다
βαίνω	가다
Γαλιλαία ας ἡ	갈릴리
διά	(+목)때문에
	(+소)통해
δοξάζω	영화롭게하다
ἐγείρω	일으키다
ἔντευξις εως ἡ	간구(19과)
ἐξομολογέω	고백하다
τοῦ ἐμοῦ	나의 것
ἐπί + 여격	기초하여
	위에
εὐαγγελίζω	(복음)전하다

Ἰορδανής οῦ ὁ	요단
καθαρίζω	깨끗하게 하다
καταβαίνω	내려가다
καταγγέλλω	선포하다
κηρύσσω	전파하다
κόσμος ου ὁ	세상
κωφός οῦ ὁ	청각장애인
λεπρός οῦ ὁ	한센병자
μαθητής οῦ ὁ	제자
Ναζαρέτ	나사렛
οἶκος ου ὁ	집
ὅλος η ον	전체의 온
ὄχλος ου ὁ	무리, 군중
πάλιν	다시
περιπατέω	걷다
πιστεύω + 여	믿다
	(+ εἰς+목) 신앙하다
πολλοί	많은 사람들이
ποταμός οῦ ὁ	강
συνέρχομαι	함께 오다
τυφλός οῦ ὁ	시각장애인
ὑποτάσσω	굴복시키다
χωλός οῦ ὁ	다리 저는 사람 (지체장애인)
χωρίον οῦ τό	장소, 지역

연습문제

1. (막 1:5)

   καὶ βαπτίζονται ὑπ' αὐτοῦ ἐν τῷ Ἰορδάνῃ ποταμῷ.

2. (막 1:9)

   ἔρχεται Ἰησοῦς ἀπὸ Ναζαρὲτ τῆς Γαλιλαίας καὶ βαπτίζεται εἰς τὸν Ἰορδάνην ὑπὸ Ἰωάννου.

3. (눅 7:22; 병행절 마 11:5)

   τυφλοὶ ἀναβλέπουσιν καὶ χωλοὶ περιπατοῦσιν, λεπροὶ καθαρίζονται καὶ κωφοὶ ἀκούουσιν, (καὶ νεκροὶ ἐγείρονται) καὶ πτωχοὶ εὐαγγελίζονται·

4. (눅 10:17)

   Κύριε, καὶ τὰ δαιμόνια ὑποτάσσεται ἡμῖν ἐν τῷ ὀνόματί σου.

5. (롬 1:8)

   ἡ πίστις ὑμῶν καταγγέλλεται ἐν ὅλῳ τῷ κόσμῳ.

6. (딤전 4:5)

   ἁγιάζεται γὰρ διὰ λόγου θεοῦ καὶ ἐντεύξεως.

7. (눅 16:16)

   Ὁ νόμος καὶ οἱ προφῆται μέχρι Ἰωάννου· ἀπὸ τότε ἡ βασιλεία τοῦ θεοῦ εὐαγγελίζεται καὶ πᾶς εἰς αὐτὴν βιάζεται.

8. (요 11:48)

   πιστεύσουσιν εἰς αὐτόν, καὶ ἐλεύσονται οἱ Ῥωμαῖοι.

9. (요 16:14)

   ἐμὲ δοξάσει, ὅτι ἐκ τοῦ ἐμοῦ λήμψεται.

마무리

현재 능동태 직설법 변화가 그랬듯이 현재 중간태 수동태 변화 또한 다른 시제의 중간태 혹은 수동태 변화의 근간이 된다. 미완료 과거의 중간태와 수동태 변화는 물론 제 1,2 단순 과거 동사의 중간태 변화의 근간을 이룬다. 따라서 현재 능동태 직설법과 마찬가지로 따라서 현재 중간태(수동태)형도 철저하게 익혀 두어야 한다.

CHAPTER 07

미완료 과거 동사

07 CHAPTER 미완료 과거 동사

개 요

앞서 현재 시제에 대한 설명에서도 지적했듯이, 헬라어 동사의 시제는 시간 관계보다는 동작의 종류나 상 (相, aspect)을 나타낸다. 이러한 사실은 직설법 외의 법에서 시제가 철저하게 상을 나타내는 데에서 잘 발견된다. 그런데 직설법에는 시간의 개념도 있다. 그래서 현재 능동태 직설법이 '---하다'로 해석되기도 하지만 '---하고 있다'로 해석되기도 한다.

헬라어는 현재 시제에서는 한가지 형태로 이 두 가지를 다 표현하나, 과거 시제에서는 이 둘을 구분하여 각각 단순 과거 (--했다)와 미완료 과거 (---하고 있었다)를 사용한다. 미완료 과거는 특성상 독자를 긴장하게 만든다. 동작이 진행 중이며 무언가 새로운 사건을 소개하려는 느낌을 주기 때문이다. 이러한 특성을 마음 속에 간직할 필요가 있으며, 변화형은 현재 직설법 변화와의 상관성 속에서 잘 익혀두어야 한다.

I. λύω의 미완료 과거 능동태 직설법

	단 수		복 수	
1인칭	ἔλυον (ω)	내가 풀고 있었다	ἐλύομεν (ομεν)	우리가 풀고 있었다
2인칭	ἔλυες (εις)	네가 풀고 있었다	ἐλύετε (ετε)	너희가 풀고 있었다
3인칭	ἔλυε[ν] (ει)	그(그녀, 그것)이 풀고 있었다	ἔλυον (ουσι)	그들(그녀들, 그것들)이 풀고 있었다

1. 미완료 과거, 단순 과거의 직설법은 과거를 나타내는 시상 접두어 (ἐ)가 붙는다.
2. 위의 괄호 안에 있는 변화는 현재 능동태 직설법이다. 둘을 비교해 보면,
   복수 1인칭, 2인칭 어미변화는 현재와 같고,
   단수 2인칭, 3인칭 어미변화는 ι가 빠진 것 말고는 현재와 같고,
   단수 1인칭, 복수 3인칭이 서로 같다.

II. λύω의 미완료 과거 중간태, 수동태 직설법

	단 수		복 수	
1인칭	ἐλυόμην (ομαι)	내가 풀리고 있었다	ἐλυόμεθα(ομεθα)	우리가 풀리고 있었다
2인칭	ἐλύου (ῃ)	네가 풀리고 있었다	ἐλύεσθε(εσθε)	너희가 풀리고 있었다
3인칭	ἐλύετο (εται)	그(그녀그것)이 풀리고 있었다	ἐλύοντο(ονται)	그들(그녀들그것들)이 풀리고 있었다

1. 현재와 마찬가지로 미완료 과거 변화에서 중간태와 수동태는 서로 같다.

2. 현재 중간태를 설명하면서 중간태의 의미는 주어와의 관계를 나타내 준다고 설명하였는데 미완료 과거에서도 마찬가지다. 곧 미완료 과거 중간태 직설법의 뜻은 '내 (네, 그, 우리, 너희, 그들)가 나를 (또는 나를 위하여) 풀고 있었다'가 된다.

3. 미완료 과거 중간태, 수동태의 변화형을 살펴보면
   1인칭, 2인칭 복수의 어미는 현재 중간태, 수동태 어미의 변화와 동일하며
   3인칭 단수, 복수의 어미는 현재 중간태, 수동태 어미의 마지막 부분이 αι에서 ο로 바뀐 것 만이 다르며,
   2인칭 단수는 현재 수동태에서와 마찬가지로 원래 εσο (3인칭 단수와 복수 ετο 와 οντο)인데 모음 사이에서 σ가 탈락하고 ε와 ο가 단축하여 ου가 된 것이다.

4. 모음으로 시작하는 동사의 경우에는 시상 접두어를 붙이는 대신에 그 모음을 길게 만들어 주되, 단모음 α는 장모음 α로 길어지지 않고 η로 길어진다 :
   ἔχω - ἦχον　　ἄγω - ἦγον　　ἀκούω - ἤκουον

5. 합성 동사의 미완료 과거 : 합성동사의 경우 전치사에는 시상 접미가 붙지 못하며 동사에 시상 접미를 붙인다. 이때 전치사가 모음으로 끝나면 그 모음은 시상 접두 모음 앞에서 탈락한다.
   συνάγω => σύν + ἄγω => σύν + ἦγον => συνῆγον
   καταβαίνω => κατά + βαίνω => κατά + ἐβαίνον =>

κατέβαινον

κατακρίνομαι => κατά + κρίνομαι => κατά + ἐκρινόμην =>

κατεκρινόμην

[요점]

> 미완료 과거 변화의 특징은 복수 1,2인칭의 경우는 어미가 현재와 똑같고, 다른 형태는 현재 어미보다 짧아지는 경향이 있다는 것이다.

II. εἰμί의 미완료 과거 직설법

	단 수	복 수
1인칭	ἤμην	ἦμεν
2인칭	ἦς	ἦτε
3인칭	ἦ(ν)	ἦσαν

1. εἰμί는 수동태나 중간태가 없이 오로지 한 가지 형태만 있고, 단순 과거가 없고 미완료 과거만 있다. 따라서 태를 얘기할 필요가 없으며, 단순 과거를 생각할 필요가 없다.

2. 미완료 과거 직설법에서 맨 처음 글자는 ἤ 이며, 1인칭 단수는 λύω의 미완료 과거 중간태 어미와 같고, 3인칭 복수는 σαν이며, 다른 변화는 λύω의 미완료 과거 능동태 어미와 동일함을 알 수 있다.

Ⅲ. 1변화 남성 명사와 2변화 여성 명사

1. 2변화 남성 명사와 동일하게 어미변화를 하지만 성은 1변화 여성 명사인 경우가 있다. 모습은 남성이지만 실제로 여성인 사람과 같다고 생각하면된다. 남성 변화와 하나도 틀림없이 동일하다.
2. 위의 경우와 비슷하게, 1변화 여성 명사와 거의 동일하게 변화하지만 성은 남성인 명사가 있다. 우선 주격 단수 어미가 −η(α)가 아니라 -ης여서 일반 여성 명사와 구별되고, 단수 소유격 어미가 남성과 같아서 −ου여서 남성의 흔적을 남긴다. 또한 남성 단수 변화에서 주격과 호격이 달랐듯이 여기서도 서로 다르다. 그 외에는 여성 변화와 동일하게 변화한다.

구분	단 수	복 수
주	προφήτης	προφῆται
소	προφήτου	προφητῶν
여	προφήτῃ	προφήταις
목	προφήτην	προφήτας
호	προφῆτα	προφῆται

[독해를 위한 단어]

ἀκολουθέω	따르다
ἀναβαίνω	올라가다
ἀπιστία ας ἡ	불신
βάπτισμα ατος τό	세례(19과)
Δαυίδ ὁ	다윗
διαλογίζομαι	논의하다

διδαχή ῆς ἡ	가르침
ἤ	혹은
ἥδεως	즐겁게
θαυμάζω	놀라다
θρηνέω	
κώμη ης ἡ	마을
οὗτος αὕτη τοῦτο	이것 (this)
παραβολή ῆς ἡ	비유
πείθω	설득하다
περιάγω	돌아다니다
πόθεν	어디로부터? 왜?
πολύς πολλή πολύ	많은
προσευχή	기도
φαίνω	비추다
φῶς τος τό	빛(19과)
ἐνάτος η ον	아홉 번째

[독해를 위한 동사 분해]

ἐγένετο γίνομαι 단과. dep. 직. 3. 단. 그것이 되었다. 생겼다.

κατέλαβεν καταλαμβάνω 단과. 능. 직. 3. 단. 그가 영접했다.

παραδίδοται παραδίδωμι 현. 수. 직. 3. 단. 그가 넘겨지다.(24과 참조)

연습문제

1. (요 1:1)
Ἐν ἀρχῇ ἦν ὁ λόγος, καὶ ὁ λόγος ἦν πρὸς[주)] τὸν θεόν, καὶ θεὸς ἦν ὁ λόγος.
2. (요 1:4-5)
ἐν αὐτῷ ζωὴ ἦν, καὶ ἡ ζωὴ ἦν τὸ φῶς τῶν ἀνθρώπων·
3. (막 2:27-28)
καὶ ἔλεγεν αὐτοῖς, τὸ σάββατον διὰ τὸν ἄνθρωπον ἐγένετο καὶ οὐχ ὁ ἄνθρωπος διὰ τὸ σάββατον· ὥστε κύριός ἐστιν ὁ υἱὸς τοῦ ἀνθρώπου καὶ τοῦ σαββάτου.
4. (마 21:11)
οἱ δὲ ὄχλοι ἔλεγον, Οὗτός ἐστιν ὁ προφήτης Ἰησοῦς ὁ ἀπὸ Ναζαρὲθ τῆς Γαλιλαίας.
5. (마 21:25)
τὸ βάπτισμα τὸ Ἰωάννου πόθεν ἦν; ἐξ οὐρανοῦ ἢ ἐξ ἀνθρώπων; οἱ δὲ διελογίζοντο ἐν ἑαυτοῖς.
6. (막 4:2)
καὶ ἐδίδασκεν αὐτοὺς ἐν παραβολαῖς πολλά καὶ ἔλεγεν αὐτοῖς ἐν τῇ διδαχῇ αὐτοῦ.
7. (막 6:6)
καὶ ἐθαύμαζεν διὰ τὴν ἀπιστίαν αὐτῶν. Καὶ περιῆγεν τὰς κώμας.
8. (막 9:31)

주) 여기서는 "함께"

ἐδίδασκεν γὰρ τοὺς μαθητὰς αὐτοῦ καὶ ἔλεγεν αὐτοῖς ὅτι Ὁ υἱὸς τοῦ ἀνθρώπου παραδίδοται εἰς χεῖρας ἀνθρώπων.

9. (막 12:37)

αὐτὸς Δαυὶδ λέγει αὐτὸν κύριον, καὶ πόθεν αὐτοῦ ἐστιν υἱός; καὶ [ὁ] πολὺς ὄχλος ἤκουεν αὐτοῦ ἡδέως.

10. (행 3:1)

Πέτρος δὲ καὶ Ἰωάννης ἀνέβαινον εἰς τὸ ἱερὸν ἐπὶ τὴν ὥραν τῆς προσευχῆς τὴν ἐνάτην.

11. (행 18:4)

διελέγετο δὲ ἐν τῇ συναγωγῇ κατὰ πᾶν σάββατον ἔπειθέν τε Ἰουδαίους καὶ Ἕλληνας.

12. (눅 23:27)

Ἠκολούθει δὲ αὐτῷ πολὺ πλῆθος τοῦ λαοῦ καὶ γυναικῶν καὶ ἐθρήνουν αὐτόν.

마무리

미완료 과거는 '…하고 있었다'는 과거 진행형의 의미 외에도 시작을 나타내기 위해 '…하기 시작했다' (began ~ing)나, 과거의 반복적이며 습관적인 동작을 타나내기 위해 '하곤 했다' (be used to~) 등의 의미를 전달해 준다. 뿐만 아니라 시도했으나 실패했음을 나타내 주기 위해 '…하려 시도했다' (tried to ~)로 번역하기도 한다. 이러한 다양한 미완료 과거의 용법 중에서 어떤 용법을 적용할 것인가는 문맥에 달려 있는데 때로는 문맥이 다양한 해석을 가능하게 해 주기도 한다. 위의 연습 문제 3번에서 ἐλέγεν은 '말씀하고 계셨다' 나 '말씀 하시기 시작했다'로 번역할 수 있다.

CHAPTER 08

지시 대명사, 관계 대명사, αὐτός의 특별 용법

지시 대명사, 관계 대명사, αὐτός의 특별 용법

08 CHAPTER

개 요

지시 대명사는 어떤 사물이나 사람을 지시할 때 사용되는 대명사로서 가까이 있는 것에는 '이' (this), 멀리 있는 것에는 '저' (that)를 써서 표현한다. 지시 대명사의 변화는 형용사의 변화와 똑같다. 관계 대명사는 두 문장을 하나로 만들어 줄 때 사용하는데, 이것은 형용사의 어미만을 떼어 만든다.
αὐτός로 대표되는 3인칭 대명사는 인칭 대명사로 쓰이는 경우와는 달리 특별하게 사용되기도 하는데 이것을 αὐτός의 특별 용법이라고 한다. 주의 사항은 남성 단수 주격인 αὐτός만 되는 것이 아니라 모든 성의 모든 격에 특별 용법이 적용된다는 것이다.

I. 지시 대명사

1. 근거리 지시 대명사 οὗτος (this)

		남 성	여 성	중 성
단수	주 격	οὗτος	αὕτη	τοῦτο
	소 유 격	τούτου	ταύτης	τούτου
	여 격	τούτῳ	ταύτῃ	τούτῳ
	목 적 격	τοῦτον	ταύτην	τοῦτο
복수	주 격	οὗτοι	αὗται	ταῦτα
	소 유 격	τούτων	τούτων	τούτων
	여 격	τούτοις	ταύταις	τούτοις
	목 적 격	τούτους	ταύτας	ταῦτα

1) 지시 대명사의 어미는 형용사 ἀγαθός 의 어미와 동일하게 변화하며, 다만 중성 단수 주격이 ον이 아니라 ο인 것만이 다르다. 이것은 3인칭 대명사와 똑같다.

2) 따라서 οὗτος변화의 암기에 있어 핵심은,
  첫째, 모든 성, 특별히 남성과 여성의 단수, 복수의 주격을 외우는 것이고
  둘째, 어미 앞의 τ 앞모음이 ου인지 αυ인지를 결정하는 것인데, 방법은 어미에 ο, ω가 들어 있으면 ου가 되고, 그 외에는 (α나 η가 들어 있으면) αυ가 된다.

2. ἐκεῖνος(that)의 변화는 어간 ἐκειν-에 위의 οὗτος의 어미를 그대로 붙여주면 된다. 이 때에 어간의 중간에 있는 이중 모음 ει는 항상 그대로 있는다.

2. 지시 대명사의 용법

1) 지시 대명사는 명사와 함께 사용되기도 하고 명사없이 독립적으로 사용되기도 한다.

2) 명사와 함께 사용되면 형용사와 마찬가지로 언제나 그 명사와 성, 수, 격이 일치해야 한다. 또한 함께 쓰이는 명사에는 언제나 관사가 붙어야 한다.
지시 대명사 + 관사 + 명사, 또는 관사 + 명사 + 지시대명사
맞는 표현 : ἐκεῖνος ὁ ἄνθρωπος 또는 ὁ ἄνθρωπος ἐκεῖνος
틀린 표현 : ἐκεῖνος ἄνθρωπος 또는 ὁ ἐκεῖνος ἄνθρωπος

3) 형용사와 마찬가지로 지시 대명사는 수식하는 명사 없이 독립적으로 사용하며 이때에 형용사와 마찬가지로 지시 대명사의 성, 수, 격에 따라 의미가 달라진다.
οὗτος 이 남성이/ 이 사람이 ταύτῃ 이 여성에게
ἐκείνας 저 여성들을

[요점]

οὗτος의 변화가 ἐκεῖνος의 변화보다 상대적으로 복잡해 보이지만, 어미는 3인칭 대명사와 똑같으며, 어미 앞 음절에 붙는 이중 모음이 ου이거나 αυ로 되는 것이 다르지만, 이것 역시 어미에 '오'계통의 음이 올 때 ου가 되고 그 외에는 αυ로 된다는 사실을 기억하면 쉽게 해결된다.

II. 관계 대명사의 변화

구분	단 수			복 수		
	남성	여성	중성	남성	여성	중성
주	ὅς (ὅστις)	ἥ (ἥτις)	ὅ	οἵ (οἵτινες)	αἵ (αἵτινες)	ἅ
소	οὗ	ἧς	οὗ	ὧν	ὧν	ὧν
여	ᾧ	ᾗ	ᾧ	οἷς	αἷς	οἷς
목	ὅν	ἥν	ὅ	οὕς	ἅς	ἅ

1. 관계 대명사의 변화는 위의 지시 대명사의 어미와 동일하다. 주의 사항은 강기식과 액센트가 있다는 것이며, 소유격과 여격은 단수 복수 모두 써컴플렉스를 찍었다.

2. 괄호 안에 있는 ὅστις는 관계 대명사에 부정 대명사 τις가 붙은 것으로 관계 대명사와 거의 동일하게 사용된다. 부정 대명사 τις의 변화와 용법은 뒤에서 배운다.

3. 관계 대명사는 서로 연관이 있는 두 문장을 하나로 만들 때 사용된다:
   나는 한 마리 개를 보고 있다. 그 개는 짧은 꼬리를 가지고 있다
   나는 짧은 꼬리를 가지고 있는 한 마리 개를 보고 있다.

   이때에 '한 마리 개'는 선행사이고 '그 개'는 관계 대명사 속에 포함된다.

4. 위의 예에서 볼 수 있듯이, 관계 대명사는 선행사와 성, 수는 일치해야 하나 격은 관계 대명사 절에서의 역할에 따라 선행사의

격과 다를 수 있다. 이것은 인칭 대명사의 경우와 같다.

οὐκ οἶδα τὸν ἄνθρωπον τοῦτον ὃν λέγετε. (막 14:27)

내가 너희가 말하는 이 사람을 알지 못한다 (선행사와 관계대명사의 격이 같다).

καὶ ὁ ἄρτος δὲ ὃν ἐγὼ δώσω ἡ σάρξ μού ἐστιν ὑπὲρ τῆς τοῦ κόσμου ζωῆς. (요 6:41 하반절)

그리고 내가 줄 떡은 세상의 생명을 위한 나의 몸이다 (이 문장에서 선행사는 주격인 반면에, 관계대명사는 목적격이다).

5. 격동화 : 선행사의 격이 소유격이나 여격이고, 관계 대명사의 격이 목적격이어야 할 때, 경우에 따라 관계 대명사의 격이 선행사의 격을 따라 소유격이나 여격이 되는 현상이 나타나는데 이것을 격동화라고 한다.

6. 영어에서처럼 선행사 없이 관계 대명사가 독립적으로 사용되는 경우가 있으며, 이 경우에는 선행사가 관계 대명사에 포함된 것으로 생각한다.

Ⅲ. 3인칭 대명사의 특별 용법

αὐτός로 대표되는 3인칭 대명사는 인칭 대명사로 사용되는 것과는 별도로 특별히 두 가지 용법으로 사용된다. 이 두 가지 용법을 구분하는 방법은 αὐτός를 형용사로 보아서 위치에 따라 구분하는 것이다.

* 주격 뿐만 아니라 3인칭 대명사의 모든 격이 특별 용법으로 사용된다.

1. 관형적 위치 : 관사 + αὐτός +명사 – 동일한, 같은 (the same ---)
ὁ αὐτὸς ἀπόστολος 그 동일한 사도가 τὴν αὐτὴν δόξαν 그 동일한 영광을

2. 서술적 위치 : 관사 + 명사 + αὐτός - 강의적 용법으로 명사를 강조
ὁ ἀπόστολος αὐτός 그 사도 자신이 τὴν δόξαν αὐτήν 그 영광 자체를
강의적 용법에서 때때로 동사 속에 들어 있는 주어를 강조해 주기도 한다.
αὐτὸς λέγει τοῦτο. 그 자신이 이것을 말한다.
αὐτὴ λέγει ταῦτα. 그녀 자신이 이것들을 말하고 있다.
αὐταὶ λέγετε τοῦτο. 너희들은(여성) 이것을 말한다.

[요점]

αὐτός의 특별 용법은 암기하려고 애쓰기 보다는 있는 그대로 자연스럽게 해석하려고 시도할 때 쉽게 이해할 수 있다. 한글로 생각해 보자면, 관사 + αὐτός +명사는 순서대로 '그 동일한 무엇(누구)'로 이해하는 것이 자연스러운 반면, 관사 + 명사 + αὐτός는 '그 무엇(누구) 자체(자신)'로 보는 것이 자연스럽다.

[독해를 위한 단어]

ἀληθής ές	참된(23과)
ἄλλος η ο	다른
ἀνήρ ἀνδρός ὁ	남자(19과)
Γεθσημανί	겟세마네

γυνή αικός ἡ	부인(19과)
δικαιοσύνη ης ἡ	의
ἔμπροσθεν	앞에
ἐξέρχομαι	나오다
ἐπουράνιος ον	하늘의
ἔργον ου τό	일, 행위
εὐαγγέλιον ου τό	복음
εὐλογία ας ἡ	축복
ʼΙακώβος ου ὁ	야고보
ἰδού	보라!
ʼΙωσῆτος ὁ	요세
καθαρός ά όν	깨끗한
καθάπερ	마치 ---처럼
καθώς	---같이
κακός ή όν	악한
κατάρα ας ἡ	저주
κατασκευάζω	준비하다
λατρεύω	(+여)섬기다
λογίζομαι	여기다
Μαγδαληνή ῆς ἡ	막달라 여성
μακαρισμός οῦ ὁ	축복 복의 선포
μακρόθεν	멀리서 부터
Μαρία ας ἡ	마리아
μάρτυς τυρος ὁ	증인(19과)

μήτηρ τρος ἡ	어머니(19과)
ναός οῦ ὁ	성전
οὐαι	화로다
οὖν	그러므로
πέντε	다섯
περί	(+소)대하여
	(+목)주위에
Πέτρος ου ὁ	베드로
ποίημα ατος τό	작품(19과)
πρό	(+소)앞에
πρόγονος ον	조상(23과)
πρόσωπον ου τό	얼굴
Σαλώμη ης ἡ	살로메
σάρξ κος τό	육신(19과)
Σίμων ονος ὁ	시몬(19과)
σοφός ή όν	지혜로운
στόμα ατος τό	입(19과)
σῶμα ατος τό	몸(19과)
τρέχω	달리다
ὑπάγω	가버리다
ὑπέρ	(+소)위하여
	(목)위에
χρονίζω	지체하다
χωρίς	---없이
φιλέω	사랑하다

Χριστός οὗ ὁ 그리스도
ὧδε 여기

[독해를 위한 동사 분해]

γέγραπται γράφω 완. 수. 직. 3. 단. 그것이 쓰여있다.(21과 참조)
δώσω δίδωμι 미. 능. 직. 1. 단. 내가 줄 것이다.(24과 참조)
εἴπῃ λέγω 단과. 능. 가. 3. 단. 그가 말한다면(16과 참조)
εἴρηκας λέγω 완. 능. 직. 2. 단. 네가 말했다.(21과 참조)
ἔσχες ἔχω 단과. 능. 직. 2. 단. 네가 갖고 있었다.(11과 참조)
θεωροῦσαι θεωρέω 현. 능. 분. 여. 복. 주. 보면서(9과, 17과 참조)
κτισθέντες κτίζω 단과. 수. 분. 남. 복. 주. 만들어진(15과 참조)
οἶδα[주)] 완. 능. 직. 1. 단. 내가 알고 있다.(21과 참조)
προητοίμασεν προετοιμάζω 단과. 능. 직. 3. 단. 그가 예정했다. (10과 참조)

연습문제

1. (롬1:9)
   μάρτυς γάρ μού ἐστιν ὁ θεός, ᾧ λατρεύω ἐν τῷ πνεύματί μου ἐν τῷ εὐαγγελίῳ τοῦ υἱοῦ αὐτοῦ.
2. (롬4:6)
   καθάπερ καὶ Δαυὶδ λέγει τὸν μακαρισμὸν τοῦ ἀνθρώπου ᾧ ὁ

주) 형태는 완료이지만, 현재의 의미로 쓰이며, 현재형은 존재하지 않는 동사.

θεὸς λογίζεται δικαιοσύνην χωρὶς ἔργων.

3. (딤후 4:18)

σώσει εἰς τὴν βασιλείαν αὐτοῦ τὴν ἐπουράνιον· **ᾧ** ἡ δόξα εἰς τοὺς αἰῶνας τῶν αἰώνων, ἀμήν.

4. (막14:21)

ὅτι ὁ μὲν υἱὸς τοῦ ἀνθρώπου ὑπάγει καθὼς γέγραπται περὶ αὐτοῦ, οὐαὶ δὲ τῷ ἀνθρώπῳ ἐκείνῳ δι' οὗ ὁ υἱὸς τοῦ ἀνθρώπου παραδίδοται·

5. (막14:32)

Καὶ ἔρχονται εἰς χωρίον **οὗ** τὸ ὄνομα Γεθσημανί καὶ λέγει τοῖς μαθηταῖς αὐτοῦ.

6. (마11:10)

οὗτός ἐστιν περὶ οὗ γέγραπται· ἰδοὺ ἐγὼ ἀποστέλλω τὸν ἄγγελόν μου πρὸ προσώπου σου, ὃς κατασκευάσει τὴν ὁδόν σου ἔμπροσθέν σου.

7. (막15:40)

Ἦσαν δὲ καὶ γυναῖκες ἀπὸ μακρόθεν θεωροῦσαι, ἐν **αἷς** καὶ Μαρία ἡ Μαγδαληνὴ καὶ Μαρία ἡ Ἰακώβου τοῦ μικροῦ καὶ Ἰωσῆτος μήτηρ καὶ Σαλώμη.

8. (요20:2)

τρέχει οὖν καὶ ἔρχεται πρὸς Σίμωνα Πέτρον καὶ πρὸς τὸν ἄλλον μαθητὴν ὃν ἐφίλει ὁ Ἰησοῦς καὶ λέγει αὐτοῖς.

9. (요2:21)

ἐκεῖνος δὲ ἔλεγεν περὶ τοῦ ναοῦ τοῦ σώματος αὐτοῦ.

10. (요4:18)

πέντε γὰρ ἄνδρας ἔσχες καὶ νῦν **ὃν** ἔχεις οὐκ ἔστιν σου ἀνήρ·

11. (약 3:10)

ἐκ **τοῦ αὐτοῦ** στόματος ἐξέρχεται εὐλογία καὶ κατάρα.

12. (계 21:3)

καὶ αὐτοὶ λαοὶ **αὐτοῦ** ἔσονται, καὶ αὐτὸς ὁ θεὸς μετ᾽ αὐτῶν ἔσται.

마무리

지시 대명사는 이해하기가 어렵지 않은 반면에 관계 대명사는 한국 사람이 이해하기가 쉽지 않다. 영어를 배울 때도 많은 사람들이 관계 대명사에 대해 부담스러워 한다. 대부분의 경우에 관계 대명사 자체는 해석되지 않으며, 다만 관계 대명사 앞에 구두점이 있는 경우에는 관계 대명사를 해석해 주어야 한다. 이것은 영어의 관계 대명사 계속적 용법과 같다.

CHAPTER 09

단축동사

단축 동사

09 CHAPTER

개 요

단축 동사란 어간이 α, ϵ, ο로 끝나는 동사로, 이 어간의 끝 모음들은 현재와 미완료 과거에서 그 변화 어미의 첫 모음(ω, ϵις, ϵι, ομϵν, ϵτϵ, ουσι등)과 만나서 단축된다. 어떤 교재들에서는 규칙동사의 변화를 대부분 마무리하고 단축 동사와 μι동사를 교재의 뒷부분에서 다룬다. 하지만, 단축 동사는 빈번히 사용되므로 교재의 앞부분에서 다루는 것이 효과적으로 성경 헬라어를 익히는 방법이 될 수 있다. 실제로 신약성경에서 가장 많이 발견되는 단어중의 하나는 단축 동사인 ποιέω이며, 그 외에도 λαλέω나 καλέω등도 아주 많이 사용된다. 따라서 단축 동사를 먼저 배우도록 한다. 핵심적으로 기억해야 할 것은, 이 단축 동사의 단축 현상은 현재와 미완료 과거에서만 나타나며 그 외의 시제에서는 일어 나지 않는다는 것이다.

Ⅰ. 동사의 단축 법칙

1. 모음과 모음이 단축될 때에,

1) 개모음과 폐모음이 합해지면, 이중 모음이 되는데 이것은 자연스러운 것이다.

2) 같은 계통의 모음이 합해지면, 그 계통 소리의 장모음으로 만들어 주되,
예외가 있으니 바로 ϵ + ϵ= ϵι (η가 아니라)이고 ο+ο= ου (ω가 아니라)가 된다.

3) ο계통의 모음(ο, ω)과 다른 모음이 합쳐지면, 무조건 ω로 되나, 상대적으로 약한 ο가 ϵ과 만나면, ω가 아니라 ου가 된다. ϵ + ο 또는 ο + ϵ= ου

4) α,ϵ,η가 만나 단축되면, 먼저 나온 모음을 장모음으로 만들어 준다.
α + ϵ = α (장모음)　　ϵ + α = η

2. 모음과 이중모음이 단축될 때에,

1) 앞의 단모음이 이중모음의 첫 모음과 같으면 앞의 단모음은 탈락하며,

2) 서로 다를 경우에는 둘이 단축 법칙을 따라 단축되고 단축되지 않은 이중모음의 뒷 모음은 ι인 경우는 하기되며(이오타 하기법), 그외의 모음인 경우는 탈락한다.

[요점]

단축현상이 일어나는 것은 단순한 쪽으로 변화하는 모든 언어의 특성을 생각해 볼 때 자연스러운 흐름이다. 단축 법칙의 핵심은 단모음+단모음의 변화이며, 그 중에서도 예외 사항을 어떻게 익히느냐에 달려있다.

II. ποιέω의 현재, 미완료 과거 능동태 변화

		현재		미완료	
		원 형	단축형	원 형	단축형
단수	1인칭	ποιέ ω	ποιῶ	ἐποίε ον	ἐποίουν
	2인칭	ποιέ εις	ποιεῖς	ἐποίε ες	ἐποίεις
	3인칭	ποιέ ει	ποιεῖ	ἐποίε ε(ν)	ἐποίει(ν)
복수	1인칭	ποιέ ομεν	ποιοῦμεν	ἐποιέ ομεν	ἐποιοῦμεν
	2인칭	ποιέ ετε	ποιεῖτε	ἐποιέ ετε	ἐποιεῖτε
	3인칭	ποιέ ουσι(ν)	ποιοῦσι(ν)	ἐποίε ον	ἐποίουν

1. -έω로 끝나는 단축 동사는 단축 동사 중 가장 흔하고 또 유음 동사의 미래형과도 직접 관련되어 있으므로 확실하게 익혀두어야 한다.

2. 위의 변화를 자세히 살펴보면, 앞에서 제시한 단축 법칙에 따라 동사가 단축된 것을 알 수 있다.

3. 이와 같은 단축 현상은 현재와 미완료 체계에서만 나타나며, 이것은 직설법 뿐만 아니라, 다른 법에서도 나타난다. 물론, 다른 법에는 미완료 과거가 없으므로, 현재형에서만 단축 현상이 일어난다.

III. ἀγαπάω와 πληρόω의 현재 변화

구 분		ἀγαπάω		πληρόω	
		원형	단축형	원형	단축형
단수	1인칭	ἀγαπά ω	ἀγαπῶ	πληρό ω	πληρῶ
	2인칭	ἀγαπά εις	ἀγαπᾷς	πληρό εις	πληροῖς
	3인칭	ἀγαπά ει	ἀγαπᾷ	πληρό ει	πληροῖ
복수	1인칭	ἀγαπά ομεν	ἀγαπῶμεν	πληρό ομεν	πληροῦμεν
	2인칭	ἀγαπά ετε	ἀγαπᾶτε	πληρό ετε	πληροῦτε
	3인칭	ἀγαπά ουσι	ἀγαπῶσι	πληρό ουσι	πληροῦσι

1. –α와 –ο로 끝나는 단축동사는 –εω로 끝나는 단축동사보다 적게 사용되나 여전히 흔히 발견된다.

2. 단축 법칙에 맞추어 변화시키는 중에 한 가지 예외가 있다. 곧, -οω로 끝나는 동사의 단수 1, 2, 3인칭에서 ο + ει의 단축은 원래는 법칙대로 하며 ου가 되어야 하지만, οι가 되었는데, 이것은 단축 법칙의 예외다.

IV. 단축 동사 문법 사항 정리 및 단축 동사의 기본 부분

1. 단축 동사는 어간의 마지막이 α, ε, ο모음으로 끝나는 동사라고 설명했으며, 앞에서 이 마지막 모음이 현재와 미완료 과거에서 어떻게 단축되는지를 보았다.

2. 현재와 미완료 체계에서만 단축현상이 일어난다는 것은 단축이

직설법 이외의 법에서도 일어난다는 말이며, 이때 다른 법에는 미완료가 없으므로, 현재형에서만 나타난다.

3. 단축 동사의 기본 부분 : 이것을 특별히 따로 다루는 이유는 단축 동사의 마지막 모음이 시상 접미사 (미래의 σ, 제 1단순과거의 σα, 단순과거 수동태의 θε) 앞에서 규칙적으로 길어지기 때문이다. 이것은 단축현상과는 무관한 것으로, 단순히 규칙적으로 길어진다. 이때에, α는 장모음 α가 아니라 η로 길어진다.

ἀγαπάω, ἀγαπήσω, ἠγάπησα, ἠγαπήθην

πληρόω, πληρώσω, ἐπλήρωσα, ἐπληρώθην

[독해를 위한단어]

ἀγαπάω 사랑하다
ἀγορά ᾶς ἡ 시장
ἀκολουθέω (+여) 따르다
ἀπέχω 충분하다
ἀριστάω 아침먹다
ἀρνίον ου τό 어린양
ἀσπασμός οῦ ὁ 문안인사
γεννάω 낳다
διό 그러므로
εἷς μία ἕν 하나(22과)
ἐπερωτάω 질문하다
ζητέω 구하다
θεωρέω 보다

κἀγώ καί + ἐγω	나도
καλῶς	잘, 선하게
καρποφορέω	열매맺다
κατέχω	붙잡다
λαλέω	말하다
μετοικεσία	유수, 포로
μισθός οῦ ὁ	품삯
μύρον ου τό	기름(향기나는)
ναί	네
ὀσμή ῆς ἡ	냄새
οὐδείς οὐδεμία οὐδέν	아무도 않는(22과)
οὕτως	그러므로
παράκλησις εως ἡ	위로(19과)
πλείων ον	πολύς의 비교급(23과)
πλήν	더욱
πληρόω	충만하다
πλούσιος η ον	부유한
ποιέω	만들다
πρόβατον ου τό	양
πρωτοκαθεδρία ας ἡ	상석
σαπρός ά όν	나쁜
σημεῖον ου τό	표적
σφόδρα	매우
τέ	그리고
ὑπομονή ῆς ἡ	인내

Φαρισαῖος ου ὁ 바리새인

φρίσσω 떨다

[독해를 위한 동사 분해]

ἀκούσαντες ἀκούω 단과. 능. 분. 남. 복. 주. 들은 후에(14과 참조)

ἀσθενούντων ἀσθενέω 현. 능. 분. 남. 복. 소. 병든(13과 참조)

δείκνυσιν δείκνυμι 현. 능. 직. 3. 단. 그가 보여주다.(24과 참조)

εἶπεν λέγω 단과. 능. 직. 3. 단. 그가 말했다.(11과 참조)

εἷς τὸν ἕνα (복수 주어와 함께 사용되어) 각자가 각자를

ἐκάλεσεν καλέω 단과. 능. 직. 3. 단. 그가 불렀다.(10과 참조)

ἐπληρώθη πληρόω 단과. 수. 직. 3. 단. 그것이 가득 차게 되었다.(12과 참조)

ἠγάπησα ἀγαπάω 단과. 능. 직. 1. 단. 내가 사랑했다.(10과 참조)

μένων μένω 현. 능. 분. 남. 단. 주. 거하는(13과 참조)

οἶδας οἶδα 완. 능. 직. 2. 단. 네가 알고 있다.(21과 참조)

οἰκοδομεῖτε οἰκοδομέω 현. 능. 명. 2. 복. 세워라.(20과 참조)

παρακαλεῖτε παρακαλέω 현. 능. 명. 2. 복. 권고하라.(20과 참조)

연습문제

1. (막 10:10)

   Καὶ εἰς[주)] τὴν οἰκίαν πάλιν οἱ μαθηταὶ περὶ τούτου ἐπηρώτων αὐτόν.

2. (요 5:20)

   ὁ γὰρ πατὴρ φιλεῖ τὸν υἱὸν καὶ πάντα δείκνυσιν αὐτῷ ἃ αὐτὸς **ποιεῖ**.

3. (마 1:10-11)

   Ἀμὼς δὲ ἐγέννησεν τὸν Ἰωσίαν, Ἰωσίας δὲ ἐγέννησεν τὸν Ἰεχονίαν καὶ τοὺς ἀδελφοὺς αὐτοῦ ἐπὶ τῆς μετοικεσίας Βαβυλῶνος.

4. (요 14:10)

   οὐ πιστεύεις ὅτι ἐγὼ ἐν τῷ πατρὶ καὶ ὁ πατὴρ ἐν ἐμοί ἐστιν; τὰ ῥήματα ἃ ἐγὼ λέγω ὑμῖν ἀπ' ἐμαυτοῦ οὐ λαλῶ, ὁ δὲ πατὴρ ἐν ἐμοὶ μένων **ποιεῖ** τὰ ἔργα αὐτοῦ.

5. (약 2:19)

   σὺ πιστεύεις ὅτι εἷς ἐστιν ὁ θεός, καλῶς **ποιεῖς·** καὶ τὰ δαιμόνια πιστεύουσιν καὶ φρίσσουσιν.

6. (살전 5:11)

   Διὸ παρακαλεῖτε ἀλλήλους καὶ οἰκοδομεῖτε εἷς τὸν ἕνα, καθὼς καὶ **ποιεῖτε.**

7. (요 6:2)

주) 여기서는 ἐν 처럼 사용

ἠκολούθει δὲ αὐτῷ ὄχλος πολύς, ὅτι ἐθεώρουν τὰ σημεῖα ἃ **ἐποίει** ἐπὶ τῶν ἀσθενούντων.

8. (눅 6:23-24)

23 ἰδοὺ γὰρ ὁ μισθὸς ὑμῶν πολὺς ἐν τῷ οὐρανῷ· κατὰ τὰ αὐτὰ γὰρ **ἐποίουν** τοῖς προφήταις οἱ πατέρες αὐτῶν.

24 Πλὴν οὐαὶ ὑμῖν τοῖς πλουσίοις, ὅτι ἀπέχετε τὴν παράκλησιν ὑμῶν.

9. (눅 11:43)

οὐαὶ ὑμῖν τοῖς Φαρισαίοις, ὅτι **ἀγαπᾶτε** τὴν πρωτοκαθεδρίαν ἐν ταῖς συναγωγαῖς καὶ τοὺς ἀσπασμοὺς ἐν ταῖς ἀγοραῖς.

10. (요 21:15)

Ὅτε οὖν ἠρίστησαν λέγει τῷ Σίμωνι Πέτρῳ ὁ Ἰησοῦς, Σίμων Ἰωάννου, **ἀγαπᾷς** με πλέον τούτων; λέγει αὐτῷ, Ναί, κύριε, σὺ οἶδας ὅτι φιλῶ σε.

11. (요 15:9)

καθὼς ἠγάπησέν με ὁ πατήρ, κἀγὼ ὑμᾶς **ἠγάπησα**·

12. (눅 8:15)

τὸ δὲ ἐν τῇ καλῇ γῇ, οὗτοί εἰσιν οἵτινες ἐν καρδίᾳ καλῇ καὶ ἀγαθῇ ἀκούσαντες τὸν λόγον κατέχουσιν καὶ καρποφοροῦσιν ἐν ὑπομονῇ.

13. (요 12:3)

ἡ δὲ οἰκία **ἐπληρώθη** ἐκ τῆς ὀσμῆς τοῦ μύρου.

마무리

단축 동사의 단축되는 방식과 형태를 잘 익혀 두어야 하는데, 그 이유는 모음의 단축 법칙을 잘 익혀 두어야 앞으로 나올 단축 동사의 다른 법들, 곧 명령법, 분사 등에서의 변화를 수월하게 배울 수 있기 때문이다. 또한 유음동사의 미래 변화와 단축 동사의 변화는 밀접하게 연결되어 있다. 더 나아가 제 3변화 명사와 형용사 변화도 단축 법칙에 근거하여 이해할 때 올바르게 파악이 될 수 있다.

CHAPTER 10

제 1 단순 과거 능동태, 중간태 직설법

10
CHAPTER

제 1 단순 과거 능동태, 중간태 직설법

개 요

앞서 미완료 과거를 배우면서 언급한대로, 과거형에는 미완료 과거와 단순 과거가 있다. 많은 책들에서 '부정과거'라는 용어를 사용하나, 그것 보다는 단순 과거라고 하는 것이 좋을 듯하다. 계속된 동작의 진행을 나타내는 것이 아니라 단순히 과거의 사실을 기술할 때 이 단순 과거가 사용되기 때문이다. 단순 과거에는 어간의 변화 없이 시상 접두어와 접미가 붙어서 만들어지는 규칙 동사와 어간이 변화하는 불규칙 동사가 있다. 어간이 변하지 않는 동사를 제 1 단순 과거라 하고 어간이 변하는 동사를 제 2 단순 과거라 부른다. 이번 과에서는 우선 제 1 단순 과거를 배운다. 단순 과거의 어미 변화는 미완료 과거의 어미 변화와 아주 유사하다. 서로 비교하며 익히면 수월하게 습득하게 될 것이다.

Ⅰ. λύω의 제 1 단순 과거 능동태 직설법

구분	단 수		복 수	
	단순과거 (미완료)	의미	단순과거 (미완료)	의미
1인칭	ἔλυσα (ἔλυον)	내가 풀었다	ἐλύσαμεν (ἐλύομεν)	우리가 풀었다
2인칭	ἔλυσας (ἔλυες)	네가 풀었다	ἐλύσατε (ἐλύετε)	너희가 풀었다
3인칭	ἔλυσε[ν] (ἔλυε[ν])	그(그녀,그것)이 풀었다	ἔλυσαν (ἔλυον)	그들(그녀들,그것들)이 풀었다

1. 위의 괄호 속에 있는 미완료 과거와 비교해 보면 그 차이가 확연히 드러나는데, 그것은 바로 **σα**가 제 1 단순과거의 표식이라는 것이다. 그래서 σα를 대표 1인칭 단수로 생각하면 나머지는 모두 삽입모음 대신 σα를 붙인 것을 알 수 있다.

2. 예외는 3인칭 단수인데 그 이유는 만일 σα 그대로 하면 1인칭 단수와 동일하기 때문에 σα대신 σε를 사용하였다.

3. 과거시제의 직설법이므로 앞에 시상 접두어인 ἐ가 붙는 것은 당연하다.

II. λύω의 제 1 단순 과거 중간태 직설법

구 분	단 수		복 수	
1인칭	ἐλυσάμην (ἐλυόμην)	내가 (나를) 풀었다	ἐλυσάμεθα (ἐλυόμεθα)	우리가 (우리를) 풀었다.
2인칭	ἐλύσω (ἐλύου)	네가 (너를) 풀었다	ἐλύσασθε (ἐλύεσθε)	너희가 (너희를) 풀었다
3인칭	ἐλύσατο (ἐλύετο)	그(그녀,그것)가 그(그녀,그것)을 풀었다	ἐλύσαντο (ἐλύοντο)	그들(그녀들,그것들)이 그들(그녀들,그것들)을 풀었다

1. 단순 과거 능동태에서 처럼 단순 과거 중간태도 괄호 안에 있는 미완료 과거 중간태와 σα가 된 것 말고는 동일하게 변화한다.

2. 예외는 2인칭 단수인데, 이것은 변화의 과정을 생각하면 해답이 얻어진다 :
미완료 과거의 어미는 (λύ)εσο여서 σ가 탈락하고 ε와 ο가 합쳐져서 ου가 된 반면에 단순 과거는 (λύ)σασο여서 두 번째 σ가 탈락하고 α와 ο가 합쳐져서 σω가 되었다.

3. 앞서 언급한대로 중간태는 주어와 어떤 식으로든 서로 연결된다. 그래서 해석할 때에 1인칭의 경우, '나를' '나를 위해' 등으로 해석해야 한다.

Ⅲ. 단순 과거 시제의 의미

단순 과거의 시제는 미완료 과거와는 대조적으로 단순하게 끝난 동작을 묘사할 때 사용된다. 이것은 화자나 필자가 그 동작을 그렇게 표현했다는 것이며, 미완료 과거에서는 무언가 다른 사건이 일어날 조짐을 잉태하고 있는 반면에 단순 과거에서는 동작의 완결을 나타내 준다. 다음 성경 구절을 보면 그 차이가 느껴질 것이다.

[요 7:40-44]

40 Ἐκ τοῦ ὄχλου οὖν ἀκούσαντες τῶν λόγων τούτων ἔλεγον,
Οὗτός ἐστιν ἀληθῶς ὁ προφήτης·
41 ἄλλοι ἔλεγον, Οὗτός ἐστιν ὁ Χριστός, οἱ δὲ ἔλεγον, Μὴ γὰρ
ἐκ τῆς Γαλιλαίας ὁ Χριστὸς ἔρχεται;
42 οὐχ ἡ γραφὴ εἶπεν ὅτι ἐκ τοῦ σπέρματος Δαυίδ καὶ ἀπὸ
Βηθλέεμ τῆς κώμης ὅπου ἦν Δαυίδ ἔρχεται ὁ Χριστὸς;
43 σχίσμα οὖν ἐγένετο ἐν τῷ ὄχλῳ δι᾽ αὐτόν·

그러므로 무리중에서 그들이 이 말들을 들은 후에 말하고 있었다. "이 사람은 참된 선지자이다." 다른 사람들은 "이 사람이 그리스도이다"라고 말하고 있었다. 그러나 다른 이들은 "그러면 그리스도가 갈릴리로부터 온단 말인가? 성경은 다윗의 씨로부터 다윗이 있었던 마을인 베들레헴에서 그리스도가 온다고 말했다, 그렇지 않은가?" 라고 말하고 있었다. 그러므로 그때문에 무리 중에 분열이 일어났다.

[독해를 위한 단어]

ἀγγαλιάω	아주 기뻐하다
ἀκοή ῆς ἡ	소문
ἀληθῶς	참으로
ἀναχωρέω	떠나다
ʼΑνδρέας ου ὁ	안드레
βαπτίζω	세례주다
Βηθλεέμ ἡ	베들레헴
Βηθσαϊδά ἡ	벳세다
γάμος ου ὁ	결혼잔치
γραφή ῆς ἡ	문서
γράφω	쓰다
Δεκάπολις εως ἡ	데가볼리(19과)
ἐκεῖ	거기서
ἑορτή ῆς ἡ	잔치
ἐπισκέπτομαι	방문하다. 돌보다
ἑτοιμάζω	준비하다
εὑρίσκω	발견하다
ʽΗρῴδης ου ὁ	헤롯
θάλασσα ης ἡ	바다
θεραπεύω	치료하다
ʼΙουδαία ας ἡ	유대
ʼΙωσήφ ὁ	요셉
καιρός οῦ ὁ	때
Κανά ἡ	가나
λύτρωσις εως ἡ	구속 해방(19과)

μεγαλύνω	찬양하다.
Μωϋσῆς έως ὁ	모세
Ναθαναήλ ὁ	나다나엘
ὅπου	-곳
ὅταν	(+가) -때(16과)
πάσχα τό	유월절
πέραν	건너편
πιστεύω	믿다
πλείων	더 큰(23과)
πλῆθος ους τό	무리(19과)
πόλις εως ἡ	도시(19과)
πνεῦμα	영
σπέρμα ατος τό	씨(19과)
σχίσμα ατος τό	분파(19과)
σωτήρ ῆρος ο'	구세주
τετραάρχης ου ὁ	분봉왕
ψυχή ῆς ἡ	혼
φανερόω	드러내다
Φίλιππος ου ὁ	빌립
ὡς	마치 -처럼

[독해를 위한 동사 분해]

ἔλθῃ ἔρχομαι 단과. 능. 가. 3. 단. 그가 올 때에(16과 참조)

εὑρήκαμεν εὑρίσκω 완료. 능. 직. 1. 복. 우리가 발견했다.(21과 참조)

συνέταξεν συντάσσω 단과. 능. 직. 3. 단. 그가 명령했다.

연습문제

1. (요 1:44-45)

44 ἦν δὲ ὁ Φίλιππος ἀπὸ Βηθσαϊδά, ἐκ τῆς πόλεως Ἀνδρέου καὶ Πέτρου.

45 εὑρίσκει Φίλιππος τὸν Ναθαναὴλ καὶ λέγει αὐτῷ, ὃν ἔγραψεν Μωϋσῆς ἐν τῷ νόμῳ καὶ οἱ προφῆται εὑρήκαμεν, Ἰησοῦν υἱὸν τοῦ Ἰωσὴφ τὸν ἀπὸ Ναζαρέτ.

2. (요 2:11)

Ταύτην ἐποίησεν ἀρχὴν τῶν σημείων ὁ Ἰησοῦς ἐν Κανὰ τῆς Γαλιλαίας καὶ ἐφανέρωσεν τὴν δόξαν αὐτοῦ, καὶ ἐπίστευσαν εἰς αὐτὸν οἱ μαθηταὶ αὐτοῦ.

3. (마 4:25)

Τολούθησαν αὐτῷ ὄχλοι πολλοὶ ἀπὸ τῆς Γαλιλαίας καὶ Δεκαπόλεως καὶ Ἱεροσολύμων καὶ Ἰουδαίας καὶ πέραν τοῦ Ἰορδάνου.

4. (마 19:2)

καὶ ἠκολούθησαν αὐτῷ ὄχλοι πολλοί, καὶ ἐθεράπευσεν αὐτοὺς ἐκεῖ.

5. (마 14:1)

Ἐν ἐκείνῳ τῷ καιρῷ ἤκουσεν Ἡρῴδης ὁ τετραάρχης τὴν ἀκοὴν Ἰησοῦ.

6. (마 26:19)

καὶ ἐποίησαν οἱ μαθηταὶ ὡς συνέταξεν αὐτοῖς ὁ Ἰησοῦς καὶ ἡτοίμασαν τὸ πάσχα.

7. (막 1:8)

ἐγὼ ἐβάπτισα ὑμᾶς ὕδατι, αὐτὸς δὲ βαπτίσει ὑμᾶς ἐν πνεύματι ἁγίῳ.

8. (막 3:7)

Καὶ ὁ Ἰησοῦς μετὰ τῶν μαθητῶν αὐτοῦ ἀνεχώρησεν πρὸς τὴν θάλασσαν, καὶ πολὺ πλῆθος ἀπὸ τῆς Γαλιλαίας [ἠκολούθησεν], καὶ ἀπὸ τῆς Ἰουδαίας.

9. (눅 1:68)

Εὐλογητὸς κύριος ὁ θεὸς τοῦ Ἰσραήλ, ὅτι ἐπεσκέψατο καὶ ἐποίησεν λύτρωσιν τῷ λαῷ αὐτοῦ.

10. (눅 1:46-48)

Μεγαλύνει ἡ ψυχή μου τὸν κύριον,
καὶ ἠγαλλίασεν τὸ πνεῦμά μου ἐπὶ τῷ θεῷ τῷ σωτῆρί μου,
ὅτι ἐπέβλεψεν ἐπὶ τὴν ταπείνωσιν τῆς δούλης αὐτοῦ.

마무리

단순 과거는 과거 사건을 묘사할 때 배경이 되는 시제여서, 다른 시제를 쓸 특별한 이유가 없으면 단순 과거를 쓴다고 생각하면 된다. 그 반대로 미완료 과거는 무언가 특별한 움직임을 표현할 때 사용한다. 미완료 과거가 쓰이면 묘한 긴장감이 들어서 무슨 일이 일어날 것만 같은 느낌을 주거나 아니면 표현하는 동작의 생동감을 전달해 준다. 그 반면에 단순 과거는 밋밋한 가운데 사건을 기술해 주는 역할을 한다.

CHAPTER 11

제 2 단순 과거 능동태 중간태 직설법 εἰ 조건절

제 2 단순 과거 능동태 중간태 직설법 εἰ 조건절

11
CHAPTER

개 요

제 2 단순 과거란 위에서 언급한 대로 과거형에서 현재 어간이 변하는 과거형을 말한다. 어떠한 형태로든 어간이 변화하면 이것은 제 2 단순 과거가 된다. 어떤 경우에는 어간이 완전히 변하는 경우도 있으나, 어떤 경우에는 현재 어간에서 단 한글자만이 변한다. 제 2 단순 과거의 어미는 미완료 과거의 어미와 똑같다. 제 1 단순과거와 제 2 단순 과거를 나눌 때에 그것은 동사 형태에 관한 것이지, 동사 시제의 의미에 대한 것이 아니다. 따라서 제 1 단순 과거나 제 2 단순 과거 모두 시제의 의미는 동일하다. 한 동사는 보통 하나의 단순 과거, 곧 제 1 단순 과거에 속하든지, 제 2 단순 과거에 속한다. 제 2 단순 과거 학습의 핵심은 변화된 과거형을 암기하는 것이다.

I. λαμβάνω의 단순 과거 능동태 직설법

구 분	단 수		복 수	
1인칭	ἔλαβον	**내가 취했다**	ἐλάβομεν	**우리가 취했다**
2인칭	ἔλαβες	네가 취했다	ἐλάβετε	너희가 취했다
3인칭	ἔλαβε(ν)	그(그녀,그것)이 취했다	ἔλαβον	그들(그녀들,그것들)이 취했다

II. λαμβάνω와 βάλλω의 단순 과거 중간태 직설법

구 분	단수	복 수	단수	복 수
1인칭	ἐλαβόμην	ἐλαβόμεθα	ἐβαλόμην	ἐβαλόμεθα
2인칭	ἔλαβου	ἐλάβεσθε	ἐβάλου	ἐβάλεσθε
3인칭	ἔλαβετο	ἐλάβοντο	ἐβάλετο	ἐβάλοντο

1. βάλλω를 함께 실은 이유는 λαμβάνω의 단순 과거 중간태 직설법은 신약에서 전혀 쓰이지 않는 반면 βάλλω의 합성동사 περιβάλλω의 단순 과거 중간태 직설법은 자주 사용되기 때문이다.

2. 위의 표에서 알 수 있듯이 제 2 단순 과거의 어미는 미완료 과거 어미와 능동태에서나 중간태에서 모두 동일하다.

3. λαμβάνω의 단순 과거는 제 2 단순 과거 뿐이며, 제 1 단순 과거는 없으며, 과거형의 어간은 접두어인 ἐ을 떼어 내고 어미를 떼어 낸, -λαβ-가 된다.

1) 디포넌트 동사 중 중간태형 디포넌트동사의 단순과거 중간태는 위의 단순과거 중간태처럼 변한다.

2) 가끔 모든 중간태를 디포넌트로 취급하는 문법책이 있는데, 이것은 옳지 않다. 중간태는 그 속에 미묘한 의미가 숨어 있다:

λέγω δὲ ὑμῖν ὅτι οὐδὲ Σολομὼν ἐν πάσῃ τῇ δόξῃ αὐτοῦ **περιεβάλετο** ὡς ἓν τούτων. (마 6:29)
그러나, 내가 너희에게 말하는데, 솔로몬 역시 그의 모든 영광가운데서 이것들 중의 하나처럼 (자신을 위해) 옷입지 못했다.

이러한 방식의 중간태 영역 확보는 성경 해석에 새로운 바람을 불러 올 수가 있을 것이다.

Ⅲ. 주요 제 2 단순 과거 동사형

βάλλω => ἔβαλον　　βλέπω => εἶδον

ἔρχομαι => ἦλθον (현재에서는 디포넌트 동사이나 단순과거에서는 능동태)

ἐσθίω => ἔφαγον　　λαμβάνω => ἔλαβον

λέγω => εἶπον

πίπτω => ἔπεσα (제 2단순과거이나 어미는 제 1 단순과거)

IV. εἰ 조건절

헬라어에는 두 가지 종류의 조건절이 있으며, 하나는 ἐὰν 조건절이고 다른 하나는 εἰ 조건절이다.

1. ἐὰν이 이끄는 조건절(16과를 보라)에 언제나 가정법이 쓰이는 것과는 대조적으로 εἰ가 이끄는 조건절에는 언제나 직설법이 사용된다.
2. ἐὰν이 이끄는 조건절이 미래 조건을 나타내는 반면에 εἰ가 이끄는 조건절은 일반 조건을 나타내서 "만일…라면"으로 해석된다.
3. εἰ가 현재시제와 함께 쓰이면 일반 조건을 나타내 주어서 어떤 주장을 위해 사실이라고 가정하는 것을 뜻한다. 다시 말해, 그 내용이 반드시 사실은 아니나, 말하는 사람이 옳은 것으로 가정한다는 의미다.
4. εἰ 조건절에 현재 시제가 사용되면, 단순하게 '만일…한다면'으로 번역해 주면 된다.

   εἰ υἱὸς εἶ τοῦ θεοῦ, εἰπὲ ἵνα οἱ λίθοι οὗτοι ἄρτοι γένωνται. (마 4:3)

   '네가 만일 하나님의 아들이라면 이 돌들이 떡들이 되라고 말하라.'

   이 구절에서 사탄은 예수님을 하나님의 아들로 이미 알고 있고 인정하여 그것에 근거하여 주절의 내용을 말하고 있다. 따라서 이 조건절은 하나님의 아들임을 증명하라는 요구라기 보다는 하나님의 아들이니 배고픔을 해결하라는 것이다.
5. εἰ가 미완료 과거나 단순 과거와 함께 쓰이면 사실과 반대되는 (contrary to fact)조건을 나타내며, 이때 주절에는 대부분 ἄν과 함께 미완료 과거나 단순 과거 시제가 사용된다. (예외적으로 εἰ절에 현

재가 쓰이고 주절에 ἄν이 없이 미완료 과거가 쓰이기도 한다. 아래 연습문제 9번을 보라)

(요 8:42) εἶπεν αὐτοῖς ὁ Ἰησοῦς· εἰ ὁ θεὸς πατὴρ ὑμῶν ἦν ἠγαπᾶτε ἂν ἐμέ.

예수께서 그들에게 말씀하셨다. '만일 하나님이 너희의 아버지라면, 너희는 나를 사랑할 것이다.'

이 조건절은 하나님께서 본문에 등장하는 유대인들의 아버지가 아님을 나타내 준다.

[독해를 위한 단어]

Ἀβραάμ ὁ	아브라함
ἀδελφός οῦ ὁ	형제
ἀγγεῖον ου τό	통, 그릇
ἀλλά	그러나
ἄνεμος	바람
ἀρκέω	충분하다
βροχή ῆς ἡ	비
διάβολος ον	참소하는 자
διακόσιοι	200
δώδεκα	12
ἔγγυς	가까이에
ἐκλέγομαι	뽑다
ἥκω	여기 있다
ἵνα	(+가)---위해
κρίθινος η ον	보리의
κἄν καί + ἄν	(+가)---일지라도

μωρός ά όν	어리석은
ὀψάριον ου τό	생선
παιδάριον ου τό	소년
περιβάλλω	입다
ποτάμος οῦ ὁ	강, 홍수물
προσπίπτω	부딪히다
προσκόπτω	부딪히다
Σολομών ῶνος ὁ	솔로몬(19과)
τέκνον ου τό	아이
Τιβερίας αδος ἡ	디베랴(19과)
τοσοῦτος αύτη οῦτον	이렇게 많은
φρόνιμος ον	지혜로운
ἔλαιον ου τό	기름
πίπτω	떨어지다 무너지다

[독해를 위한 동사 분해]

ἀνῆλθεν ἀνέρχομαι 단과. 능. 직. 3. 단. 그가 올라갔다.

ἀπεκρίθη ἀποκρίνομαι 단과. dep. 직. 3. 단. 그가 대답했다.[주)]

ἀπῆλθεν ἀπέρχομαι 단과. 능. 직. 3. 단. 그가 가버렸다.

ἀσθενούντων ἀσθενέω 현. 능. 분. 남. 복. 소. 아픈(13과 참조)

εἴδετε βλέπω 단과. 능. 직. 2. 복. 너희가 보았다.

εἶπαν λέγω 단과. 능. 직. 3. 복. 그들이 말했다.[주1)]

εἶπεν λέγω 단과. 능. 직. 3. 단. 그가 말했다.

주) 이 동사는 단순과거에서 중간태형과 수동태형을 모두 취하는 deponent 동사이다.

주1) 종종 2단순과거 동사가 1단순과거 어미를 취하는 경우가 있다

εἶπον λέγω 단과. 능. 직. 3. 복. 그들이 말했다.

ἐκάθητο κάθημαι 미완. dep. 직. 3. 단. 그가 앉아있었다.

ἔπνευσαν πνέω 단과. 능. 직. 3. 복. 그것이 불었다.

ἐφάγετε ἐσθίω 단과. 능. 직. 2. 복. 너희가 먹었다.

ἐχορτάσθητε χορτάζω 단과. 수. 직. 2. 복. 너희가 배불러졌다.(12과 참조)

ἦλθον ἔρχομαι 단과. 능. 직. 1. 단(3. 복) 내가(그것들이) 왔다.

καταβη καταβαίνω 단과. 능. 직. 3. 단. 내려왔다. 내렸다.

οἴδατε οἶδα 완. 능. 직. 2. 복. 너희가 알고 있다.(21과 참조)

προσέκοψαν προσκόπτω 단과. 능. 직, 3. 복. 그것들이 부딪쳤다.

연습문제

1. (요 6:1-2)

1 Μετὰ ταῦτα ἀπῆλθεν ὁ Ἰησοῦς πέραν τῆς θαλάσσης τῆς Γαλιλαίας τῆς Τιβεριάδος.

2 ἠκολούθει δὲ αὐτῷ ὄχλος πολύς, ὅτι ἐθεώρουν τὰ σημεῖα ἃ ἐποίει ἐπὶ τῶν ἀσθενούντων.

2. (요 6:3-4)

3 ἀνῆλθεν δὲ εἰς τὸ ὄρος Ἰησοῦς καὶ ἐκεῖ ἐκάθητο μετὰ τῶν μαθητῶν αὐτοῦ.

4 ἦν δὲ ἐγγὺς τὸ πάσχα, ἡ ἑορτὴ τῶν Ἰουδαίων.

3. (요 6 : 8-9)

8 λέγει αὐτῷ εἷς ἐκ τῶν μαθητῶν αὐτοῦ, Ἀνδρέας ὁ ἀδελφὸς Σίμωνος Πέτρου,

9 Ἔστιν παιδάριον ὧδε ὃς ἔχει πέντε ἄρτους κριθίνους καὶ δύο ὀψάρια· ἀλλὰ ταῦτα τί ἐστιν εἰς τοσούτους;

4. (마 25:3-4, 변형)

3 αἱ γὰρ μωραὶ οὐκ ἔλαβον μεθ' ἑαυτῶν ἔλαιον.

4 αἱ δὲ φρόνιμοι ἔλαβον ἔλαιον ἐν τοῖς ἀγγείοις μετὰ ἑαυτῶν.

5. (요 6:26)

αὐτοῖς ὁ Ἰησοῦς εἶπεν, Ἀμὴν ἀμὴν λέγω ὑμῖν, ζητεῖτέ με οὐχ ὅτι εἴδετε σημεῖα, ἀλλ' ὅτι ἐφάγετε ἐκ τῶν ἄρτων καὶ ἐχορτάσθητε.

6. (요 6:70)

ἔλεγεν αὐτοῖς ὁ Ἰησοῦς, Οὐκ ἐγὼ ὑμᾶς τοὺς δώδεκα ἐξελεξάμην; καὶ ἐξ ὑμῶν εἷς διάβολός ἐστιν.

7. (마 12:27)

καὶ εἰ ἐγὼ ἐν Βεελζεβοὺλ ἐκβάλλω τὰ δαιμόνια, οἱ υἱοὶ ὑμῶν ἐν τίνι ἐκβάλλουσιν;

8. (요 8:13)

εἶπον οὖν αὐτῷ οἱ Φαρισαῖοι, Σὺ περὶ σεαυτοῦ μαρτυρεῖς· ἡ μαρτυρία σου οὐκ ἔστιν ἀληθής.

9. (요 8:39)

καὶ εἶπαν αὐτῷ, Ὁ πατὴρ ἡμῶν Ἀβραάμ ἐστιν. λέγει αὐτοῖς ὁ Ἰησοῦς, Εἰ τέκνα τοῦ Ἀβραάμ ἐστε, τὰ ἔργα τοῦ Ἀβραὰμ ἐποιεῖτε·

10. (요 5:46)

εἰ γὰρ ἐπιστεύετε Μωϋσεῖ, ἐπιστεύετε ἂν ἐμοί· περὶ γὰρ ἐμοῦ ἐκεῖνος ἔγραψεν.

(요 : 8:42)

εἶπεν αὐτοῖς ὁ Ἰησοῦς· εἰ ὁ θεὸς πατὴρ ὑμῶν ἦν ἠγαπᾶτε ἂν ἐμέ, ἐγὼ γὰρ ἐκ τοῦ θεοῦ ἐξῆλθον καὶ ἥκω·

11. (마 7:25, 27)

25 καὶ κατέβη ἡ βροχὴ καὶ ἦλθον οἱ ποταμοὶ καὶ ἔπνευσαν οἱ ἄνεμοι καὶ προσέπεσαν τῇ οἰκίᾳ ἐκείνῃ, καὶ οὐκ ἔπεσεν.

27 καὶ κατέβη ἡ βροχὴ καὶ ἦλθον οἱ ποταμοὶ καὶ ἔπνευσαν οἱ ἄνεμοι καὶ προσέκοψαν τῇ οἰκίᾳ ἐκείνῃ, καὶ ἔπεσεν.

마무리

단순화시켜서 말하자면 현재 어간에 조그마한 변화라도 있으면 제 2 단순 과거 동사로서 어간이 변화하므로 불규칙 동사라고 부를 수 있다. βάλλω의 단순 과거의 경우 과거 어간이 현재 어간과 λ 하나 차이만 있지만 여전히 어간이 변한 까닭에 제 2 단순 과거 동사인 것이다. 제 1 단순 과거는 어떠한 경우에도 어간이 변하지 않으며 따라서 규칙 동사라고 말 할 수 있을 것이다.

CHAPTER 12

단순 과거 수동태 직설법
미래 수동태 직설법, εἰμί의 미래 직설법

단순 과거 수동태 직설법 미래 수동태 직설법, εἰμί의 미래 직설법

12 CHAPTER

개 요

단순 과거 수동태의 표식은 θη로서 이것은 또한 미래 수동태 직설법의 표식이기도 하다. 단순 과거 수동태 직설법은 당연히 시상 접두어 ἐ를 갖는다. 미래 수동태 직설법은 미래 중간태 직설법에 θη를 붙여서 만든다. 다시한번 확인할 수 있는 것은 미래 중간태와 수동태 직설법 변화의 유사성이며, εἰμί동사의 미래가 일반동사 직설법 어미와 비슷함도 알 수 있다.

I. λύω의 단순 과거 수동태 직설법 변화

구분	단 수		복 수	
1인칭	ἐλύθην (ἔλυον)	내가 풀리었다	ἐλύθημεν (ἐλύομεν)	우리가 풀리었다
2인칭	ἐλύθης (ἔλυες)	네가 풀리었다	ἐλύθητε (ἐλύετε)	너희가 풀리었다
3인칭	ἐλύθη (ἔλυε)	그(그녀,그것)이 풀리었다	ἐλύθησαν (ἔλυον)	그들(그녀들,그것들)이 풀리었다

1. 단순 과거 수동태의 표식은 -θη-이다. 위의 표에서 괄호 안에 있는 변화형은 미완료 과거 능동태 직설법인데, 유심히 살펴보면 미완료 과거 능동태 직설법에서 연결 모음대신 -θη-를 넣으면 단순 과거 수동태가 된다.

2. 예외적인 것은 3인칭 복수로서 σαν이 되었다.

II. λύω의 미래 수동태 직설법

구 분	단 수		복 수	
1인칭	λυθήσομαι	내가 풀릴 것이다	λυθησόμεθα	우리가 풀릴 것이다
2인칭	λυθήσῃ	네가 풀릴 것이다	λυθήσεσθε	너희가 풀릴 것이다
3인칭	λυθήσεται	그(그녀,그것)이 풀릴 것이다.	λυθήσονται	그들(그녀들,그것들)이 풀릴 것이다

1. 미래 수동태 직설법은 θή가 어간과 어미의 연결 모음대신 들어간 것 말고는 미래 중간태 직설법과 동일하다.

2. 단축 동사의 어간의 마지막 모음 α,ε,ο는 부정과거 시상접미 σα앞에서 길어진 것처럼, 시상접미 θη앞에서 길어지며, 이때에 α는 η로 길어진다.

III. εἰμί의 미래 직설법

구 분	단 수	복 수
1인칭	ἔσομαι	ἐσόμεθα
2인칭	ἔσῃ	ἔσεσθε
3인칭	ἔσται	ἔσονται

εἰμί의 미래는 일반동사의 미래 중간태 직설법과 똑같이 변화하며, 3인칭 단수에서 σεται대신에 σται가 되는 것만이 다를 뿐이다.

[독해를 위한 단어]

αἰσχύνω	부끄럽게 하다
ἀλλάσσω	바꾸다
ἀνομία ας ἡ	무법함
ἀποκαραδοκία ας ἡ	열망
ἄρα	그러면
ἄρσην εν	남성(23과)
ἄτομος ον	볼 수 없는

ἄφεσις εως ἡ	용서(19과)
ἄφθαρτος ον	죽지 않는
γέ	또한, 그러한
διαμερίζω	나누다
δοξάζω	영화롭게 하다
δοῦλη ης ἡ	여종
ἐκχέω	붓다
ἕνεκα	---때문에
ἐντολή ῆς ἡ	계명
ἐνυπνιάζομαι	꿈꾸다
ἐνύπνιον ου τό	꿈
ἐπικαλέω	부르다
ἐπισκέπτομαι	방문하다
	돌보다
ἐπιφαίνω	나타나다
ἐπιφανής ές	영화로운
ἔσχατος η ον	마지막의
ἔτι	여전히
θάνατος ου ὁ	죽음
θῆλυς εια υ	여성의
θυγάτηρ τρός ἡ	딸
καταλείπω	남겨두다 떠나다
κοιμάομαι	잠들다
κολλάω	연합하다
κριτής οῦ ὁ	재판관

κτίσις εως ἡ	창조
μεγαλύνω	위대하게 하다
μερίζω	나누다
μιμνῄσκομαι	기억하다
μυστήριον ου τό	신비
νεανίσκος ου ὁ	젊은이
ὅρασις εως ἡ	환상
ὃς ἄν	누구든지
	-하는 자는
οὐκέτι	더 이상 -않는
πάντοτε	언제나
πρεσβύτερος ου ὁ	노인
προσκολλάω	열중하다, 연합하다
προσφορά ᾶς ἡ	제사
προφητεύω	예언하다
ῥιπή ῆς ἡ	깜빡임
σάλπιγξ ιγγος ἡ	나팔
σαλπίζω	나팔불다
Σατανᾶς ᾶ ὁ	사탄
σκληροκαρδία ας ἡ	딱딱함
φθάνω	오다
φόβος ου ὁ	공포, 두려움

[독해를 위한 동사 분해]

ἀλλαγησόμεθα ἀλλάσσω 미. 수. 직. 1. 복. 우리가 변화될 것이다.

εἰτέ - εἰτέ- -이든 ---이든

ἐκχεῶ ἐκχέω 미. 능. 직. 1. 단. 내가 부을 것이다.

ἐμερίσθη μερίζω 단과. 수. 직. 3. 단. 그것이 나눠졌다.

λέγοντες λέγω 현재. 능. 분. 남. 복. 주. ~라고 말하면서 (ὅτι와 함께)

μεταστραφήσεται μεταστρέφω 미. 수. 직. 3. 단. 그것이 변화될 것이다.

μνησθήσομαι μιμνῄσκομαι 미. dep. 직. 1. 단. 내가 기억할 것이다

ὄψονται βλέπω 미. dep. 직. 3. 복. 그들이 볼 것이다.

σταθήσεται ἵστημι 미. 수. 직. 3. 단. 그것이 설 것이다.(24과 참조)

연습문제

1. (행 2 : 17-18)

17 Καὶ ἔσται ἐν ταῖς ἐσχάταις ἡμέραις, λέγει ὁ θεός, ἐκχεῶ ἀπὸ
τοῦ πνεύματός μου ἐπὶ πᾶσαν σάρκα, καὶ προφητεύσουσιν οἱ
υἱοὶ ὑμῶν καὶ αἱ θυγατέρες ὑμῶν καὶ οἱ νεανίσκοι ὑμῶν
ὁράσεις ὄψονται καὶ οἱ πρεσβύτεροι ὑμῶν ἐνυπνίοις
ἐνυπνιασθήσονται·

18 καί γε ἐπὶ τοὺς δούλους μου καὶ ἐπὶ τὰς δούλας μου ἐν ταῖς
ἡμέραις ἐκείναις ἐκχεῶ ἀπὸ τοῦ πνεύματός μου, καὶ
προφητεύσουσιν.

2. (행 2 : 21)

καὶ ἔσται πᾶς ὃς ἂν ἐπικαλέσηται τὸ ὄνομα κυρίου **σωθήσεται.**

(롬 10:13)

Πᾶς γὰρ ὃς ἂν ἐπικαλέσηται τὸ ὄνομα κυρίου **σωθήσεται.**

3. (고전 15:51-52)

51 Ἰδοὺ μυστήριον ὑμῖν λέγω· πάντες οὐ κοιμηθησόμεθα, πάντες δὲ ἀλλαγησόμεθα,

52 ἐν ἀτόμῳ, ἐν ῥιπῇ ὀφθαλμοῦ, ἐν τῇ ἐσχάτῃ σάλπιγγι· σαλπίσει γάρ καὶ οἱ νεκροὶ ἐγερθήσονται ἄφθαρτοι καὶ ἡμεῖς ἀλλαγησόμεθα.

4. (빌 1:20)

κατὰ τὴν ἀποκαραδοκίαν καὶ ἐλπίδα μου, ὅτι ἐν οὐδενὶ αἰσχυνθήσομαι ἀλλ' ἐν πάσῃ παρρησίᾳ ὡς πάντοτε καὶ νῦν μεγαλυνθήσεται Χριστὸς ἐν τῷ σώματί μου, εἴτε διὰ ζωῆς εἴτε διὰ θανάτου.

5. (히 10:17-18)

17 καὶ τῶν ἁμαρτιῶν αὐτῶν καὶ τῶν ἀνομιῶν αὐτῶν οὐ μὴ μνησθήσομαι ἔτι.

18 ὅπου δὲ ἄφεσις τούτων, οὐκέτι προσφορὰ περὶ ἁμαρτίας.

6. (마 12 : 26)

26 καὶ εἰ ὁ Σατανᾶς τὸν Σατανᾶν ἐκβάλλει, ἐφ' ἑαυτὸν ἐμερίσθη· πῶς οὖν σταθήσεται ἡ βασιλεία αὐτοῦ;

7. (마 12 : 27-28)

27 καὶ εἰ ἐγὼ ἐν Βεελζεβοὺλ ἐκβάλλω τὰ δαιμόνια, οἱ υἱοὶ ὑμῶν ἐν τίνι ἐκβάλλουσιν; διὰ τοῦτο αὐτοὶ κριταὶ **ἔσονται** ὑμῶν.

28 εἰ δὲ ἐν πνεύματι θεοῦ ἐγὼ ἐκβάλλω τὰ δαιμόνια, ἄρα

ἔφθασεν ἐφ' ὑμᾶς ἡ βασιλεία τοῦ θεοῦ.

8. (마 19:5)

καὶ εἶπεν, Ἕνεκα τούτου καταλείψει ἄνθρωπος τὸν πατέρα καὶ τὴν μητέρα καὶ κολληθήσεται τῇ γυναικὶ αὐτοῦ, καὶ **ἔσονται** οἱ δύο εἰς σάρκα μίαν.

9. (막 10:5-6)

5 ὁ δὲ Ἰησοῦς εἶπεν αὐτοῖς, Πρὸς τὴν σκληροκαρδίαν ὑμῶν ἔγραψεν ὑμῖν τὴν ἐντολὴν ταύτην.

6 ἀπὸ δὲ ἀρχῆς κτίσεως ἄρσεν καὶ θῆλυ ἐποίησεν αὐτούς·

10. (막 10:7-8)

7 ἕνεκεν τούτου καταλείψει ἄνθρωπος τὸν πατέρα αὐτοῦ καὶ τὴν μητέρα [καὶ προσκολληθήσεται πρὸς τὴν γυναῖκα αὐτοῦ],

8 καὶ **ἔσονται** οἱ δύο εἰς σάρκα μίαν· ὥστε οὐκέτι εἰσὶν δύο ἀλλὰ μία σάρξ.

11. (눅 7:16)

ἔλαβεν δὲ φόβος πάντας καὶ ἐδόξαζον τὸν θεὸν λέγοντες ὅτι προφήτης μέγας ἠγέρθη ἐν ἡμῖν καὶ ὅτι ἐπεσκέψατο ὁ θεὸς τὸν λαὸν αὐτοῦ.

CHAPTER 13

현재 분사, 제 2 단순 과거 능동태 중간태 분사

현재 분사, 제 2 단순 과거 능동태 중간태 분사

13 CHAPTER

개 요

헬라어의 분사는 관계 대명사와 비슷하게 두 문장을 하나로 만들 때 사용된다. 관계 대명사의 이해는 수월한 반면, 헬라어의 분사는 그 이해가 어렵다. 왜냐하면, 우리가 익숙해 있는 영어의 분사와 관계 대명사는 유사한 반면, 분사는 아주 다르기 때문이다.

헬라어의 분사는 고전헬라어에서 열 단어중 하나가 분사일 정도로 흔히 사용되었다. 신약성경에서는 이보다 조금 줄기는 했지만 여전히 많이 쓰여서 스무 단어 중 하나는 분사이며, 두 절에 한 번씩 쓰였다. 헬라어의 분사는 그 독특성 때문에 처음에 이해하는데 어려움을 겪는데, 이 분사야 말로 헬라어 정복의 분수령이라 할 수 있다. 하지만, 무엇이든 처음에는 어려워 보여도 원리를 알면 수월해지므로, 이 책에서 제시하는 원리를 잘 따라가면 헬라어 분사의 바른 이해에 이를 수 있을 것이다. 미리 이야기 하자면, 헬라어 분사의 이해에 있어 첫번째 관건이 되는 것은 세가지 용법- 부사적, 관형적, 독립적-을 구분하는 방법을 익히는 것이고, 두번째는 부사적 용법의 올바른 해석이라 할 수 있다. 이것을 마음속에 담아두고 진행한다면 헬라어에 대한 올바른 이해를 갖게 될 것이다. 이번과에서는 현재 분사와 제 2 단순 과거 분사를 함께 배우는데, 그 이유는 어미가 서로 동일하기 때문이다.

I. λύω의 현재 능동태 분사의 변화

구 분		남성	여성	중성
단수	주=호격	λύων	λύουσα	λῦον
	소유격	λύοντος	λυούσης	λύοντος
	여격	λύοντι	λυούσῃ	λύοντι
	목적격	λύοντα	λύουσαν	λῦον
복수	주=호격	λύοντες	λύουσαι	λύοντα
	소유격	λυόντων	λυουσῶν	λυόντων
	여격	λύουσι (ν)	λυούσαις	λύουσι (ν)
	목적격	λύοντας	λυούσας	λύοντα

1. 위의 변화표를 자세히 보면, 남성과 중성은 제 3변화 명사와 똑같이 변화하고 여성 명사는 제 1변화 명사와 똑같이 변화함을 알 수 있다.
2. 남성, 여성, 중성의 단수 주격을 옆으로 외워두어야 한다. 그 변화를 암기하면 어떠한 변화를 하는지를 짐작할 수 있기 때문이다.
3. εἰμί의 현재 분사의 변화는 위에 있는 일반 동사의 어미 변화만을 따로 떼어낸 것이다. 변화표는 다음과 같다.

4. εἰμί의 현재 분사

구 분		남성	여성	중성
단수	주=호격	ὤν	οὖσα	ὄν
	소유격	ὄντος	οὔσης	ὄντος
	여격	οντι	οὔσῃ	ὄντι
	목적격	ὄντα	οὖσαν	ὄν
복수	주=호격	ὄντες	οὖσαι	ὄντα
	소유격	ὄντων	οὐσῶν	ὄντων
	여격	οὖσι(ν)	οὔσαις	οὖσι(ν)
	목적격	ὄντας	οὔσας	ὄντα

II. λύω의 현재 중간태, 수동태 분사의 변화

구 분		남성	여성	중성
단수	주=호격	λυόμενος	λυομένη	λυόμενον
	소유격	λυομένου	λυομένης	λυομένου
	여격	λυομένῳ	λυομένῃ	λυομένῳ
	목적격	λυόμενον	λυομένην	λυόμενον
복수	주=호격	λυόμενοι	λυόμεναι	λυόμενα
	소유격	λυομένων	λυομένων	λυομένων
	여격	λυομένοις	λυομέναις	λυομένοις
	목적격	λυομένους	λυόμενας	λυομένα

현재 중간태, 수동태 변화의 표식은 -ομεν-이다. 여기에 형용사 어미와 동일하게 어미를 변화 시킨다.

III. 단축 동사의 현재 분사

단축 동사는 현재와 미완료에서 단축 현상이 일어나므로, 현재 분사에서 분사의 어미와 어간의 끝 모음이 만나 단축 현상을 일으킨다.(9과 참조)

ποιέω의 현재 능동태 분사는ποιῶν ποιοῦσα ποιοῦν으로 변화하며

ἀγαπάω의 현재 능동태 분사는 ἀγαπῶν ἀγαπῶσα ἀγαπῶν으로 변화하고

πληρόω의 현재 능동태 분사는 πληρῶν πληροῦσα πληροῦν으로 변화한다.

IV. λαμβάνω의 제 2 단순 과거 능동태 분사의 변화

구 분		남성	여성	중성
단수	주=호격	λαβών	λαβοῦσα	λαβόν
	소유격	λαβόντος	λαβούσης	λαβόντος
	여격	λαβόντι	λαβούσῃ	λαβόντι
	목적격	λαβόντα	λαβοῦσαν	λαβόν
복수	주=호격	λαβόντες	λαβοῦσαι	λαβόντα
	소유격	λαβόντων	λαβουσῶν	λαβόντων
	여격	λαβοῦσι (ν)	λαβούσαις	λαβοῦσι (ν)
	목적격	λαβόντας	λαβούσας	λαβόντα

※ 제 2 단순 과거 중간태 분사도 현재와 같은 어미를 취하며, -ομεν-을 접미 어간으로 하여 2-1-2 변화를 한다.

1. 과거형 직설법에는 시상 접두 ἐ이 붙으나, 직설법 이외의 법에서는 시상 접두가 없어짐으로 ἐ이 사라졌다.

2. 제 2 단순과거 분사의 원형은 보통 제 2 단순 과거 능동태 직설법 1인칭 단수에서 시상 접두어를 떼어 내고 시상 접미어(ον)을 떼어 내어 형성한다.
   ἀποθνήσκω의 단순 과거 분사는 ἀποθνήσκω의 단순 과거 직설법 1인칭 단수인 ἀπέθανον에서 시상 접두어 ἐ을 떼어 내고 시상 접미 ον을 떼어 내어 만든다 : ἀποθανών, 원래 ἀποεθανον이지만 전치사의 마지막 모음이 시상 접두어 앞에서 탈락했으므로, 제 2 단순 과거 어간을 만들 때는 다시 복원시킨다.
   βλέπω의 단순 과거 분사 : 단순과거 직설법 εἶδον에서 접두어 ἐ을 떼어 내고 접미어 -ον을 탈락시키면 남는 ἰδ-를 어간으로 해서 만들어 준다 : ἰδῶν
   λέγω의 단순 과거 분사 : 단순 과거 직설법 εἶπον 에서 일반적으로 시상접두어처럼 보이는 ε을 빼고 단순 과거 분사를 형성하나, 이 동사는 εἰπ-가 제 2 단순 과거 어간이므로 여기에 분사의 어미를 붙여준다 : εἴπων

V. 분사의 성격

분사는 동사 + 형용사의 성격을 가진 품사다.
동사- 시제, 태를 가지며, 목적어(구,절)를 취하고 부사(구,절)를 취한다.

형용사- 성,수,격이 있으며, 명사를 수식하며 수식하는 명사와 성,수,격이 같다.

VI. 분사의 용법

앞서 언급한대로 분사에는 세 가지 용법이 있으니, 곧 관형적, 독립적, 부사적 용법이다. 분사 이해에 있어서 첫번째 단계는 분사의 분해이며, 두번째는 용법을 결정하는 것이고, 관형적, 독립적인 경우는 형용사의 용법과 거의 동일함으로 간단히 해결된다. 문제는 부사적 용법일 때 생긴다. 이때는 분사의 주어를 찾아야 하는데, 방법은 분사와 성, 수, 격이 같은 명사나 대명사를 찾아서 그것을 분사의 주어로 해석한다는 것이다. 우선 쉬운 것부터 차례로 풀어보도록 하자

1. 관형적 용법, 독립적 용법

1) 관형적 용법

ㄱ. 용법 결정 : 용법 결정에 있어 열쇠는 관사다. 관사가 있으면 관형적, 혹은 독립적이며, 관형적, 독립적 용법의 구분은 수식명사의 유무에 따른다.

ㄴ. 아래의 성경 본문에서 괄호안에 있는 단어는 헬라어 성경에 없으나 용법을 익히기 위해 넣어 본 것이다. 괄호안에 있는 말이 있을 경우에 이 분사는 관형적으로 사용된 것이며, 그 말이 없다면, 이 분사는 독립적으로 사용된 것이다. 현재분사의 관형적, 독립적 용법을 해석할 때, '—하는 자'로 해석해 주며, 단순과거 분사의 경우는 '—한 자'로 해석해 준다 (분사 시제의 자세한 설명에 대해서는 아래를 보라)

ὁ **πιστεύων (ἄνθρωπος)** εἰς αὐτὸν οὐ κρίνεται· (요 3:18)
그를 *믿는 자* (남성)는 심판을 받지 않는다.

2) 독립적 용법

앞서 언급한 대로 독립적 용법은 관형적 용법에서 수식받는 명사가 없는 경우를 말한다. 성경에서는 이 독립적 용법이 자주 사용된다.

ἦλθεν δὲ καὶ Νικόδημος, ὁ **ἐλθὼν** πρὸς αὐτὸν νυκτὸς τὸ πρῶτον (요 19:39)
그런데, 이전에 밤에 그에게 왔던 자인 니고데모도 왔다.

ὁ **πιστεύων** εἰς τὸν υἱὸν ἔχει ζωὴν αἰώνιον·ὁ δὲ ἀπειθῶν τῷ υἱῷ οὐκ ὄψεται ζωήν, ἀλλ' ἡ ὀργὴ τοῦ θεοῦ μένει ἐπ' αὐτόν. (요 3:36)
아들을 믿는 자(남성)는 영원한 생명을 소유하고 있다. 그러나 아들을 순종하지 않는 자는 생명을 보지 못할 것이고, 하나님의 진노가 그 위에 머물고 있다.

3) 관형적 용법과 형용적 용법의 정리

앞서 언급한대로, 관형적 용법과 형용적 용법의 분사는 거의 대부분 관사와 함께 사용된다. 그렇지 않은 경우가 아주 드물게 나타나지만, 지금 단계에서는 신경쓰지 않아도 된다. 일단 그러한 원칙을 따라 분사를 이해하되, 절대적으로 그렇지 않다는 것만 염두에 두면 될 것이다.

2. 부사적 용법

분사 용법 이해의 중심에는 부사적 용법의 이해가 놓여 있다. 앞서 다룬 형용적, 독립적 용법은 형용사의 형용적, 독립적 용법과 같은 까닭에 어려움이 없다. 하지만, 부사적 용법은 아주 독특하다. 따라서 잘 익혀 두어야 한다.

1) 첫째, 앞서 언급한대로, 부사적 용법은 관사가 붙을 수 없으며, 여기에는 예외가 없다. 따라서, 관사가 없으면 부사적 용법으로 보면 된다. 극소수의 예외가 있어 관사가 없어도 관형적, 독립적 용법으로 쓰이는 경우가 있기는 하지만, 지금 단계에서는 괄호로 묶어 두면 된다.

2) 둘째, 부사적 용법일 경우에 중요한 것은 분사의 주어를 찾는 것이다. 다시 말해 분사의 의미상 주어를 찾아야 하는데, 이때 분사와 성수격이 같은 명사나 대명사 (때로는 그에 준하는 품사)를 찾으면 된다. 성경에서는 아주 가끔씩 이 의미상의 주어가 생략되기도 하지만, 이것 역시 지금 단계에서 걱정할 필요는 없다.

3) 셋째, 의미상의 주어로 쓰인 명사는 우리 말로 해석할 때 두 번 해석해 준다. 한번은 주 문장에서 하는 역할을 따라, 또 한번은 분사의 주어로 해석해 준다. 아래의 예를 보면 이해가 갈 것이다.
<u>ἐλθόντι</u> δὲ εἰς τὴν οἰκίαν προσῆλθον αὐτῷ οἱ τυφλοί, καὶ λέγει αὐτοῖς ὁ Ἰησοῦς. (마 9:28)

ㄱ. ἐλθόντι 분해 : ἔρχομαι의 단순과거, 능동태, 분사, 남성, 단수, 여격.

ㄴ. 용법 결정 : 열쇠는 <u>*관사*</u>가 쥐고 있는데, 여기서는 관사가

없으므로 부사적 용법.

ㄷ. 분사의 의미상 주어 결정 : 분사와 성, 수, 격이 같은 명사나 대명사는 αὐτῷ. 따라서 분사의 주어로 해석함. 문장에서 이 대명사는 여격이므로, 있는 그대로 한번 해석하고, 분사의 주어로 한 번 더 해석한다.

ㄹ. 시제 : 부사적 용법의 해석에서 현재 분사는 '---하는 동안' '-할 때'로 해석하고, 단순 과거는 '---한 후에'로 해석한다. 이것은 편의상 그러는 것이며, 항상 그렇지 않다는 것을 명심해야 할 것이다.

ㅁ. 해석 : 그리고 *그가* 그 집으로 들어간 후에 그 소경들이 *그에게로* 왔다. 그리고 예수께서 그들에게 물으신다.
헬라어 원문에는 *그에게로*에 해당하는 대명사만 있으나, 우리말로 번역할 때는 이것을 분사의 주어로 (*그가*)한번 더 해석해 주었다.

4) 부사적 용법의 다양한 의미

분사의 부사적 용법은 단순히 시간을 나타내는 것으로만 해석되는 것이 아니라, 이유, 양보, 조건, 목적, 수단 등으로 다양하게 해석된다. 위의 마태복음 9장 28절의 문장에서 분사는 다음과 같이 해석될 수 있다 :

ㄱ. 그리고 그가 집으로 들어가신 *까닭에* 그 소경들이 그에게로 왔다.

ㄴ. 그리고 그가 집으로 들러 가셨음도 *불구하고*, 그 소경들이 그에게로 왔다.

어느 것만 맞는다는 법칙은 없으니, 문맥에 따라 자유롭게 해석하고 그 해석에 따라 문맥도 영향을 받는다. 이것이 바로 성경을 원어로 읽는 이유가 아니겠는가!

[독해를 위한 단어]

ἀγρά ᾶς ἡ	(고기) 잡이
αἰώνιος ον	영원한
ἀκυρόω	폐지하다
ἁμαρτωλός οῦ ὁ	죄인
ἀναζητέω	주의깊게 찾다
ἀνακλίνω	식탁에 기대다
ἀνίστημι	일으키다(24과)
ἀπειθέω	불순종하다
ἀποθνήσκω	죽다
ἄριστον ου τό	아침식사
ἁρπαγή ῆς ἡ	강도
ἀρχιερεύς έως ὁ	대제사장(19)
βλασφημία ας ἡ	신성모독
γελάω	웃다
γέμω	가득차다
γογγύζω	수군거리다
γόνυ ατος τό	무릎(19과)
γρηγορέω	깨어있다
δαιμονίζομαι	귀신들리다
διακονέω	시중들다
διαλογισμός οῦ ὁ	논쟁
διδασκαλία ας ἡ	가르침
διέρχομαι	관통하여 가다
διότι	왜냐하면

δοξάζω	영광스럽게 하다
δοχή ῆς ἡ	잔치
εἰσάγω	인도해 들이다
ἐκεῖθεν	거기로부터
ἐκπορεύομαι	나가다
ἐντάλμα ατος τό	명령(19과)
ἔξωθεν	바깥의
ἐπισκέπτομαι	방문하다
ἔρημος ου ἡ	광야, 사막
ἐσθίω	먹다
ἔσωθεν	안에서부터
ζάω	살다
Ζεβεδαῖος ου ὁ	세베대
ἤδη	이미
Ἠσαΐας ου ὁ	이사야
θάμβος ους τό	놀라움(19과)
ἰατρός οῦ ὁ	의사
ἰχθύς οῦς τό	물고기(19과)
κακῶς	심각하게
κατακεῖμαι	눕다(24과)
κατέρχομαι	내려가다
Καφαρναούμ ἡ	가버나움
κλαίω	울다
κλοπή ῆς ἡ	도둑질
κοινόω	불결하게 만들다

κοινωνός οῦ ὁ	동료
κράζω	소리지르다
Λευί(ς) ὁ	레위
μάννα τό	만나
μάτην	공허하게
μέρος ους τό	부분(19과)
μέσος η ον	가운데
μονογενής ές	독생한, 유일한(23과)
μοιχεία ας ἡ	음란
νίπτω	씻다
ὁμοίως	마찬가지로
ὅριον ου τό	영토
παραβαίνω	깨다, 어기다
παράδοσις εως ἡ	전통(19과)
πεινάω	배고프다
περιέχω	잡다, 극복하다
περιζώννυμι	띠를 두르다 (24과)
περίχωρος ον	이웃한 지역
πίναξ ακος τό	접시(19과)
πίνω	마시다
πονήρια ας ἡ	악
πορνεία ας ἡ	간음
πόρρω	멀리
ποτήριον ου τό	잔

προσέρχομαι	-로 가다
προσπίπτω	엎드리다
πρῶτος η ον	처음의, 첫
ῥέω	흐르다
Σαμαρεῖα ας ἡ	사마리아
σέβομαι	예배하다
σήμερον	오늘
Σιδῶν ῶνος ἡ	시돈(19과)
συλλαμβάνω	붙잡다
τελώνης ου ὁ	세리
τιμάω	경외하다
Τύρος ου ἡ	두로
ὑγιαίνω	건강하다
ὑπάρχω	-이다
ὑπηρετέω	섬기다
ὑποκριτής οῦ ὁ	위선자
ὑποστρέφω	돌이키다
φόνος ου ὁ	살인
Χαναναῖος α ον	가나안의
χεῖλος ους τό	입술(19과)
χορτάζω	배부르다
χρεία ας ἡ	필요
ψευδομαρτυρία ας ἡ	거짓증거

[독해를 위한 동사분해]

ἀναστάς ἀνίστημι 단과. 능. 분. 남. 단. 주. 일어나서(24과 참조)

ἀποκριθείς ἀποκρίνομαι 단과. dep. 분. 남. 단. 주. 대답하여(15과 참조)

ἀφορίσωσιν ἀφορίζω 단과. 능. 가. 3. 복. 그들이 제거할 때(16과 참조)

εἰσήγαγον εἰσάγω 단과. 능. 직. 3. 복. 그들이 인도해 들였다.

ἐκβάλωσιν ἐκβάλλω 단과. 능. 가. 3. 복. 그들이 제거해버릴 때(16과 참조)

ἐλέησον ἐλεέω 단과. 능. 명. 2. 단. 불쌍히 여기소서!(20과 참조)

ἔξελθε ἐξέρχομαι 단과. 능. 명. 2. 단. 가십시오!

ἐσθίωσιν ἐσθίω 현. 능. 가. 1. 복. 그들이 먹을 때에(16과 참조)

εὑρήσει εὑρίσκω 미. 능. 직. 3. 단. 그가 찾을 것이다.

εὑρόντες εὑρίσκω 단과. 능. 분. 남. 복. 주. 찾은 후에

ἤγαγον ἄγω 단과. 능. 직. 3. 복. 그들이 인도했다.

κακῶς ἔχοντες 병든자들

κατακείμενοι κατάκειμαι 현. dep. 분. 남. 복. 주. 앉아있는

καταλιπών καταλείπω 단과. 능. 분. 남. 단. 주. 버린 후에

καταστήσει καθίστημι 미. 능. 직. 3. 단. 그가 임명할 것이다.(24과 참조)

κέκριται κρίνω 완. 수. 직. 3. 단. 그가 심판 받았다.(21과 참조)

μισήσωσιν μισέω 단과. 능. 가. 3. 복. 그들이 미워할 때(16과 참조)

ὀνειδίσωσιν ὀνειδίζω 단과. 능. 가. 3. 복. 그들이 조롱할 때(16과 참조)

πεπίστευκεν πιστεύω 완. 능. 직. 3. 단. 그가 믿었다.(21과 참조)

περιέσχεν περιέχω 단과. 능. 직. 3. 단. 그가 사로잡았다.

πιστεύων πιστεύω 현. 능. 분. 남. 단. 주. 믿는

προσέπεσεν προσπίπτω 단과. 능. 직. 3. 단. 그가 엎드렸다.

συνέλαβον συλλαμβάνω 단과. 능. 직. 3. 단. 그들이 잡았다.

연습문제

1. (마 15:18)

18 τὰ δὲ ἐκπορευόμενα ἐκ τοῦ στόματος ἐκ τῆς καρδίας ἐξέρχεται, κἀκεῖνα[주)] κοινοῖ τὸν ἄνθρωπον.

2. (마 15 : 21-22)

21 Καὶ ἐξελθὼν ἐκεῖθεν ὁ Ἰησοῦς ἀνεχώρησεν εἰς τὰ μέρη Τύρου καὶ Σιδῶνος.

22 καὶ ἰδοὺ γυνὴ Χαναναία ἀπὸ τῶν ὁρίων ἐκείνων ἐξελθοῦσα ἔκραζεν λέγουσα, Ἐλέησον με, κύριε υἱὸς Δαυίδ· ἡ θυγάτηρ μου κακῶς δαιμονίζεται.

3. (마 15:7, 9)

7 ὑποκριταί, καλῶς ἐπροφήτευσεν περὶ ὑμῶν Ἠσαΐας λέγων,

9 μάτην δὲ σέβονταί με διδάσκοντες διδασκαλίας ἐντάλματα ἀνθρώπων.

4. (마 15:1)

Τότε προσέρχονται τῷ Ἰησοῦ ἀπὸ Ἱεροσολύμων Φαρισαῖοι καὶ γραμματεῖς λέγοντες,

5. (눅 5:8)

ἰδὼν δὲ Σίμων Πέτρος προσέπεσεν τοῖς γόνασιν Ἰησοῦ λέγων, Ἔξελθε ἀπ' ἐμοῦ, ὅτι ἀνὴρ ἁμαρτωλός εἰμι, κύριε.

6. (눅 5:28-29)

28 καὶ καταλιπὼν πάντα ἀναστὰς ἠκολούθει αὐτῷ.

29 Καὶ ἐποίησεν δοχὴν μεγάλην Λευὶς αὐτῷ ἐν τῇ οἰκίᾳ αὐτοῦ,

주) καὶ+ἐκεῖνα

καὶ ἦν ὄχλος πολὺς τελωνῶν καὶ ἄλλων οἳ ἦσαν μετ' αὐτῶν κατακείμενοι.

7. (마 6:21)

μακάριοι οἱ πεινῶντες νῦν, ὅτι χορτασθήσεσθε. μακάριοι οἱ κλαίοντες νῦν, ὅτι γελάσετε.

8. (요 3:18)

ὁ δὲ μὴ **πιστεύων** ἤδη κέκριται, ὅτι μὴ πεπίστευκεν εἰς τὸ ὄνομα τοῦ μονογενοῦς υἱοῦ τοῦ θεοῦ.

9. (막 2:1)

Καὶ εἰσελθὼν πάλιν εἰς Καφαρναοὺμ δι' ἡμερῶν ἠκούσθη ὅτι ἐν οἴκῳ ἐστίν.

10. (눅 2:45)

καὶ μὴ εὑρόντες ὑπέστρεψαν εἰς Ἰερουσαλὴμ ἀναζητοῦντες αὐτόν

(눅 4:30)

αὐτὸς δὲ διελθὼν διὰ μέσου αὐτῶν ἐπορεύετο.

11. (눅 12:43-44)

43 μακάριος ὁ δοῦλος ἐκεῖνος, ὃν ἐλθὼν ὁ κύριος αὐτοῦ εὑρήσει ποιοῦντα οὕτως.

44 ἀληθῶς λέγω ὑμῖν ὅτι ἐπὶ πᾶσιν τοῖς ὑπάρχουσιν αὐτοῦ καταστήσει αὐτόν.

12. (눅 22:54)

Συλλαβόντες δὲ αὐτὸν ἤγαγον καὶ εἰσήγαγον εἰς τὴν οἰκίαν τοῦ ἀρχιερέως· ὁ δὲ Πέτρος ἠκολούθει μακρόθεν.

13. (행 8:5)

Φίλιππος δὲ κατελθὼν εἰς [τὴν]πόλιν τῆς Σαμαρείας ἐκήρυσσεν αὐτοῖς τὸν Χριστόν.

CHAPTER 14

제 1 단순 과거 능동태, 중간태 분사

제 1 단순 과거 능동태, 중간태 분사

14 CHAPTER

개 요

제 1 단순 과거 분사의 변화형을 익히는 것은 상대적으로 수월한 작업이다. 왜냐하면 현재 분사의 변화형에서 연결 모음대신에 시상 접미사인 σα를 붙여주면 되기 때문이다. 제 1 단순 과거 분사의 학습에 있어 핵심은 현재 분사와 더불어 분사 자체를 어떻게 이해할 것인가 하는 문제와 분사의 시제를 어떻게 이해할 것인가에 있다.

단순 과거 수동태 분사의 변화 또한 특별한 어려움이 없다. 현재 분사의 변화형에서 연결 모음대신 θε를 넣어주면 된다. 거듭해서 설명하거니와 분사의 변화형을 익히는 작업은 그리 어려운 작업이 아니다. 분사 이해의 관건은 변화형 암기라기 보다는 분사의 개념 이해에 있다. 다시 한번 강조하면 분사의 부사적 용법의 이해가 그 핵심을 차지한다.

Ⅰ. λύω의 제 1 단순 과거 능동태 분사의 변화

구 분		남 성	여 성	중 성
		단순 과거 (현재)	단순 과거 (현재)	단순 과거 (현재)
단수	주=호격	λύσας (λύων)	λύσασα (λύουσα)	λῦσαν (λῦον)
	소유격	λύσαντος (λύοντος)	λυσάσης (λυούσης)	λύσαντος (λύοντος)
	여격	λύσαντι (λύοντι)	λυσάσῃ (λυούσῃ)	λύσαντι (λύοντι)
	목적격	λύσαντα (λύοντα)	λύσασαν (λύουσαν)	λῦσαν (λῦον)
복수	주=호격	λύσαντες (λύοντες)	λύσασαι (λύουσαι)	λύσαντα (λύοντα)
	소유격	λυσάντων(λυόντων)	λυσασῶν (λυουσῶν)	λυσάντων(λυόντων)
	여격	λύσασι(ν) (λύουσι (ν))	λυσάσαις (λυούσαις)	λύσασι (λύουσι)
	목적격	λύσαντας (λύοντας)	λυσάσας (λυούσας)	λύσαντα (λύοντα)

현재 능동태 분사와 비교해 보면 연결 모음 대신 σα가 붙었음을 알 수 있으며, 유일한 예외는 남성 단수 주격에서 λῦσαν이 아니라 λύσας가 된 것인데, 이것은 λῦσαν으로 되면 중성, 단수, 주격과 동일하기 때문에 마지막 ν을 ς로 바꾼 것이다.

ἀκούσασα περὶ τοῦ Ἰησοῦ, ἐλθοῦσα ἐν τῷ ὄχλῳ ὄπισθεν ἥψατο τοῦ ἱματίου αὐτοῦ· (막 5:27)

(그녀가) 예수님에 대해 들은 후에, 무리가운데 뒤로 가서 그의 옷을 잡았다.

II. λύω의 단순 과거 중간태 분사의 변화

구 분		남 성	여 성	중 성
단수	주=호격	λυσάμενος	λυσαμένη	λυσάμενον
	소유격	λυσαμένου	λυσαμένης	λυσαμένου
	여격	λυσαμένῳ	λυσαμένῃ	λυσαμένῳ
	목적격	λυσάμενον	λυσαμένην	λυσάμενον
복수	주=호격	λυσάμενοι	λυσάμεναι	λυσάμενα
	소유격	λυσαμένων	λυσαμένων	λυσαμένων
	여격	λυσαμένοις	λυσαμέναις	λυσαμένοις
	목적격	λυσαμένους	λυσαμένας	λυσάμενα

현재에서와는 달리 단순 과거에서는 중간태와 수동태가 서로 다르다. 단순과거 중간태 분사의 표식은 현재 중간태 분사의 표식인 -ομεν- 에서 연결 모음 ο대신 σα를 넣은 -σαμεν-이다.

[독해를 위한 단어]

αἰτέω 요구하다
ἀκριβόω 질문하다
ἄλαλος ον 말 못하는
ἄλευρον ου τό 밀가루
Ἁλφαῖος ου ὁ 알패오
ἀνατρέπω 뒤엎다
ἀνοίγω 열다
ἀπολαμβάνω 받다
ἅπτω (+소)만지다

	(능) 불켜다
ἀρνέομαι	부인하다
ἀσπάζομαι	문안하다
ἀστήρ έρος ὁ	별(19과)
ἀφρίζω	입에 거품을 물다
Βαρθολομαῖος ου ὁ	바돌로매
βοή ῆς ἡ	외침
βοῦς βοός ὁ	소(19과)
δεῖπνος ου ὁ	연회
δεσμωτήριον ου τό	감옥
διανοίγω	완전히 열다
ἐγκρύπτω	숨기다
εἰσέρχομαι	들어가다
εἰσπορεύομαι	들어가다
ἐκθαμβέω	놀라다
ἐκλέγομαι	선택하다
ἐκπλήσσω	놀라다
ἔλαιον ου τό	감람유
ἐμβλέπω	주시하다
ἐπιβιβάζω	-에 싣다
ἐπιμελέομαι	돌보다
ἐπισυντρέχω	함께 달리다
ἐπιτάσσω	꾸짖다
ἐπιτιμάω	경고하다
ἐπιχέω	붓다

ἑρμηνεύω	번역하다
ἕτερος α ον	다른
εὐθύς	곧
Ζηλωτής οῦ ὁ	열심당원
ζύμη ης ἡ	누룩
ζυμόω	부풀게 하다
ἡσυχάζω	안식하다
θεμέλιος ου ὁ	기초
θεμέλιον ου τό	기초
θεωρία ας ἡ	광경
θησαυρός οῦ ὁ	보물함
Θωμᾶς ᾶ ὁ	도마
ἴδιος α ον	자신의
ἱερόν οῦ τό	성전
ἰσχύω	강하다
καταδέω	묶다
κέρμα ατος τό	동전(19과)
Κῆφας ᾶ ὁ	게바
κολλυβίστης ου ὁ	환전상
κοράσιον ου τό	소녀
κρατέω	붙잡다
κτῆμα ατος τό	소유(19과)
κτῆνος ους τό	가축(19과)
κυλίω	구르다
λάθρᾳ	은밀히

λίβανος ου ὁ	유향
λυπέω	슬퍼하다
μάγος ου ὁ	마술사
Μαθθαῖος ου ὁ	마태
μαρτύρομαι	증거하다
μύρον ου τό	향수
ὁδεύω	여행하다
οἰκοδομέω	짓다
οἶνος ου ὁ	포도주
ὅμοιος α ον	비슷한
ὀνομάζω	이름짓다
ὄρθρος ου ὁ	동틀 녘
οὖς ὦτος τό	귀(19과)
πανδοχεῖον ου τό	여관
παραγίνομαι	오다
παράγω	지나가다
πέμπω	보내다
πινακίδιον ου τό	서판
πίπτω	떨어지다
προσδοκάω	기대하다
προσκυνέω	경배하다
προσρήγνυμι	부딪히다(24과)
προστρέχω	-로 달려가다
προσφέρω	에게 바치다
προσφωνέω	부르다

πτύω	침뱉다
πυλών ῶνος ὁ	입구(19과)
ῥῆγμα ατος τό	폐허(19과)
Σαμαρίτης ου ὁ	사마리아인
σάτον ου τό	적은 분량
σμύρνα ης ἡ	몰약
σπαράσσω	흔들다
σπλαγχνίζομαι	동정하다
στενάζω	신음하다
στῆθος ους τό	가슴(19과)
στυγνάζω	슬퍼 하다
συζητέω	논의하다
συμπαραγίνομαι	함께오다
συνανάκειμαι	함께 눕다
συμπίπτω	함께 무너지다
συσσπράσσω	경련시키다
σχοινίον ου τό	밧줄
τραπέζα ης ἡ	탁자
τραῦμα ατος τό	상처(19과)
τύπτω	치다
φέρω	가져오다
φήμη ης ἡ	소식
φραγέλλιον ου τό	채찍
φωνέω	소리내다
χρόνος ου ὁ	시간

χρυσός οῦ ὁ 금

ὡσεί 마치 -처럼

[독해를 위한 동사분해]

ἀπολαβόμενος ἀπολαμβάνω 단과. 중. 분. 남. 단. 주. 영접한 후에

διανοίχθητι διανοίγω 단과. 수. 명. 2. 단. 열려라!(20과 참조)

ἔβαλεν βάλλω 단과. 능. 직. 3. 단. 그가 던졌다.

ἐγένετο γίνομαι 단과. dep. 직. 3. 단. 그것이 되었다.

εἶδον βλέπω 단과. 능. 직. 3. 복. 그들이 보았다.

ἔφη φημί 단과. 능. 직. 3. 단. 그가 확언했다.

ἤγαγεν ἄγω 단과. 능. 직. 3. 단. 그가 인도했다.

ἰδών βλέπω 단과. 능. 분. 남. 단. 주. 본 후에

κληθήσῃ καλέω 미. 수. 직. 2. 단. 네가 불릴 것이다.

προσδοκῶμεν προσδοκάω 현. 능. 직. 1. 복. 우리가 기다릴까요?(16과 참조)

προσήνεγκαν προσφέρω 단과. 능. 직. 3. 복. 그들이 데려갔다.

συνέπεσεν συμπίπτω 단과. 능. 직. 3. 단. 그것이 무너졌다.

연습문제

1. (마 2:11)

καὶ ἐλθόντες εἰς τὴν οἰκίαν εἶδον τὸ παιδίον μετὰ Μαρίας τῆς μητρὸς αὐτοῦ, καὶ πεσόντες προσεκύνησαν αὐτῷ καὶ ἀνοίξαντες τοὺς θησαυροὺς αὐτῶν προσήνεγκαν αὐτῷ δῶρα, χρυσὸν καὶ λίβανον καὶ σμύρναν.

2. (마 2:7)

Τότε Ἡρῴδης λάθρᾳ καλέσας τοὺς μάγους ἠκρίβωσεν παρ' αὐτῶν τὸν χρόνον τοῦ φαινομένου ἀστέρος.

3. (마 9:12)

ὁ δὲ ἀκούσας εἶπεν, Οὐ χρείαν ἔχουσιν οἱ ἰσχύοντες ἰατροῦ ἀλλ' οἱ κακῶς ἔχοντες.

4. (마 11:2-3)

2 Ὁ δὲ Ἰωάννης ἀκούσας ἐν τῷ δεσμωτηρίῳ τὰ ἔργα τοῦ Χριστοῦ πέμψας διὰ τῶν μαθητῶν αὐτοῦ

3 εἶπεν αὐτῷ, Σὺ εἶ ὁ ἐρχόμενος

5. (막 7:33-34)

33 καὶ ἀπολαβόμενος αὐτὸν ἀπὸ τοῦ ὄχλου κατ' ἰδίαν ἔβαλεν τοὺς δακτύλους αὐτοῦ εἰς τὰ ὦτα αὐτοῦ καὶ πτύσας ἥψατο τῆς γλώσσης αὐτοῦ,

34 καὶ ἀναβλέψας εἰς τὸν οὐρανὸν ἐστέναξεν καὶ λέγει αὐτῷ, Εφφαθα.

6. (눅 1:63)

καὶ αἰτήσας πινακίδιον ἔγραψεν λέγων, Ἰωάννης ἐστὶν ὄνομα αὐτοῦ.καὶ ἐθαύμασαν πάντες.

7. (눅 6:13)

13 καὶ ὅτε ἐγένετο ἡμέρα, προσεφώνησεν τοὺς μαθητὰς αὐτοῦ, καὶ ἐκλεξάμενος ἀπ᾽ αὐτῶν δώδεκα, οὓς καὶ ἀποστόλους ὠνόμασεν.

8. (막 10:22)

ὁ δὲ στυγνάσας ἐπὶ τῷ λόγῳ ἀπῆλθεν λυπούμενος· ἦν γὰρ ἔχων κτήματα πολλά.

9. (눅 6:49)

ὁ δὲ ἀκούσας καὶ μὴ ποιήσας ὅμοιός ἐστιν ἀνθρώπῳ οἰκοδομήσαντι οἰκίαν ἐπὶ τὴν γῆν χωρὶς θεμελίου, ᾗ προσέρηξεν ὁ ποταμός, καὶ εὐθὺς συνέπεσεν καὶ ἐγένετο τὸ ῥῆγμα τῆς οἰκίας ἐκείνης μέγα.

10. (눅 10 : 34)

καὶ προσελθὼν κατέδησεν τὰ τραύματα αὐτοῦ ἐπιχέων ἔλαιον καὶ οἶνον, ἐπιβιβάσας δὲ αὐτὸν ἐπὶ τὸ ἴδιον κτῆνος ἤγαγεν αὐτὸν εἰς πανδοχεῖον καὶ ἐπεμελήθη αὐτοῦ.

11. (눅 23:48)

48 καὶ πάντες οἱ συμπαραγενόμενοι ὄχλοι ἐπὶ τὴν θεωρίαν ταύτην, θεωρήσαντες τὰ γενόμενα, τύπτοντες τὰ στήθη ὑπέστρεφον.

12. (요 1 : 42)

ἤγαγεν αὐτὸν πρὸς τὸν Ἰησοῦν. ἐμβλέψας αὐτῷ ὁ Ἰησοῦς εἶπεν·

σὺ εἶ Σίμων ὁ υἱὸς Ἰωάννου, σὺ κληθήσῃ Κηφᾶς, ὃ ἑρμηνεύεται Πέτρος.

13. (요 2:15)

καὶ ποιήσας φραγέλλιον ἐκ σχοινίων πάντας ἐξέβαλεν ἐκ τοῦ ἱεροῦ τά τε πρόβατα καὶ τοὺς βόας, καὶ τῶν κολλυβιστῶν ἐξέχεεν τὸ κέρμα καὶ τὰς τραπέζας ἀνέτρεψεν.

CHAPTER 15

단순 과거 수동태 분사와 독립 소유격

단순 과거 수동태 분사와 독립 소유격

15 CHAPTER

개 요

단순 과거 수동태 분사의 변화 역시 특별한 어려움을 주지 않는다. 단순 과거 수동태 분사의 표식을 단순 과거 능동태 분사의 표식 대신에 넣어주면 된다. 이번 과에서 주목해야 하는 것은 분사의 독립 소유격 구문이다. 이 독립 소유격 구문은 처음 배울 때는 어려워 보이지만, 나중에는 부사적 용법의 분사 구문 중에서 가장 쉬운 구문이 되어 버린다. 왜냐하면, 일단 부사적 용법의 분사 중에서 소유격이면 독립 소유격이 될 확률이 99%에 가깝기 때문이다. 이번 과에서 단순 과거 수동태 분사, 그리고 독립 소유격을 익힘과 동시에 분사의 용법을 좀더 깊이 이해하고자 하는 노력이 있어야 할 것이다.

I. λύω의 단순 과거 수동태 분사의 변화

구 분		남 성	여 성	중 성
		수동태 (능동태)	수동태 (능동태)	수동태 (능동태)
단수	주=호격	λυθείς (λύσας)	λυθεῖσα (λύσασα)	λυθέν (λῦσαν)
	소유격	λυθέντος (λύσαντος)	λυθείσης (λυσάσης)	λυθέντος (λύσαντος)
	여격	λυθέντι (λύσαντι)	λυθείσῃ (λυσάσῃ)	λυθέντι (λύσαντι)
	목적격	λυθέντα (λύσαντα)	λυθεῖσαν (λύσασαν)	λυθέν (λῦσαν)
복수	주=호격	λυθέντες (λύσαντες)	λυθεῖσαι (λύσασαι)	λυθέντα (λύσαντα)
	소유격	λυθέντων (λυσάντων)	λυθεισῶν (λυσασῶν)	λυθέντων (λυσάντων)
	여격	λυθεῖσι(ν) (λύσασι (ν))	λυθείσαις (λυσάσαις)	λυθεῖσι (ν) (λύσασι)
	목적격	λυθέντας (λύσαντας)	λυθείσας (λυσάσας)	λυθέντα (λύσαντα)

1. 단순 과거 수동태를 능동태와 비교해 보면, 당장에 단순 과거 능동태 표식인 σα대신에 단순 과거 수동태의 표식인 θε를 넣었다는 차이점을 발견할 수 있다.

2. 특이한 것들이 몇가지 있는데,

   1) 남성, 단수, 주격과 여성 단수 주격이 θε가 아니라 θει를 표식으로 삼았다는 것. 이 문제는 남성, 여성, 중성의 단수 주격을 옆으로 외우면 해결된다.

   2) 남성, 중성의 복수, 여격에서 θε대신에 θει가 쓰인 것인데 이것은 단축 과정을 생각하면 이해가 될 것이다 : λυθέντσι가 원래 형이며 σ 앞에서 ντ가 탈락하고 보상해 주기 위해 ε를 길게 해서 ει로 만들었다

3) 여성은 θει를 그대로 유지한다. 이것을 달리 말하면 σ앞에서 θει가 된다고 할 수 있다.

τότε ἐπληρώθη τὸ ῥηθὲν διὰ Ἰερεμίου τοῦ προφήτου (마 2:17)
그때 선지자 예레미야를 통해 말씀되어진 것이 이루어졌다.

καὶ πάντες οἱ ἀκούσαντες ἐθαύμασαν περὶ τῶν λαληθέντων ὑπὸ τῶν ποιμένων πρὸς αὐτούς· (눅2:18)
그리고 그 목자들에 의해 그들에게 말하여진 것들에 대해 모든 들은 자들이 이상하게 여겼다.

βαπτισθεὶς δὲ ὁ Ἰησοῦς εὐθὺς ἀνέβη ἀπὸ τοῦ ὕδατος· καὶ ἰδοὺ ἠνεῴχθησαν [αὐτῷ] οἱ οὐρανοί, καὶ εἶδεν [τὸ] πνεῦμα [τοῦ] θεοῦ καταβαῖνον ὡσεὶ περιστερὰν [καὶ] ἐρχόμενον ἐπ' αὐτόν· (마 3:16)
그리고 예수께서 세례 받으신후 물에서 오라오셨다. 그리고 보라, 하늘이 (그에게) 열리고, 그는 하나님의 성령이 비둘기같이 내려오고 그 위에 오는 것을 보았다.

II. 독립 소유격 분사 구문

1. 독립 소유격 분사구문의 이해에 있어서 중요한 관건은 우선 독립 소유격 분사 구문을 구별해 내는 것이다. 그 방법은 다음과 같다:

1) '독립 소유격 분사' 구문은 이름이 말해주듯이 소유격 분사의 독립적 사용을 가리키므로, 우선 분사중 소유격 분사여야하고, (소

유격 분사가 나오면 긴장하라!) 분사에 관사가 붙어 있는지를 확인하고 관사가 없다면 십중 팔구는 독립 소유격이라고 보면된다.

2) 이 소유격 분사의 주어 역할을 하는 명사나 대명사가 반드시 있으니, 분사와 성,수,격이 같은 명사와 대명사를 찾아 분사의 주어로 해석하면 된다. 이때 명사나 대명사는 당연히 소유격일 것이나, 이것을 주어로 해석해야함은 물론이다.

2. 독립 소유격이라는 말은 일반 부사적 용법의 분사와는 달리 소유격 분사와 명사나 대명사로 이루어진 구문이 본 문장과 얽혀있지 않고 독립적으로 사용되었다는 것이다. 예를 들어 보면,

Ἔτι γὰρ Χριστὸς ὄντων ἡμῶν ἀσθενῶν ἔτι κατὰ καιρὸν ὑπὲρ ἀσεβῶν ἀπέθανεν. (롬 5:6)
아직 우리가 약한 때에 그리스도께서 정해진 때를 따라 불경한 자들을 대신해서 죽으셨다.

1) 위의 예문에서 분사 οντων을 먼저 분해하면 εἰμί의 현재 능동태 분사 남성 복수 <u>소유격</u>이다. 그리고 이 분사에 관사는 붙어 있지 않다. 따라서 독립 소유격 분사 구문인 것이 거의 확실하다. 그 다음은 이 분사의 주어를 찾는 것인데, 곧 분사와 성수격이 같은 남성, 단수, 소유격 명사나 대명사를 찾으면 된다. 이 문장에는 대명사 ἡμων이 이 분사의 주어이다. 해석할때는 소유격이라는 것은 잊어버리고 분사의 주어라는 것을 기억할 것이며, 현재는 '---할 때에'로 단순과거는 '---한 후에'로 번역하면 된다. 물론, 이유나 목적, 조건, 수단 등으로 해석할 수 도 있다.

2) 위의 예문에서 독립 소유격 분사 구문은 주문장과 독립되어 있다 :

'우리가 아직 약한 때에'라고 하여 문장이 끝나는 것이다. 분사의 주어로 쓰인 대명사가 주문장에서 아무런 역할도 하지 않는다. 일반 부사적 용법의 분사와 비교해 보자:

ἐλθόντι δὲ εἰς τὴν οἰκίαν προσῆλθον αὐτῷ οἱ τυφλοί, καὶ λέγει αὐτοῖς ὁ Ἰησοῦς (마 9:28)
그러나 그가 그 집안으로 들어간뒤에, 그 소경들이 그에게로 왔고 예수께서 그들에게 말씀하셨다.

이 문장에서 분사의 주어로 쓰인 대명사는 는 주문장에서 '그에게'라는 역할을 한다. 이와 같은 방식으로 일반 부사적 용법의 분사는 분사구문과 주문장이 분사의 주어 역할을 하는 명사나 대명사를 중심으로 얽히는 반면에, 독립 소유격 분사 구문에서는 분사의 주어로 쓰인 소유격 명사나 대명사는 분사의 주어 역할만 할 뿐이다.

III. 지각 동사와 함께 쓰이는 부사적 용법의 분사의 해석

지각 동사 (보다, 듣다, 발견하다, 알다 등)와 함께 사용되는 분사가 서술적 용법으로 사용될 때 그 분사를 동사와 연결 시켜서 '…하는 것을 보다, 듣다, 발견하다'등으로 해석해 주어야 자연스럽다.

εἶδεν [τὸ] πνεῦμα [τοῦ] θεοῦ καταβαῖνον. (마 3:16)
그는 하나님의 성령이 내려오는 것을 보았다.

[독해를 위한 단어]
ἀγαπητός ή όν 사랑하는

’Αγρίππας α ὁ	아그립바
Αἴγυπτος ου ἡ	애굽
ἄκανθα ης ἡ	가시덤불
ἄκαρπος η ον	열매없는
ἀκροατήριον ου τό	변론장
ἀλάβαστρος ὁ ἡ (τό)	향유병
ἀπάτη ης ἡ	속임
ἁρπάζω	강탈하다
αὐλή ῆς ἡ	양문
Βερνίκη ης ἡ	버니게
Βηθανία ας ἡ	베다니
βοάω	외치다
δή	그러므로
διωγμός οῦ ὁ	핍박
δύναμις εως ἡ	능력(19과)
ἑκατόν	100
ἐνδύω	옷입다
ἑξήκοντα	60
ἐξοχή ῆς ἡ	특권
ἐπαύριον	다음날
ἐπέρχομαι	도착하다
ἐπισκιάζω	덮다
εὐθύς εῖα ύ	곧은(23과)
εὐλογέω	축복하다
ζάω	살다

θλίψις εως ἡ	환란(19과)
Ἰερεμίας ου ὁ	예레미야
ἱκανός ή όν	충분한
ἱμάτιον ου τό	옷
Ἰούδας α ὁ	유다
καταχέω	붓다
κατοικέω	거하다
κελεύω	명령하다
κεφαλή ῆς ἡ	머리
κλάω	깨뜨리다, 나누다
μάχαιρα ης ἡ	검
μέριμνα ης ἡ	걱정
μηδείς μηδεμία μηδέν	아무도 -않는
μνῆμα ατος τό	무덤(19과)
νάρδος ἡ	나드
Ναζωραῖος ου ὁ	나사렛인
νεφέλη ης ἡ	구름
ξύλον ου τό	나무
ὄναρ τό	꿈
ὅπως	-하기위하여
ὀφείλω	해야한다, 빚지다
πάσχω	어려움을 겪다
περιστερά ᾶς ἡ	비둘기
πετρώδης ες	바위투성이의
πιστικός ή όν	순전한

πλοῦτος ου ὁ	부유함
πολυτέλης ες	비싼(23과)
πρόσκαιρος ον	순간적인
ῥίζα ῆς ἡ	뿌리
σκανδαλίζω	넘어지게 하다
σπείρω	씨뿌리다
στάσις εως ἡ	불화(19과)
συμπνίγω	목조르다
συνίημι	이해하다
συντρίβω	깨뜨리다
σχίζω	나누다
τελευτάω	죽다
τριάκοντα	30
τρίβος ου ἡ	길
ὑπαντάω	만나다
ὑπολαμβάνω	취하여 올리다
φαντασία ας ἡ	영화
Φῆστος ου ὁ	베스도
φωτεινός ή όν	빛나는
χιλιάρχος ου ὁ	천부장
ὠφελέω	돕다, 득을 보다

[독해를 위한 동사분해]

ἀνέβη ἀναβαίνω 단과. 능. 직. 3. 단. 올라갔다.

ἀποκριθεὶς ἀποκρίνομαι의 단순과거 수동태형 dep. 분사. 남성 단수 주격. 대답하여

δούς δίδωμι 단과. 능. 분. 남. 단. 주. 준 후에(24과 참조)
γέγραπται γράφω 완. 수. 직. 3. 단. 기록되어져 있다 (8과 독해를 위한 동사 분해 참조)
ἐπήρθη ἐπαίρω 단과. 수. 직. 3. 복. 그가 들어올려졌다.
ἐσπαρμένον σπείρω 완. 수. 분. 중. 단. 목. 뿌려져있는(21과 참조)
ἠνεῴχθησαν ἀνοίγω 단과. 수. 직. 3. 복.그것들이 열려졌다.
κατακειμένου κατάκειμαι 현. dep. 분. 남. 단. 소. 기대어 누웠을 때에
κληθήσεται καλέω 미. 수. 직. 3. 단. 그가 불릴 것이다.
λήμψεσθε λαμβάνω 미. dep. 직. 2. 복. 너희가 취할 것이다.
ὄντος εἰμί 현. 분. 남. 단. 소. 있을 때에
πληρώθῃ πληρόω 단과. 수. 가. 3. 단. 그것이 성취되기 위하여(16과 참조)
ῥηθέν λέγω 단과. 수. 분. 중. 단. 주. 말해진
σπαρείς σπείρω 단과. 수. 분. 남. 단. 주. 뿌려진
συνιείς συνίημι 현. 능. 분. 남. 단. 주. 이해하는
συνιέντος συνίημι 현. 능. 분. 남. 단. 소. 이해하는

연습문제

1. (마 4:4)
ὁ δὲ ἀποκριθεὶς εἶπεν ·γέγραπται· οὐκ ἐπ' ἄρτῳ μόνῳ ζήσεται ὁ ἄνθρωπος, ἀλλ' ἐπὶ παντὶ ῥήματι ἐκπορευομένῳ διὰ στόματος θεοῦ.

2. (마 3:16)
βαπτισθεὶς δὲ ὁ Ἰησοῦς εὐθὺς ἀνέβη ἀπὸ **τοῦ** ὕδατος· καὶ ἰδοὺ

ἠνεῴχθησαν [αὐτῷ] οἱ οὐρανοί, καὶ εἶδεν [τὸ]πνεῦμα [τοῦ] θεοῦ καταβαῖνον ὡσεὶ περιστερὰν [καὶ] ἐρχόμενον ἐπ' αὐτόν·

(행 1:9)

καὶ ταῦτα εἰπὼν βλεπόντων αὐτῶν ἐπήρθη, καὶ νεφέλη ὑπέλαβεν αὐτὸν ἀπὸ τῶν ὀφθαλμῶν αὐτῶν.

3. (마 13:19)

παντὸς ἀκούοντος τὸν λόγον τῆς βασιλείας καὶ μὴ συνιέντος ἔρχεται ὁ πονηρὸς καὶ ἁρπάζει τὸ ἐσπαρμένον ἐν τῇ καρδίᾳ αὐτοῦ, οὗτός ἐστιν ὁ παρὰ τὴν ὁδὸν σπαρείς.

4. (마 13:20-21)

20 ὁ δὲ ἐπὶ τὰ πετρώδη σπαρείς, οὗτός ἐστιν ὁ τὸν λόγον ἀκούων καὶ εὐθὺς μετὰ χαρᾶς λαμβάνων αὐτόν,

21 οὐκ ἔχει δὲ ῥίζαν ἐν ἑαυτῷ ἀλλὰ πρόσκαιρός ἐστιν, γενομένης δὲ θλίψεως ἢ διωγμοῦ διὰ τὸν λόγον εὐθὺς σκανδαλίζεται.

5. (마 17:5)

ἔτι αὐτοῦ λαλοῦντος ἰδοὺ νεφέλη φωτεινὴ ἐπεσκίασεν αὐτούς, καὶ ἰδοὺ φωνὴ ἐκ τῆς νεφέλης λέγουσα, Οὗτός ἐστιν ὁ υἱός μου ὁ ἀγαπητός.

6. (마 26 : 26)

Ἐσθιόντων δὲ αὐτῶν λαβὼν ὁ Ἰησοῦς ἄρτον καὶ εὐλογήσας ἔκλασεν καὶ δοὺς τοῖς μαθηταῖς εἶπεν.

7. (막 11:27)

Καὶ ἔρχονται πάλιν εἰς Ἱεροσόλυμα. καὶ ἐν τῷ ἱερῷ περιπατοῦντος αὐτοῦ ἔρχονται πρὸς αὐτὸν οἱ ἀρχιερεῖς καὶ οἱ γραμματεῖς καὶ οἱ πρεσβύτεροι.

8. (막 14:3)

3 Καὶ ὄντος αὐτοῦ ἐν Βηθανίᾳ ἐν τῇ οἰκίᾳ Σίμωνος τοῦ λεπροῦ, κατακειμένου αὐτοῦ ἦλθεν γυνὴ ἔχουσα ἀλάβαστρον μύρου νάρδου πιστικῆς πολυτελοῦς, συντρίψασα τὴν ἀλάβαστρον κατέχεεν αὐτοῦ τῆς κεφαλῆς.

9. (마 2:19)

Τελευτήσαντος δὲ τοῦ Ἡρῴδου ἰδοὺ ἄγγελος κυρίου φαίνεται κατ' ὄναρ τῷ Ἰωσὴφ ἐν Αἰγύπτῳ.

10. (행 1:8)

ἀλλὰ λήμψεσθε δύναμιν ἐπελθόντος τοῦ ἁγίου πνεύματος ἐφ' ὑμᾶς καὶ ἔσεσθέ μου μάρτυρες ἔν τε Ἰερουσαλὴμ καὶ [ἐν] πάσῃ τῇ Ἰουδαίᾳ καὶ Σαμαρείᾳ καὶ ἕως ἐσχάτου τῆς γῆς.

11. (행 23:7)

τοῦτο δὲ αὐτοῦ εἰπόντος ἐγένετο στάσις τῶν Φαρισαίων καὶ Σαδδουκαίων καὶ ἐσχίσθη τὸ πλῆθος.

12. (행 25:23)

Τῇ οὖν ἐπαύριον ἐλθόντος τοῦ Ἀγρίππα καὶ τῆς Βερνίκης μετὰ πολλῆς φαντασίας καὶ εἰσελθόντων εἰς τὸ ἀκροατήριον σύν τε χιλιάρχοις καὶ ἀνδράσιν τοῖς κατ' ἐξοχὴν τῆς πόλεως καὶ κελεύσαντος τοῦ Φήστου ἤχθη ὁ Παῦλος.

13. (눅 8:27)

ἐξελθόντι δὲ αὐτῷ ἐπὶ τὴν γῆν ὑπήντησεν ἀνήρ τις ἐκ τῆς πόλεως ἔχων δαιμόνια καὶ χρόνῳ ἱκανῷ οὐκ ἐνεδύσατο ἱμάτιον καὶ ἐν οἰκίᾳ οὐκ ἔμενεν ἀλλ' ἐν τοῖς μνήμασιν.

CHAPTER 16

가정법

가정법

16 CHAPTER

개 요

영어의 가정법은 영어를 배우는 사람들이 가장 어려워 하는 법(Mood)다. 헬라어의 가정법도 어찌 생각하면 어려워 보일지도 모른다. 그러나, 초보 수준에서 명심할 것은 가정법은 대부분의 경우 특정한 접속사가 이끄는 특정한 구문에세 사용된다는 것이다. 물론, 드물게 그러한 구문이 아닌 경우에 사용되기는 하지만, 그 경우에도 대부분은 1인칭 복수 가정법이므로 쉽게 식별할 수 있다. 따라서, 가정법의 어미를 익히는 것보다 어떠한 구문에 가정법이 사용되는지를 아는 것이 더 중요하다. 게다가, 가정법 어미는 그 자체가 식별하기도 어렵지 않다. 그러므로, 가정법이 어떤 용법에서 어떤 의미로 사용되는지를 이해하는데 중점을 두면 될 것이다.

I. λύω의 현재 능동태, 중간태, 수동태 가정법 어미 변화

구 분	단 수		복 수	
	능동태	중간태,수동태	능동태	중간태, 수동태
1인칭	λύω	λύωμαι	λύωμεν	λυώμεθα
2인칭	λύῃς	λύῃ	λύητε	λύησθε
3인칭	λύῃ	λύηται	λύωσι(ν)	λύωνται

위의 표에서 볼 수 있는대로 현재 가정법은 현재 직설법 변화형에서 연결 모음을 길게 해 준 것이다. 어떠한 예외도 없으며, 다만 3인칭 복수 어미 ουσι가 ωσι로 변한 것만 주의하면 된다.

II. λύω의 단순 과거 능동태, 중간태 가정법

구 분	단 수		복 수	
	능동태	중간태	능동태	중간태
1인칭	λύσω	λύσωμαι	λύσωμεν	λυσώμεθα
2인칭	λύσῃς	λύσῃ	λύσητε	λύσησθε
3인칭	λύσῃ	λύσηται	λύσωσι (ν)	λύσωνται

1. 단순 과거 능동태, 중간태 가정법은 각각 현재 능동태, (중)수동태 가정법의 어간과 어미 사이에 σ를 넣어 주어 형성했다.

III. λύω의 단순 과거 수동태 가정법, εἰμί의 현재 가정법

구 분	단 수		복 수	
	단순과거 수동태	εἰμί 현재	단순과거 수동태	εἰμί 현재
1인칭	λυθῶ	ὦ	λυθῶμεν	ὦμεν
2인칭	λυθῇς	ᾖς	λυθῆτε	ἦτε
3인칭	λυθῇ	ᾖ	λυθῶσι (ν)	ὦσι(ν)

1. 단순 과거 수동태 가정법은 시상 접미사인 θε를 넣어서 만들며, 어미는 현재 능동태 가정법의 어미와 동일하다. 시상접미사와 뒤의 어미가 단축하여 어미를 형성하므로 액센트가 마지막 음절에 놓인다.

2. εἰμί의 현재 가정법은 현재 능동태 또는 단순 과거 수동태 가정법의 어미만 따로 떼어 내어 형성한다.

IV. λέγω의 제 2 단순 과거 능동태 가정법

구 분	단 수	복 수
1인칭	εἴπω	εἴπωμεν
2인칭	εἴπῃς	εἴπητε
3인칭	εἴπῃ	εἴπωσι (ν)

1. 제 2 단순 과거 능동태는 제 2 단순 과거 어간에 현재 능동태 가정법 어미를 붙여서 만든다. 위의 λέγω의 제 2 단순 과거 가정법은 λέγω의제 2 단순 과거 능동태 직설법 형태에서 만든 것이다 : λέγω의 단순 과거- εἶπον에서 어미 ον을 떼어내면 어간이 남고 거

기에 가정법 어미를 붙여서 만든 것이다.

ἀποθνήσκω의 단순 과거- ἀπέθανον에서 어미 ον을 떼어 내고, 시상 접두어인 ϵ을 떼어 내면 ἀπθαν이지만, 전치사 ἀπο에서 시상 접두어 ϵ 때문에 탈락했던 ο을 원상 복귀시켜서 ἀποθαν-이 어간이 된다. 여기에 가정법 어미를 붙여주면 된다. 그러므로, ἀποθάνω, ἀποθανῇς , ἀποθανῇ 등으로 변화한다.

2. 제 2 단순 과거 중간태는 제 2 단순 과거 어간에 현재 중간태 가정법의 어미를 붙여서 만드나, 이 형태는 드물게, 그것도 특정한 단어와 관련해서만 나타나므로, 성경 강독시 예가 나올 경우에만 주의해서 배우면 된다.

V. 가정법의 일반 용법

가정법의 용법과 관련하여 가장 중요하게 기억할 것은 가정법은 대부분 특정 구문에서 사용된다는 것이다. 가장 대표적인 것은 ἵνα절과 ἐάν 절이며, 여기에 더하여 ὅταν절과, πῶς절 ὅπως절등이 있다. 각 구문을 하나씩 배워보자.

1. ἵνα절 : ἵνα가 이끄는 절에는 무조건 가정법이 쓰이는데 그 의미는 다양하나, 목적, 결과, 명사절로 가장 많이 사용된다.

1) 목적

Καὶ διαγενομένου τοῦ σαββάτου Μαρία ἡ Μαγδαληνὴ καὶ Μαρία ἡ [τοῦ] Ἰακώβου καὶ Σαλώμη ἠγόρασαν ἀρώματα ἵνα ἐλθοῦσαι ἀλείψωσιν αὐτόν. (막 16:1)

그리고 안식일이 지났을 때, 막달라 마리아와 야고보의 어머니 마리아 그리고 살로메가 ***가서 그를 씻기 위해서*** 향료들을 샀다. (목적)

ἵνα절을 결과로 해석할 수도 있으나 문맥상 맞지 않는다 : ----살로메가 향료들을 샀고, 가서 그를 씻었다.

2) 결과

νόμος δὲ παρεισῆλθεν, ἵνα πλεονάσῃ τὸ παράπτωμα· (롬 5:20)

그러나, 율법이 들어왔고, ***그 결과 죄가 증가했다.*** (결과)

그러나 ***죄가 증가하도록*** 율법이 들어왔다. (목적)

ἵνα절의 해석에 따라 의미가 달라진다.[注]

3) 명사절

어떤 특정 유형의 동사들- 간청, 간구, 명령, 기도, 두려움- 뒤에 명사절로 나와 동사의 목적어로 쓰인다.

καὶ ἠρώτα αὐτὸν ἵνα τὸ δαιμόνιον ἐκβάλῃ ἐκ τῆς θυγατρὸς αὐτῆς. (막 7:26)

그리고 그녀가 그에게 ***자신의 딸로부터 마귀를 쫓아내 줄 것을*** 요청했다.

2. 조건절 : ἐάν절로 부를 수 있으며 미래 조건을 나타낸다.

Ὁ λύχνος τοῦ σώματός ἐστιν ὁ ὀφθαλμός. **ἐὰν** οὖν ᾖ ὁ ὀφθαλμός

注) 어떤 학자들은 ἵνα절이 이유를 나타낼 수도 있다고 주장한다. 그럴 경우에 이 구절은 이렇게 해석된다 : 죄가 증가한 까닭에 율법이 들어왔다. ἵνα절을 어떻게 해석하느냐에 따라서 본문의 의미가 완전히 달라진다.

σου ἁπλοῦς, ὅλον τὸ σῶμά σου φωτεινὸν ἔσται· (마 6:22)
눈은 몸의 등불이다. 그러므로, ***만일 너의 눈이 건강하면,*** 너의 모든 몸이 밝을 것이다.
σὺ οὖν ἐὰν προσκυνήσῃς ἐνώπιον ἐμοῦ, ἔσται σοῦ πᾶσα. (눅 4:7)
그러므로 만일 네가 내 앞에서 절하면, 모든 것들이 너의 것이 될 것이다.

조건절에 따라나오는 주절에는 직설법 뿐만 아니라 다양한 법이 사용될 수 있으며, 특히 명령법이 자주 쓰인다.
καὶ ἐὰν ὁ πούς σου σκανδαλίζῃ σε, ἀπόκοψον αὐτόν· 막 (9:45)
그리고 ***만일 너의 발이 너를 넘어지게 한다면,*** 그것을 찍어 버리라.

3. ὅπως는 ἵνα와 거의 동일하게 사용된다.
ἀκούσας δὲ περὶ τοῦ Ἰησοῦ ἀπέστειλεν πρὸς αὐτὸν πρεσβυτέρους τῶν Ἰουδαίων ἐρωτῶν αὐτὸν ὅπως ἐλθὼν διασώσῃ τὸν δοῦλον αὐτοῦ. (눅 7:3)
그리고 예수에 대하여 (그가) 들은 후에 그는 그(예수)에게 유대인들의 장로들을 보내서 ***와서 그의 종을 구원해 줄 것을*** 그에게 간청했다.

4. 권고의 가정법 : 위의 예들과는 달리 특별한 표식이 없으나, 아무런 표식이 없이 *1인칭 복수 가정법*이 사용된 것이 특이한 사항이 된다. 이것은 "우리가 ---하자 (합시다)"로 번역된다.
ἔπειτα μετὰ τοῦτο λέγει τοῖς μαθηταῖς, Ἄγωμεν εἰς τὴν Ἰουδαίαν πάλιν. (요11:7) 그러자 이것 후에 그가 제자들에게 말씀하신다 : "우리가 유다로 다시 가자."

5. 토의적 질문 : 가정법이 사용되며, 명령을 기대하는 질문인 토의적 질문에 가정법이 사용된다. 주로 1인칭이 사용되나 드물게 3인칭이 사용되기도 한다.
대표적인 예가 바로 예수를 궁지에 몰려고 가이사에게 세금을 바쳐야 하는지 그렇지 않은지를 물은 질문이다 : "우리가 세금을 가이사에게 바칠까요, 말까요?" 대답은 "바치라" 또는 "바치지 마라"가 된다. (연습문제 참조)

6. 조건적 관계절 : 관계 대명사와 조건절을 이끄는 ἐάν이 함께 쓰여 "--- 하는 자(것)는 누구(무엇이)든지"로 사용되는 경우가 자주있다.
καὶ μακάριός ἐστιν ὃς **ἐὰν** μὴ σκανδαλισθῇ ἐν ἐμοί.
(마 11:6)
그리고 나로 인해 넘어지지 않는 ***자는 누구든지*** 복되다.

ἀμὴν λέγω ὑμῖν, ὅπου **ἐὰν** κηρυχθῇ τὸ εὐαγγέλιον τοῦτο ἐν ὅλῳ τῷ κόσμῳ, λαληθήσεται καὶ ὃ ἐποίησεν αὕτη εἰς μνημόσυνον αὐτῆς. (마 26:13)
내가 너희에게 진심으로 얘기한다. 이 복음이 온세상에서 전파되는 ***곳 마다*** 이 여인이 행한 것또한 그녀를 기억하여 말하여질 것이다.

Καὶ προσπορεύονται αὐτῷ Ἰάκωβος καὶ Ἰωάννης οἱ υἱοὶ Ζεβεδαίου λέγοντες αὐτῷ, Διδάσκαλε, θέλομεν ἵνα ὃ **ἐὰν** αἰτήσωμέν σε ποιήσῃς ἡμῖν. (막 10:35)
그리고 세베대의 아들들인 야고보와 요한이 그에게 와서 말한다 : 선생님, ***우리가 당신께 구하는 것은 무엇이든지*** 당신께서 우리를 위해 행하시기를 우리가 원합니다.

[독해를 위한 단어]

ἀγοράζω	사다
ἄζυμος ον	발효하지 않은
ἀλείφω	기름붓다
αἴρω	치워버리다
ἀνακράζω	소리치다
ἀποκτείνω	죽이다
ἀπόλλυμι	파괴하다
ἀφίστημι	반역하게 하다
βασανίζω	괴롭히다
βίος ου ὁ	생애
δέομαι	구하다
διαγίνομαι	지나다
διασώζω	구해주다
διδάσκαλος ου ὁ	선생
δόλος ου ὁ	간계
εἶτα	그때에
ἐμβαίνω	배에 타다
ἐξέστιν	-합당하다
ἡδονή ῆς ἡ	즐거움
θέλω	원하다
θύω	도살하다
Καῖσαρ αρος ὁ	시저
κῆνσος ου ὁ	세금
λύχνος ου ὁ	등

μέλει 신경쓰다

μνημόσυνον ου τό 기억

παρά (+목)주변에

παράπτωμα ατος τό 죄

παρεισέρχομαι 들어오다

πειρασμός οῦ ὁ 시험

πέτρα ας ἡ 바위

πλεονάζω 증가하다

πλοῖον ου τό 배

ποταπός 어떤?

πούς ποδός ὁ 발

πῶς 어떻게?

τελεσφορέω 열매맺다

τελευτή ῆς ἡ 죽음

[독해를 위한 동사 분해]

ἀπέθανεν ἀποθνῄσκω 단과. 능. 직. 3. 단. 그가 죽었다.

ἀπέστειλεν ἀποστέλλω 단과. 능. 직. 3. 단. 그가 보냈다.

ἀπόκοψον ἀποκόπτω 단과. 능. 명. 2. 단. 잘라버려라!(20과 참조)

ἀφίστανται ἀφίστημι 현. 중. 직. 3. 복. 그들이 스스로 떠난다. (24과 참조)

δοῦναι δίδωμι 단과. 능. 부. 주는 것(24과 참조)

δῶμεν δίδωμι 단과. 능. 가. 1. 복. 바칠까요?(24과 참조)

μένετε μένω 현. 능. 직. 2. 복. 거하라!(20과 참조)

φάγῃς ἐσθίω 단과. 능. 가. 2. 단. 당신이 잡수시기 위하여

연습문제

1. (막 12:14)

καὶ ἐλθόντες λέγουσιν αὐτῷ, Διδάσκαλε, οἴδαμεν ὅτι ἀληθὴς εἶ καὶ οὐ μέλει σοι περὶ οὐδενός· οὐ γὰρ βλέπεις εἰς πρόσωπον ἀνθρώπων, ἀλλ' ἐπ' ἀληθείας τὴν ὁδὸν τοῦ θεοῦ διδάσκεις· ἔξεστιν δοῦναι κῆνσον Καίσαρι ἢ οὔ; δῶμεν ἢ μὴ δῶμεν;

2. (막 6:10)

καὶ ἔλεγεν αὐτοῖς, Ὅπου **ἐὰν** εἰσέλθητε εἰς οἰκίαν, ἐκεῖ μένετε ἕως ἂν ἐξέλθητε ἐκεῖθεν.

3. (막 14:1)

Ἦν δὲ τὸ πάσχα καὶ τὰ ἄζυμα μετὰ δύο ἡμέρας. καὶ ἐζήτουν οἱ ἀρχιερεῖς καὶ οἱ γραμματεῖς πῶς αὐτὸν ἐν δόλῳ κρατήσαντες ἀποκτείνωσιν·

4. (막 14:12)

Καὶ τῇ πρώτῃ ἡμέρᾳ τῶν ἀζύμων, ὅτε τὸ πάσχα ἔθυον, λέγουσιν αὐτῷ οἱ μαθηταὶ αὐτοῦ, Ποῦ θέλεις ἀπελθόντες ἑτοιμάσωμεν ἵνα φάγῃς τὸ πάσχα;

5. (눅 8:12-13)

12 οἱ δὲ παρὰ τὴν ὁδόν εἰσιν οἱ ἀκούσαντες, εἶτα ἔρχεται ὁ διάβολος καὶ αἴρει τὸν λόγον ἀπὸ τῆς καρδίας αὐτῶν, ἵνα μὴ πιστεύσαντες σωθῶσιν.

13 οἱ δὲ ἐπὶ τῆς πέτρας οἳ ὅταν ἀκούσωσιν μετὰ χαρᾶς δέχονται τὸν λόγον, καὶ οὗτοι ῥίζαν οὐκ ἔχουσιν, οἳ πρὸς καιρὸν

πιστεύουσιν καὶ ἐν καιρῷ πειρασμοῦ ἀφίστανται.

6. (눅 8:28)

ἰδὼν δὲ τὸν Ἰησοῦν ἀνακράξας προσέπεσεν αὐτῷ καὶ φωνῇ μεγάλῃ εἶπεν, Τί ἐμοὶ καὶ σοί, Ἰησοῦ υἱὲ τοῦ θεοῦ τοῦ ὑψίστου; δέομαί σου, μή με βασανίσῃς.

7. (막 5:18)

καὶ ἐμβαίνοντος αὐτοῦ εἰς τὸ πλοῖον παρεκάλει αὐτὸν ὁ δαιμονισθεὶς ἵνα μετ' αὐτοῦ ᾖ.

8. (마 2:15)

καὶ ἦν ἐκεῖ ἕως τῆς τελευτῆς Ἡρῴδου· **ἵνα** πληρωθῇ τὸ ῥηθὲν ὑπὸ κυρίου διὰ τοῦ προφήτου λέγοντος· ἐξ Αἰγύπτου ἐκάλεσα τὸν υἱόν μου.

9. (요 3:17) οὐ γὰρ ἀπέστειλεν ὁ θεὸς τὸν υἱὸν εἰς τὸν κόσμον **ἵνα** κρίνῃ τὸν κόσμον, ἀλλ' **ἵνα** σωθῇ ὁ κόσμος δι' αὐτοῦ.

10. (요 6:28-30)

28 εἶπον οὖν πρὸς αὐτόν· τί ποιῶμεν **ἵνα**ἐργαζώμεθα τὰ ἔργα τοῦ θεοῦ;

29 ἀπεκρίθη [ὁ] Ἰησοῦς καὶ εἶπεν αὐτοῖς· τοῦτό ἐστιν τὸ ἔργον τοῦ θεοῦ, **ἵνα** πιστεύητε εἰς ὃν ἀπέστειλεν ἐκεῖνος.

30 Εἶπον οὖν αὐτῷ· τί οὖν ποιεῖς σὺ σημεῖον, **ἵνα** ἴδωμεν καὶ πιστεύσωμέν σοι;τί ἐργάζῃ;

11. (요 9:2-3)

2 καὶ ἠρώτησαν αὐτὸν οἱ μαθηταὶ αὐτοῦ λέγοντες·ῥαββί, τίς ἥμαρτεν, οὗτος ἢ οἱ γονεῖς αὐτοῦ, **ἵνα** τυφλὸς γεννηθῇ;

3 ἀπεκρίθη Ἰησοῦς· οὔτε οὗτος ἥμαρτεν οὔτε οἱ γονεῖς αὐτοῦ,

ἀλλ' **ἵνα** φανερωθῇ τὰ ἔργα τοῦ θεοῦ ἐν αὐτῷ.

12. (요 11:53)

ἀπ' ἐκείνης οὖν τῆς ἡμέρας ἐβουλεύσαντο **ἵνα** ἀποκτείνωσιν αὐτόν.

13. (고후 5:15)

καὶ ὑπὲρ πάντων ἀπέθανεν, ἵνα οἱ ζῶντες μηκέτι ἑαυτοῖς ζῶσιν ἀλλὰ τῷ ὑπὲρ αὐτῶν ἀποθανόντι καὶ ἐγερθέντι.

14. (롬 5:20-21)

20 νόμος δὲ παρεισῆλθεν, **ἵνα** πλεονάσῃ τὸ παράπτωμα· οὗ δὲ ἐπλεόνασεν ἡ ἁμαρτία, ὑπερεπερίσσευσεν ἡ χάρις,

21 **ἵνα** ὥσπερ ἐβασίλευσεν ἡ ἁμαρτία ἐν τῷ θανάτῳ, οὕτως καὶ ἡ χάρις βασιλεύσῃ διὰ δικαιοσύνης εἰς ζωὴν αἰώνιον διὰ Ἰησοῦ Χριστοῦ τοῦ κυρίου ἡμῶν.

마무리

가정법은 연결 모음이 긴 까닭에 금방 식별할 수 있으며, 게다가 ἐάν과 ἵνα절에서 대부분 사용되어서 실제적으로는 큰 어려움을 주지 않는다. 따라서 구문을 보고 가정법임을 식별한 후에는 σ의 유무로 시제를 가리고 가정법이 쓰인 구문의 용법을 잘 이해하여 해석해 내면 되겠다.

CHAPTER 17

부정사

17 CHAPTER 부정사

개 요

부정사 (Infinitive)라는 말은 언뜻 이해하기 어려울 수도 있으나, 이 단어의 뜻은 일반 동사를 영어로 finite verb (한정동사)라고 부르는 것을 생각해 볼 때 파악해 낼 수 있다. 곧 일반동사는 한정되거나 제한을 받아서 주어가 단수면 동사도 단수여야만 하고 주어가 복수면 동사도 복수여야만 한다. 그 반면에 부정사의 영어 단어인 Infinitive는 finite에 in을 붙여 부정 (not)의 의미를 나타낸다. 그러므로 그 뜻은 일반 동사와는 달리 주어에 의해 한정되거나 제한 받지 않는다는 것이다. 따라서 부정사에서 인칭 변화란 없다.

헬라어의 분사가 형용사와 동사의 성격을 가지고 있다면, 부정사는 동사와 명사의 성격을 함께 소유하고 있다 (동사적 명사 : verbal noun). 따라서 동사와 같이 시제가 있고, 태를 가지고 있으며 목적어를 취하고 부사를 이끌 수 있다. 또한 명사가 그렇듯이, 주어가 될 수가 있고 목적어가 될 수도 있다. 용법과 관련하여 언급을 하자면, 영어에서와 마찬가지로 헬라어에서도 많은 경우에 특정한 명사나 형용사와 함께 부정사가 사용된다는 것이다. 쉽게 말하자면 영어의 'want'나 'ought (to)'같은 동사나 '(it is) necessary'같은 형용사가 부정사와 함께 쓰이듯이 헬라어에서도 그러한 동사와 부정사가 함께 쓰인다는 뜻이다. 그러므로, 형태를 익힌 다음에 부정사가 어떤 동사나 형용사와 함께 쓰이는가를 주의깊게 살핀다면, 부정사의 이해도 가정법의 경우처럼 수월하게 얻을 수 있을 것이다.

I. λύω의 부정사 변화

구 분	현 재	단순과거	
		제 1단순 과거	제2 단순과거
능동태	λύειν	λῦσαι	λαβεῖν
중간태	λυέσθαι (디포넌트 πορεύεσθαι)	λύσασθαι (디포넌트 πορεύσασθαι)	λαβέσθαι
수동태	λυέσθαι (디포넌트 πορεύεσθαι)	λυθῆναι (디포넌트 πορευθῆναι)	

1. 말할 것도 없이 현재 부정사는 현재 어간에, 제 1 단순 과거 부정사는 단순 어간에 부정사의 어미를 붙여서 형태를 만들며, 이때에 단순과거 능동, 중간태에는 그 표식인 σα가 붙으며, 단순과거 수동에는 θη를 붙인다.

2. 제 2 단순 과거의 경우에는 제 2 단순 과거 어간에 현재 어미를 붙여서 만들어주는데, 이것은 제 2 단순 과거 분사가 그 어간에 현재 어미를 붙여서 형성되었던 것과 같다.

3. 디포넌트 동사는 그 어간에 일반 동사의 중간태, 수동태 어미를 덧붙여서 부정사 형태를 만든다.

4. 참고로 액센트에 대해 이야기 하자면, 제 1 단순과거, 능동태와 수동태의 경우에는 언제나 끝에서 두 번째 음절에 액센트를 찍어준다. 그리고 제 2 단순 과거, 능동태 중간태의 경우에 언제나 그 어미에 액센트를 찍어 준다.

5. εἰμί의현재 부정사는 εἶναι이며, 부정어는 μή이다.

6. 부정사의 시상의 의미는 시간 관계가 아니라 동작의 종류를 나타내 주거나 동작의 상(相, aspect)을 나타내 준다. 이것은 가정법이나 분사에서와 같으며, 특별히 가정법에서와 동일하다.

II. 부정사의 용법

부정사는 신약성경에서 대략 2276번 사용되었으며, 그 중에 1957번은 관사 없이 부정사만, 319번은 관사와 함께 사용되었다. 따라서, 관사와 함께 사용된 부정사도 잘 이해해야 하나, 관사 없이 쓰인 부정사를 이해하는데 좀 더 비중을 두어야 한다.

1. 관사 없이 쓰이는 부정사

1) 간접 화법

관사 없이 쓰이는 부정사의 용법 중 가장 흔히 사용되는 것으로, 이것은 간접 명령, 간접 권고, 간접 질문 등을 포괄하는 개념이다. 고전 헬라어에서는 이러한 구문을 위해 부정사가 많이 사용되지만, 성경 헬라어에서는 이들 구문들 대신에, ὅτι나 ἵνα구문이 자주 사용된다. 간접 화법을 위해 쓰이는 부정사 구문에는 특정한 동사들이 종종쓰이는데, '말하다, 생각하다, 판단하다, 알리다, 증거하다, 부인하다, 알다, 듣다' 등의 동사는 일반 간접 화법에 쓰인다. 이것은 우리 말로 생각해 봐도 쉽게 이해가 간다 : '----라고 (부정사) 말한다' '---라고 (부정사) 생각한다' '---라고 (부정사) 판단한다'. 또한 권고나 명령, 기도, 요구, 요망 등의 내용을 담은 동사는 부정사와 함께 간접 명령 구문을 만드는데 이것도 우리 말로 생각해 보면 쉽게 이해가 간다 : '---할 것을 (부정사) 명령한다'. 다음의 예들을 보면 보다 쉽게 이해가 갈 것이다.

καὶ **ἠρώτησεν** αὐτὸν ἅπαν τὸ πλῆθος τῆς περιχώρου τῶν Γερασηνῶν *ἀπελθεῖν* ἀπ' αὐτῶν. (눅 8:37)
그리고 거라사 주변지역의 모든 무리가 그(예수님)가 그들로부터 떠나시기를 요청하였다.

2) 보완하는 부정사

특정 동사를 보완해 줄 때 사용되는 부정사로서 부정사가 없이는 그 동사의 의미가 불완전한 경우를 가리킨다. 이것은 영어의 'be able to'를 생각하면 쉽게 이해할 수 있을 것이다. 또한 특정 형용사와 사용될 때도 그렇게 쓰이는데, 이것 또한 영어의 'necessary'를 생각해 보면 쉽게 이해가 갈 것이다 : it is necessary to------. 이 경우에 영어처럼 be 동사와 함께 사용된다.

Πιστεύετε ὅτι **δύναμαι** τοῦτο ποιῆσαι; (마 9:28하반절) 너희는 내가 이것을 행할 수 있다고 믿느냐?

3) 부정사의 주어

부정사는 동작을 나타내므로 동작의 주체를 필요로 할 때가 있다. 이 때에는 목적격 명사를 부정사의 주어로 사용한다.

4) 그 밖의 용법

이외에도 관사없는 부정사는 목적이나 결과를 나타낼 수 있는데, 이러한 용법은 강독을 하면서 익히면 될 것이다.

2. 관사와 함께 쓰이는 부정사

부정사는 명사처럼 취급되는 까닭에 관사를 가질 수 있으며 이때에 중성, 단수 명사처럼 생각하여 중성 단수 관사인 τό τοῦ τῷ τό를 갖는다. 이중에서 가장 중요한 소유격의 경우와 전치사와 함께 쓰이는 경우를 살펴보도록 하자.

1) 소유격으로 쓰이는 부정사

소유격 명사처럼 사용된다고 이해하면 되는데, 특정한 명사들과 함께 쓰이거나, 특정한 동사나 형용사 뒤에 따라 나온다. 벌써부터 초급에서 그러한 단어들을 익힐 필요는 없으며 그렇다는 사실만 기억하면 된다. 다만, 소유격 관사와 함께 쓰이는 부정사가 목적이나 결과를 나타내는 경우가 있다. 이 용법은 신약에서 종종 사용되며, 특히 누가복음과 사도행전에서 자주 나타난다.

Ἰδοὺ ἐξῆλθεν ὁ σπείρων ***τοῦ σπείρειν***. (마 13:3)
보라, 씨 뿌리는 사람이 씨를 뿌리러 나갔다.

2) 전치사와 함께 쓰이는 부정사

소유격 (τοῦ +부정사) : ἀντί(---대신); διά(---를 통하여);
ἐκ(---로 부터); ἕνεκεν(---를 위해);
πρό (---전에)
여격(τῷ + 부정사) : ἐν + 현재 부정사- --하는 동안
\+ 과거 부정사- --한 후에, (할 때에)
목적격(τό + 부정사) : διά(--후에); εἰς(-하기위해 : 목적이나 결과);
μετά (-후에)

[독해를 위한 단어]

ἀγκάλη ης ἡ	팔
ἀναφαίνω	나타나다
ἅπας ασα αν	모든
ἀποθνῄσκω	죽다
ἄρχω	통치하다 (중)시작하다
Γηρασηνός ή όν	거라사의
γνωστός ή όν	알려진
γονεύς έως ὁ	부모
δεῖ	(+부)해야한다
δύναμαι	(+부)할 수 있다
εἰ	(+직설법)만일
ἥκω	와있다
Ἠλίας ου ὁ	엘리야
θαμβέω	놀라다
θανατόω	죽이다
Ἰάϊρος ου ὁ	야이로
ἐλπίζω	바라다
ἰάομαι	치료하다
κατεσθίω	먹어치우다
κυνάριον ου τό	작은 개
μέλλω	(+부)하려 하다
νομίζω	생각하다
πετεινόν ου τό	새
προάγω	앞서서 가다
προσέχω	-에 빠지다

σκηνή ῆς ἡ 장막
συγγενής ές 친척
συμβαίνω 일어나다, 생기다
συνοδία ας ἡ 동행
ὑπάρχω 이다
φοβέομαι 두려워 하다
ψυχή ῆς ἡ 영혼, 목숨

[독해를 위한 동사분해]

ἀπολέσει ἀπόλλυμι 미. 능. 직. 3. 단. 그가 파괴할 것이다.
ἅπτεσθαι ἅπτω 현. 중. 부. 만지는 것
ἄφες ἀφίημι 단과. 능. 명. 2. 단. 허락하라!(20과 참조)
βαλεῖν βάλλω 단과. 능. 부. 던지는 것
βαπτισθῆναι βαπτίζω 단과. 수. 부. 세례받으러
εἰθισμένον ἐθίζω 완. 수. 분. 중. 단. 목. 전통이 된(21과 참조)
εἰσαγαγεῖν εἰσάγω 단과. 능. 부. 데리고 들어오는 동안
ἔπεσεν πίπτω 단과. 능. 직. 3. 단. 그것이 떨어졌다.
ἐπλήσθησαν πίμπλημι 단과. 수. 직. 3. 복. 그것들이 채워졌다.
εὑρήσει εὑρίσκω 미. 능. 직. 3. 단. 그가 발견할 것이다.
ἐχάρη χαίρω 단과. 수. 직. 3. 단. 그가 기뻐졌다.
ἤμελλεν μέλλω 미완. 능. 직. 3. 단. 그가 하려하고 있었다.
καταβῇ καταβαίνω 단과. 능. 가. 3. 단. 그가 내려오기를
κατεῖχον κατέχω 미완. 능. 직. 3. 복. 그들이 붙잡기 시작했다.
κατέφαγεν κατεσθίω 단과. 능. 직. 3. 단. 그것이 먹어치웠다.
λαβεῖν λαμβάνω 단과. 능. 부. 취하는 것

προσέχετε προσέχω 현. 능. 명. 2. 복. 주의하라!(20과 참조)

προσθείς προστίθημι 단과. 능. 분. 남. 단. 주. 더하여

τεκεῖν τίκτω 단과. 능. 부. 낳을

연습문제

1. (마 9:28)
ἐλθόντι δὲ εἰς τὴν οἰκίαν προσῆλθον αὐτῷ οἱ τυφλοί, καὶ λέγει αὐτοῖς ὁ Ἰησοῦς, Πιστεύετε ὅτι **δύναμαι** τοῦτο ποιῆσαι; λέγουσιν αὐτῷ, Ναὶ κύριε.

2. (마 13:3-4)
καὶ ἐλάλησεν αὐτοῖς πολλὰ ἐν παραβολαῖς λέγων, Ἰδοὺ ἐξῆλθεν ὁ σπείρων τοῦ **σπείρειν**. καὶ ἐν τῷ **σπείρειν** αὐτὸν ἃ μὲν ἔπεσεν παρὰ τὴν ὁδόν, καὶ ἐλθόντα τὰ πετεινὰ κατέφαγεν αὐτά.
(마 2:13)
μέλλει γὰρ Ἡρῴδης ζητεῖν τὸ παιδίον τοῦ **ἀπολέσαι** αὐτό.
(마 3:13)
Τότε παραγίνεται ὁ Ἰησοῦς ἀπὸ τῆς Γαλιλαίας ἐπὶ τὸν Ἰορδάνην πρὸς τὸν Ἰωάννην τοῦ βαπτισθῆναι ὑπ' αὐτοῦ.
(눅 2:6)
ἐγένετο δὲ ἐν τῷ εἶναι αὐτοὺς ἐκεῖ ἐπλήσθησαν αἱ ἡμέραι τοῦ τεκεῖν αὐτήν.

3. (마 15:26)
ὁ δὲ ἀποκριθεὶς εἶπεν, Οὐκ ἔστιν **καλὸν** λαβεῖν τὸν ἄρτον τῶν

τέκνων καὶ βαλεῖν τοῖς κυναρίοις.

(마 17:4)

ἀποκριθεὶς δὲ ὁ Πέτρος εἶπεν τῷ Ἰησοῦ, Κύριε, **καλόν** ἐστιν ἡμᾶς ὧδε εἶναι· εἰ θέλεις, ποιήσω ὧδε τρεῖς σκηνάς.

(막 9:5)

καὶ ἀποκριθεὶς ὁ Πέτρος λέγει τῷ Ἰησοῦ, Ῥαββί, **καλόν** ἐστιν ἡμᾶς ὧδε εἶναι, καὶ ποιήσωμεν τρεῖς σκηνάς, σοὶ μίαν καὶ Μωϋσεῖ μίαν καὶ Ἠλίᾳ μίαν.

(고전 7:1)

Περὶ δὲ ὧν ἐγράψατε, καλὸν ἀνθρώπῳ **γυναικὸς** μὴ ἅπτεσθαι.

4. (눅 4:42)

Γενομένης δὲ ἡμέρας ἐξελθὼν ἐπορεύθη εἰς ἔρημον τόπον· καὶ οἱ ὄχλοι ἐπεζήτουν αὐτόν καὶ ἦλθον ἕως αὐτοῦ καὶ κατεῖχον αὐτὸν τοῦ μὴ πορεύεσθαι ἀπ' αὐτῶν.

5. (막 10:32)

Ἦσαν δὲ ἐν τῇ ὁδῷ ἀναβαίνοντες εἰς Ἱεροσόλυμα, καὶ ἦν προάγων αὐτοὺς ὁ Ἰησοῦς, καὶ ἐθαμβοῦντο, οἱ δὲ ἀκολουθοῦντες ἐφοβοῦντο. καὶ παραλαβὼν πάλιν τοὺς δώδεκα ἤρξατο αὐτοῖς λέγειν τὰ μέλλοντα αὐτῷ συμβαίνειν.

6. (눅 8:41)

καὶ ἰδοὺ ἦλθεν ἀνὴρ ᾧ ὄνομα Ἰάϊρος καὶ οὗτος ἄρχων τῆς συναγωγῆς ὑπῆρχεν, καὶ πεσὼν παρὰ τοὺς πόδας [τοῦ] Ἰησοῦ παρεκάλει αὐτὸν εἰσελθεῖν εἰς τὸν οἶκον αὐτοῦ.

7. (요 4:47)

οὗτος ἀκούσας ὅτι Ἰησοῦς ἥκει ἐκ τῆς Ἰουδαίας εἰς τὴν Γαλιλαίαν ἀπῆλθεν πρὸς αὐτὸν καὶ ἠρώτα ἵνα καταβῇ καὶ ἰάσηται αὐτοῦ τὸν υἱόν, ἤμελλεν γὰρ ἀποθνῄσκειν.

8. (눅 23:8)

ὁ δὲ Ἡρῴδης ἰδὼν τὸν Ἰησοῦν ἐχάρη λίαν, ἦν γὰρ ἐξ ἱκανῶν χρόνων θέλων ἰδεῖν αὐτὸν διὰ τὸ ἀκούειν περὶ αὐτοῦ καὶ ἤλπιζέν τι σημεῖον ἰδεῖν ὑπ' αὐτοῦ γινόμενον.

9. (요 9:4)

ἡμᾶς δεῖ ἐργάζεσθαι τὰ ἔργα τοῦ πέμψαντός με ἕως ἡμέρα ἐστίν· ἔρχεται νὺξ ὅτε οὐδεὶς δύναται ἐργάζεσθαι.

10. (눅 2:27-28)

27 καὶ ἦλθεν ἐν τῷ πνεύματι εἰς τὸ ἱερόν· καὶ ἐν τῷ **εἰσαγαγεῖν** τοὺς γονεῖς τὸ παιδίον Ἰησοῦν τοῦ ποιῆσαι αὐτοὺς κατὰτὸ εἰθισμένον τοῦ νόμου περὶ αὐτοῦ

28 καὶ αὐτὸς ἐδέξατο αὐτὸ εἰς τὰς ἀγκάλας καὶ εὐλόγησεν τὸν θεὸν.

11. (마 6:1)

Προσέχετε [δὲ] τὴν δικαιοσύνην ὑμῶν μὴ ποιεῖν ἔμπροσθεν τῶν ἀνθρώπων πρὸς τὸ **θεαθῆναι** αὐτοῖς·

12. (막 14:55)

οἱ δὲ ἀρχιερεῖς καὶ ὅλον τὸ συνέδριον ἐζήτουν κατὰ τοῦ Ἰησοῦ μαρτυρίαν εἰς τὸ **θανατῶσαι** αὐτόν, καὶ οὐχ ηὕρισκον·

13. (마 16:25)

ὃς γὰρ **ἐὰν** θέλῃ τὴν ψυχὴν αὐτοῦ σῶσαι ἀπολέσει αὐτήν· ὃς δ' ἂν ἀπολέσῃ τὴν ψυχὴν αὐτοῦ ἕνεκεν ἐμοῦ εὑρήσει αὐτήν.

14. (롬 1:14)

οὐ θέλω δὲ ὑμᾶς ἀγνοεῖν, ἀδελφοί, ὅτι πολλάκις προεθέμην ἐλθεῖν πρὸς ὑμᾶς, καὶ ἐκωλύθην ἄχρι τοῦ δεῦρο, **ἵνα**τινὰ καρπὸν σχῶ καὶ ἐν ὑμῖν καθὼς καὶ ἐν τοῖς λοιποῖς ἔθνεσιν.

마무리

가정법과 같이 부정사도 어떤 특정한 구문일 때 자주 사용된다. 앞서 지적한대로 관사없이 많이 사용되며 그 중에서도 간접 화법에 자주 쓰이며 간접 화법에 쓰이는 동사들 (말하다, 묻다, 대답하다, 요청하다, 명령하다 등)의 내용을 채워주기 위해 사용된다. 또한 그 자체로 의미가 불완전한 동사들을 보충하기 위해 사용되는데 이것은 영어에도 그대로 남아있다(want to, ought to, wish, be able to, it is proper {necessary} to etc.). 특이한 것은 관사와 함께 전치사와 더불어 사용되는 경우로서 전치사에 따라 의미가 결정된다.

CHAPTER 18

유음 동사

18 CHAPTER 유음 동사

개 요

유음 동사란 동사의 어간이 유음 (λ, μ, ν, ρ)으로 끝나는 동사를 가리킨다. 흐르는 듯하는 소리를 내는 유음이 많은 변화를 일으키는 자음인 σ와 어우러지면 여러가지 변화를 일으키게된다. 이 말은 σ가 들어있는 미래와 제 1 단순 과거의 형태에서 특이한 변화를 일으킨다는 것이다. 이번 과에서는 유음 동사의 미래와 제 1 단순 과거를 배우게 되며 이 변화와 관련이 있는 9과에서 배운 단축 동사를 되돌아보도록 한다.

I. μένω의 미래와 제 1 단순 과거

구 분		미 래		제 1단순과거	
		능동태	중간태	능동태	중간태
단수	1인칭	μενῶ	μενοῦμαι	ἔμεινα	ἐμεινάμην
	2인칭	μενεῖς	μενῇ	ἔμεινας	ἐμείνω
	3인칭	μενεῖ	μενεῖται	ἔμεινε (ν)	ἐμείνατο
복수	1인칭	μενοῦμεν	μενούμεθα	ἐμείναμεν	ἐμεινάμεθα
	2인칭	μενεῖτε	μενεῖσθε	ἐμείνατε	ἐμείνασθε
	3인칭	μενοῦσι (ν)	μενοῦνται	ἔμειναν	ἐμείναντο

1. 유음 동사는 미래 변화에서 σ가 유음 앞에서 탈락하며 그 대신에 ϵ을 넣어주어서 형성한다. 따라서 유음 동사의 미래는 단축 동사 중에서 -έω 형태의 단축 동사의 현재와 똑같이 변화한다. (9과의 단축 법칙 참조)

2. 제 1 단순 과거의 경우에는 σ는 탈락하고 어미는 그대로 이며, 어간이 짧을 때에 많은 경우에 어간을 길게해 준다.

3. μένω의 미래 능동태 변화 중 단수 1, 2, 3인칭과 복수 3인칭 그리고 중간태 2인칭단수는 현재 변화와 형태가 같고 오로지 액센트만 다를 뿐이다. 그러나, 어떤 유음 동사들은 미래에서 어간에 변화를 일으키기도 한다. 그 예는 아래에서 제시한다.

4. 어떤 유음 동사는 미래 어간이 현재 어간과 다르기도 한데, 이것은 일반동사에서도 마찬가지였다. (γίνομαι의 미래- γενήσομαι)

ἀποστέλλω- ἀποστελῶ　　　　αἴρω – ἀρῶ

5. 유음 동사 중 제 1 단순 과거가 아닌 제 2 단순 과거로 형태 변화하는 경우에는 더 이상 유음 동사의 변화 법칙을 따르지 않는다는 것은 그 법칙이 유음과 σ가 만나서 생기는 법칙임을 생각할 때에 당연한 것이다.

ἀναβαίνω – ἀνέβην　　　　βάλλω – ἔβαλον

[요점]

2과에 있는 액센트의 기본 법칙을 복습해 보라. μένω가 정상이나 μενῶ로 액센트가 울티마에 있으므로 현재가 아님을 알 수 있다.

II. ἀποκτείνω의 변화

구 분		미 래		제 1단순과거		
		능동태	중간태	능동태	중간태	수동태
단수	1인칭	ἀποκτενῶ	ἀποκτενοῦμαι	ἀπέκτεινα	ἀπεκτεινάμην	ἀπεκτάνθην
	2인칭	ἀποκτενεῖς	ἀποκτενῇ	ἀπέκτεινας	ἀπεκτείνω	ἀπεκτάνθης
	3인칭	ἀποκτενεῖ	ἀποκτενεῖται	ἀπέκτεινε	ἀπεκτείνατο	ἀπεκτάνθη

1. 이 변화는 μένω와는 조금 다르고 수동태도 있는 까닭에 따로 제시해 본다. 복수의 변화는 어간에 인칭에 따라 어미만 바꾸어 주면 되므로 단수만 제시한다.

2. 주목할 것은 미래 변화에서 원형에 있던 ι가 탈락했다는 것이다.

이렇게 원어간에 ι가 있는 동사는 미래에서 ι가 탈락한다. 또한 이중 람다(λ)가 어간에 있는 경우에는 그 중에 하나는 탈락한다. ἀποστέλλω – ἀποστελῶ

이것은 아마도 써컴플렉스 액센트가 울티마에 있어서 무게 중심이 뒤로 옮겨지게 되어서 그 앞에 람다가 두개 있어 길게 발음되면 울티마의 무게 중심을 살릴 수 없기 때문인 것으로 여겨진다.

[독해를 위한 단어]

ἀγρός οῦ ὁ	밭
ἀθετέω	거절하다
ἀμπελών ῶνος ὁ	포도원
ἀναγγέλλω	보고하다
ἀποδοκιμάζω	거절하다
δέρω	때리다
διώκω	추격하다
ἐντέλλομαι	명령하다
ζιζάνιον ου τό	엉겅퀴
καινός ή όν	새로운
κενός ή όν	빈
μαστιγόω	채찍질하다
μήποτε	(+가)하지않도록
οὖν	그러므로
οἰκοδεσπότης ου ὁ	집주인
παρακολουθέω	따르다
προσκόπτω	부딪히다

σός ή όν 너의

σταυρόω 십자가에 못박다

τρίτος η ον 셋째

[독해를 위한 동사분해]

ἀνήγγειλαν ἀναγγέλλω 단과. 능. 직. 3. 복. 그들이 보고했다.

ἀπήγγειλεν ἀπαγγέλλω 단과. 능. 직. 3. 단. 그가 보고했다.

γέγραπται γράφω 완. 수. 직. 3. 단. 그것이 써 있다. 기록되어 있다.(21과 참조)

ἐντελεῖται ἐντέλλομαι 미. dep. 직. 3. 단. 그가 명령할 것이다.

παθεῖν πάσχω 단과. 수. 부. 고난 당해야 할

παρήγγειλεν παραγγέλλω 단과. 능. 직. 3. 단. 그가 지시했다.

προσκόψῃς προσκόπτω 단과. 능. 가. 2. 단. 부딪히도록

연습문제

1. (눅 9:21-22)

21 Ὁ δὲ ἐπιτιμήσας αὐτοῖς παρήγγειλεν μηδενὶ λέγειν τοῦτο
22 εἰπὼν ὅτι Δεῖ τὸν υἱὸν τοῦ ἀνθρώπου πολλὰ παθεῖν καὶ
ἀποδοκιμασθῆναι ἀπὸ τῶν πρεσβυτέρων καὶ ἀρχιερέων καὶ
γραμματέων καὶ ἀποκτανθῆναι καὶ τῇ τρίτῃ ἡμέρᾳ ἐγερθῆναι.

2. (막 12:8)

καὶ λαβόντες ἀπέκτειναν αὐτόν καὶ ἐξέβαλον αὐτὸν ἔξω τοῦ ἀμπελῶνος.

3. (눅19:22)

λέγει αὐτῷ, Ἐκ τοῦ στόματός σου **κρινῶ** σε.

4. (마13:27)

προσελθόντες δὲ οἱ δοῦλοι τοῦ οἰκοδεσπότου εἶπον αὐτῷ, Κύριε, οὐχὶ καλὸν σπέρμα **ἔσπειρας** ἐν τῷ σῷ ἀγρῷ; πόθεν οὖν ἔχει ζιζάνια;

5. (마 4:6)

γέγραπται γὰρ ὅτι τοῖς ἀγγέλοις αὐτοῦ ἐντελεῖται περὶ σοῦ καὶ ἐπὶ χειρῶν **ἀροῦσίν** σε, μήποτε προσκόψῃς πρὸς λίθον τὸν πόδα σου.

6. (막 12:3)

καὶ λαβόντες αὐτὸν ἔδειραν καὶ ἀπέστειλαν κενόν.

7. (눅 20:15)

καὶ ἐκβαλόντες αὐτὸν ἔξω τοῦ ἀμπελῶνος ἀπέκτειναν. τί οὖν ποιήσει αὐτοῖς ὁ κύριος τοῦ ἀμπελῶνος;

8. (요 5:15)

ἀπῆλθεν ὁ ἄνθρωπος καὶ ἀνήγγειλεν τοῖς Ἰουδαίοις ὅτι Ἰησοῦς ἐστιν ὁ ποιήσας αὐτὸν ὑγιῆ.

9. (막 16:17)

σημεῖα δὲ τοῖς πιστεύσασιν ταῦτα παρακολουθήσει· ἐν τῷ ὀνόματί μου δαιμόνια ἐκβαλοῦσιν, γλώσσαις λαλήσουσιν καιναῖς,

10. (눅 10:16)

Ὁ ἀκούων ὑμῶν ἐμοῦ ἀκούει, καὶ ὁ ἀθετῶν ὑμᾶς ἐμὲ ἀθετεῖ· ὁ δὲ ἐμὲ ἀθετῶν ἀθετεῖ τὸν ἀποστείλαντά με.

11. (요 11:32)

Ἡ οὖν Μαριὰμ ὡς ἦλθεν ὅπου ἦν Ἰησοῦς ἰδοῦσα αὐτὸν ἔπεσεν

αὐτοῦ πρὸς τοὺς πόδας λέγουσα αὐτῷ· κύριε, εἰ ἦς ὧδε οὐκ ἄν μου ἀπέθανεν ὁ ἀδελφός.

12. (마 11:14)

καὶ **εἰ** θέλετε δέξασθαι, αὐτός ἐστιν Ἠλίας ὁ μέλλων ἔρχεσθαι.

13. (요 11:54)

Ὁ οὖν Ἰησοῦς οὐκέτι παρρησίᾳ περιεπάτει ἐν τοῖς Ἰουδαίοις, ἀλλὰ ἀπῆλθεν ἐκεῖθεν εἰς τὴν χώραν ἐγγὺς τῆς ἐρήμου, εἰς Ἐφραὶμ λεγομένην πόλιν, κἀκεῖ ἔμεινεν μετὰ τῶν μαθητῶν.

CHAPTER 19

제 3변화 명사와 그 변형, 제 3변화 형용사

제 3변화 명사와 그 변형, 제 3변화 형용사

19 CHAPTER

개 요

앞서 3과에서 가장 많이 사용되는 1, 2변화 명사의 변화를 배웠는데, 이번 과에서는 1, 2변화와는 다른 격 어미를 가지고 있는 명사를 배우게 된다. 이러한 명사들을 일컬어 제 3변화 명사라고 한다. 1변화의 명사 중 대부분이 여성이고 2변화 명사의 대부분이 남성과 중성인 반면에 제 3변화 명사의 대부분은 중성이나, 여성과 남성인 명사들도 있다. 제 3변화 명사의 남성 변화를 주목하여 볼 필요가 있으니, 이것은 그 어미 변화가 분사의 현재, 단순 과거 능동태 변화 그리고 수동태 변화와 동일하기 때문이다. 또한 중성은 제 3변화 명사중 가장많고, 또 신약에서 자주 사용되는 단어인, πνεῦμα나 ὄνομα와 같은 단어가 중성인 까닭에 잘 익혀둘 필요가 있다.

제 3변화 명사 중에서 일반적으로 같은 형태로 변화하는 명사들외에 약간의 변형이 일어나는 명사들이 있다. 이 명사들의 변화 형태는 일반 제 3변화 명사의 변화와 대조하여 잘 익혀두면 될 것이다. 한 가지 긍정적인 사실은 특별한 경우를 제외하고는 대부분의 경우에 명사에 관사가 함께 붙어 쓰이거나 전치사와 더불어 사용된다는 것이다. 따라서 관사를 보고, 또한 전치사를 보고서 격을 미루어 알 수 있다.

Ⅰ. 제 3변화 명사의 변화

		τό, πνεῦμα 영	ἡ, χεῖρ 손	ἡ, γυνή 여인, 아내	ὁ, ἄρχων 지도자
단수	주격	πνεῦμα	χεῖρ	γυνή	ἄρχων
	소유격	πνεύματος	χειρός	γυναικός	ἄρχοντος
	여격	πνεύματι	χειρί	γυναικί	ἄρχοντι
	목적격	πνεύμα	χεῖρα	γυναῖκα	ἄρχοντα
복수	주격	πνεύματα	χεῖρες	γυναῖκες	ἄρχοντες
	소유격	πνευμάτων	χειρῶν	γυναικῶν	ἀρχόντων
	여격	πνεύμασι (ν)	χέρσι (ν)	γυναιξί (ν)	ἄρχουσι (ν)
	목적격	πνεύματα	χεῖρας	γυναῖκας	ἄρχοντας

1. 위의 표를 보면, 1, 2변화에서와는 달리 명사의 어간을 단수 주격에서 발견할 수 없다. 3변화 명사의 어간은 단수 소유격에서 어미를 떼어 내어 얻어낸다. 따라서 πνεύμα의 어간은 πνευματ-이며 어간은 γυνή의 어간은 γυναικ-가 된다.

2. 이렇게 얻어진 어간에 어미를 붙여주면 되는데, 단수 주격의 어미는 별의미가 없고 단수 소유격부터 아래로 어미를 붙여주면, -ος, -ι, -α, -ες, -ων, -σι, -ας가 된다. 이것은 현재 능동태 분사의 어미와 같다.

3. 가장 흔하게 사용되는 중성 명사를 위의 표에서 맨앞에 놓았는데, 제 3변화 중성 명사를 ㅡμα명사라고 부르는데, 이것은 그 명사가 ㅡμα로 끝나기 때문이다. 중성 명사와 관련하여 두 가지 원칙을 기억하라고 3과에서 언급하였다. 하나는 중성은 언제나 주격과 목적격과 호격이 같다는 것이고, 또 하나는 복수 주격의 어미는

언제나 α라는 것이다. 이 원칙은 제 3변화 명사에도 예외없이 적용된다.

4. 복수 여격의 어미는 σι이며, 따라서 σ와 어간의 마지막 명사가 만나서 많은 변화를 일으키는 것을 볼 수가 있다.

πνεύματ + σι = πνεύμασι γυναικ + σί = γυναιξί
ἄρχοντ+σι= ἄρχουσι

첫 번째 명사에서는 τ가 탈락했고, 두 번째에서는 κ와 σ가 만나 ξ가 되었으며, 세 번째에서는 ντ가 탈락하고 모음을 길게 해서 보상해 주었는데 이때 ο는 ω가 아니라 ου로 길어졌다. 이것은 현재 능동태 분사의 남성 복수 여격과 같다.

II. 제 3변화 명사의 변형

		τό, ἔθνος (ἐθνεσ) 민족	ἡ πόλις (πολι) 도시	ὁ, βασιλεύς (βασιλευ) 왕	ὁ, πατήρ 아버지
단수	주격	ἔθνος	πόλις	βασιλεύς	πατήρ
	소유격	ἔθνους	πολέως	βασιλέως	πατρός
	여격	ἔθνει	πόλει	βασιλεῖ	πατρί
	목적격	ἔθνος	πόλιν	βασιλέα	πατέρα
복수	주격	ἔθνη	πόλεις	βασιλεῖς	πατέρες
	소유격	ἔθνων	πόλεων	βασιλέων	πατέρων
	여격	ἔθνεσι (ν)	πόλεσι (ν)	βασιλεῦσι(ν)	πατράσι
	목적격	ἔθνη	πόλεις	βασιλεῖς	πατέρας

1. 제 3변화 명사의 변형은 어미는 제 3변화 명사와 똑같으나, 제 3변화 명사와는 달리 어간이 모음으로 끝나면 이 모음이 어미의 모음과 만나 그 형태를 만들어 낸다. 위의 표에서 맨 처음 칸 괄호안에 있는 헬라어 단어는 어간을 나타낸다.

2. 중성 명사는 이 변화에서도 법칙들이 적용되어서, 주격과 목적격과 호격은 언제나 서로 같으며, 복수 주격의 어미는 α이다. 어간 중에서 σ는 단수 주격을 제외한 모든 변화형에서 탈락하며 어간의 모음 ϵ가 어미의 모음과 만나서 단축 법칙에 따라 단축된다. (단축 법칙에 대해서는 9과를 참조할 것)

3. πόλις의 경우에 어간은 πολι-이나 단수 주격과 목적격을 빼고는 πολϵ-를 어간으로 하여 형성된다. 호격은 πόλί이나 신약에서 단 한번도 사용된 적이 없으므로 잊어 버리는 것이 좋으며, 복수 주격과 목적격이 형태가 같다는 것을 기억해야 한다.

4. βασιλϵύς의 경우에 어간은 βασιλϵυ이나 모음으로 시작하는 어미 앞에서 υ은 탈락한다. 그런데, 모음이 아닌 자음으로 시작하는 제 3변화 명사의 어미는 단 하나, 복수 여격밖에는 없다. 따라서 υ은 복수 여격에서만 살아 남으며 나머지 격에서는 없어진다. πόλις의 경우와 마찬가지로 βασιλϵύς에서도 복수 주격과 목적격은 서로 형태가 같으며, 호격인 βασιλϵῦ도 πόλι 처럼 신약 성경에서 한번도 사용되지 않는다.

5. πατήρ의 변화는 단수 소유격과 여격, 복수 여격에서는 어간이 πατρ가 되고 그 외의 격에서는 πατϵρ가 된다는 점에 유의하면 될 것이다.

III. 제 3변화 형용사

	단 수		복 수	
	남성,여성	중성	남성, 여성	중성
주	ἀληθής	ἀληθές	ἀληθεῖς	ἀληθῆ
소	ἀληθοῦς	ἀληθοῦς	ἀληθῶν	ἀληθῶν
여	ἀληθεῖ	ἀληθεῖ	ἀληθέσι(ν)	ἀληθέσι(ν)
목	ἀληθῆ	ἀληθές	ἀληθεῖς	ἀληθῆ
호	ἀληθές	ἀληθές	ἀληθεῖς	ἀληθῆ

ἀληθῆς의 어간은 ἀληθεσ로서 ἔθνος에서 처럼 어간의 σ가 탈락하고 ϵ이 어미를 만나서 단축 현상을 일으킨다. 단축 법칙을 적용해 나가다 보면 상당히 규칙적임을 발견하게 될 것이다.

[독해를 위한 단어]

αἷμα ατος τό 피
ἀκάθαρτος ον 더러운
ἀληθινός ή όν 참된
ἄνυδρος ον 마른
ἀποκαλύπτω 계시하다
βασιλεύς έως ὁ 왕
Δέρβη ης ἡ 더베
δέω 묶다 싸다
ἔγερσις εως ἡ 부활
ἔθνος ους τό 민족
(복수)이방인

Ἕλλην ηνος ὁ	그리스인
ἐμφανίζω	보이게 하다
ἔτος ους τό	해, 년
κατηγορέω	고소하다
καταντάω	오다
κράτος ους τό	능력
κυριεύω	다스리다
Λύστρα ας ἡ	루스드라
ξηρός ά όν	마른
ὀθόνιον ου τό	베옷
πιστός ή όν	신실한
προσκυνητής ου ὁ	예배자
προστάσσω	명령하다
πρωτότοκος ον	첫 열매의
Τιμόθεος ου ὁ	디모데

[독해를 위한 동사분해]

προσελεύσεται προσέρχομαι 미. dep. 직. 3. 단. 그가 먼저 갈 것이다.

ὄντες εἰμί 현. 분. 남. 복. 주. ---인

연습문제

1. (마 12:43)
"Οταν δὲ τὸ ἀκάθαρτον **πνεῦμα** ἐξέλθῃ ἀπὸ τοῦ ἀνθρώπου, διέρχεται δι' ἀνύδρων τόπων.
2. (눅 1:17)
καὶ αὐτὸς προελεύσεται ἐνώπιον αὐτοῦ ἐν **πνεύματι** καὶ δυνάμει Ἠλίου.
3. (마 1:24)
ὁ δὲ Ἰωσὴφ ἐποίησεν ὡς προσέταξεν αὐτῷ ὁ ἄγγελος κυρίου καὶ παρέλαβεν τὴν **γυναῖκα** αὐτοῦ.
4. (요 4:27)
Καὶ ἐπὶ τούτῳ ἦλθαν οἱ μαθηταὶ αὐτοῦ καὶ ἐθαύμαζον ὅτι μετὰ **γυναικὸς** ἐλάλει· οὐδεὶς μέντοι εἶπεν, Τί ζητεῖς ἤ Τί λαλεῖς μετ' αὐτῆς;
5. (눅 22:25)
ὁ δὲ εἶπεν αὐτοῖς, Οἱ βασιλεῖς τῶν **ἐθνῶν** κυριεύουσιν αὐτῶν.
6. (행 11:1)
Ἤκουσαν δὲ οἱ ἀπόστολοι καὶ οἱ ἀδελφοὶ οἱ ὄντες κατὰ τὴν Ἰουδαίαν ὅτι καὶ τὰ **ἔθνη** ἐδέξαντο τὸν λόγον τοῦ θεοῦ.
7. (계 1:5-6)
5 καὶ ἀπὸ Ἰησοῦ Χριστοῦ, ὁ μάρτυς ὁ πιστός, ὁ πρωτότοκος τῶν νεκρῶν καὶ ὁ ἄρχων τῶν βασιλέων τῆς γῆς. Τῷ ἀγαπῶντι ἡμᾶς καὶ λύσαντι ἡμᾶς ἐκ τῶν ἁμαρτιῶν ἡμῶν ἐν τῷ αἵματι αὐτοῦ.

6 καὶ ἐποίησεν ἡμᾶς βασιλείαν, ἱερεῖς τῷ θεῷ καὶ πατρὶ αὐτοῦ, αὐτῷ ἡ δόξα καὶ τὸ κράτος εἰς τοὺς αἰῶνας [τῶν αἰώνων]· ἀμήν.

8. (마 27:53)

καὶ ἐξελθόντες ἐκ τῶν μνημείων μετὰ τὴν ἔγερσιν αὐτοῦ εἰσῆλθον εἰς τὴν ἁγίαν **πόλιν** καὶ ἐνεφανίσθησαν πολλοῖς.

(마6:22)

Ὁ λύχνος τοῦ σώματός ἐστιν ὁ ὀφθαλμός.

9. (요 19:40)

ἔλαβον οὖν τὸ **σῶμα** τοῦ Ἰησοῦ καὶ ἔδησαν αὐτὸ ὀθονίοις μετὰ τῶν ἀρωμάτων,

10. (마 16:17)

ἀποκριθεὶς δὲ ὁ Ἰησοῦς εἶπεν αὐτῷ· μακάριος εἶ, Σίμων Βαριωνᾶ, ὅτι σὰρξ καὶ αἷμα οὐκ ἀπεκάλυψέν σοι ἀλλ᾽ ὁ πατήρ μου ὁ ἐν τοῖς οὐρανοῖς.

11. (마 12:10)

καὶ ἰδοὺ ἄνθρωπος χεῖρα ἔχων ξηράν. καὶ ἐπηρώτησαν αὐτὸν λέγοντες· εἰ ἔξεστιν τοῖς σάββασιν θεραπεῦσαι; ἵνα κατηγορήσωσιν αὐτοῦ.

CHAPTER 20

명령법

20 CHAPTER 명령법

개 요

명령법을 이해하는 것은 그리 어렵지 않으니, 명령법은 어떤 종류이건 명령하는데 사용되기 때문이다. 이것은 기도나 훈계에서 쓰이는 명령 어법까지 포함한다. 예를 들면 주기도문의 '나라가 임하시옵소서' 할 때에 이것은 원문에서 명령법으로 되어 있지만, 기도를 하나님께 명령한다고 생각하는 사람은 없을 것이다. 이와 같이 명령의 개념은 다소 포괄적이다.

명령법의 어미 변화와 관련해서는 우선 신약에서 명령법은 거의 현재와 단순 과거 형태로만 사용되는 까닭에 단순한 편이며, 2인칭은 물론, 3인칭 명령법이 있기는 하지만 변화 형태가 단순하여 암기에 큰 불편은 없을 것이다. 오히려 초보자들을 어리둥절하게 만드는 것은 아마도 명령법에 과거가 있다는 것과 3인칭 명령법이 있다는 사실일 것이다. 다시 강조하자면 헬라어의 시제는 시간 관계가 아니라 동작의 상을 나타낸다. 따라서 현재 명령법은 '계속해서 …하라' 또는 '…하기를 계속하라'는 의미를 전달해 준다. 반면에 단순과거 명령법은 동작 자체를 단순히 묘사해 주기 위해 사용된다.

I. λύω의 명령법 변화

구 분		현 재		(제1)단순 과거		
		능동태	중간.수동태	능동태	중간태	수동태
2 인칭	단수	λῦϵ	λύου	λῦσον	λῦσαι	λύθητι
	복수	λύϵτϵ	λύϵσθϵ	λύσατϵ	λύσασθϵ	λύθητϵ
3 인칭	단수	λυέτω	λυέσθω	λυσάτω	λυσάσθω	λυθητω
	복수	λυέτωσαν	λυέσθωσαν	λυσάτωσαν	λυσάσθωσαν	λυθήτωσαν

1. 명령법 익히기의 핵심은 바로 2인칭 단수들을 옆으로 외우는데 있다. 왜냐하면, 2인칭 단수 이외의 명령법 어미들은 시제나 태에 상관없이 그 끝 부분이 같은 반면에 2인칭 단수는 시제와 태에 따라 어미의 끝 부분이 서로 다르기 때문이다. 따라서 2인칭 단수 형태 각각을 반드시 외워야 한다.

2. 2인칭 복수의 변화를 옆으로 보게되면, 마지막 부분이 τϵ나 θϵ로 끝나는 것을 알 수 있다. 한 가지 주의 사항은 현재 명령법 2인칭 복수는 현재 직설법 2인칭 복수와 형태가 갖다는 것이다. 이 형태는 바울 서신의 경우에 종종 나타나며, 문맥에 따라 명령법이나 직설법으로 해석해 주게 된다. 또한 2인칭 단수 단순과거 중간태 명령법의 어미는 단순 과거 능동태 부정사와 어미가 똑같다.

3. 3인칭 단수의 경우에 어미의 끝은 τω나 θω로 끝나며, 3인칭 복수는 3인칭 단수의 어미에다가 σαν을 붙여주어 형성한다는 것을 알 수 있다.
4. 또 하나 볼 수 있는 것은 제 1 단순 과거의 능동태, 중간태의 경우에 표식인 σα가 붙는다는 것이고 수동태의 경우에는 θϵ가

붙는데, 직설법에서와 마찬가지로 θη로 길어졌다. 다만 이 경우에도 2인칭 단수는 예외여서 σον, σαι, θητι가 되었다. 앞서 언급한대로 2인칭은 모든 변화를 암기할 필요가 있다.

5. 제 2 단순 과거 능동태와 중간태 명령법은 제 2 단순 과거 어간에다가 현재 능동태와 중간태 명령형 어미를 각각 붙여주면 된다. 예를 들어, λαμβάνω의 단순 과거 능동태, 중간태 명령법은 단순 과거 어간인 λαβ-에, 능동태는 ϵ (2.단), ϵτϵ (2.복), ϵτω (3.단), ϵτωσαν (3.복)을 붙여서 만들며, 중간태는 ου, ϵσθϵ, ϵσθω, ϵσθωσαν을 붙여서 만든다. 그런데, 제 2 단순 과거 능동태는 신약에서 자주 사용되지만, 중간태는 거의 사용되지 않는다. 오직 4번 정도만 사용되는 것으로 나타난다. 따라서 제 2 단순 과거 능동태에 집중할 필요가 있다.

6. 어떤 단순 과거 수동태는 θ가 없이 형성되는데, θ가 없는 것을 제외하고는 수동태와 똑같이 변한다. 대표적인 예에는 γράφω와 σπϵίρω가 있다 :

   γράφητι, γράφητϵ, γραφήτω, γραφήτωσαν

II. 시상과 용법

1. 시상

명령법의 시상도 가정법이나 부정사에서와 같이 시간의 개념은 없다. 과거 명령법이 과거를 나타낸다면, 어떤 의미를 전달하겠는가? 따라서 명령법의 시상의 의미도 동작의 종류를 나타내 주는 것이다. 곧 현재는 계속 진행하는 동작을, 과거는 동작의 발생을 나타내 준다. 따라서 λέγϵ는 '말하기를 계속하라'라는 의미를 담고 있으며, ϵἶπϵ는 '말하기를 시작하라'는 의미를 담고 있다. 하지만, 이것은 단순화시켜 표현한 것이며, 언제나 그렇게 사용되지는 않는다. 시상의 의미는 중급 수준에서 좀더 자세히 다루어져야 한다.

2. 용법

명령법은 명령하는데 사용되는데, 앞서 설명한 대로 단순히 '무엇을 해라'식의 명령뿐만 아니라, '무엇이 되도록 해 주십시오'라는 의미의 명령도 포함한다.

Ἐγερθεὶς **παράλαβε** τὸ παιδίον καὶ τὴν μητέρα αὐτοῦ καὶ φεῦγε εἰς Αἴγυπτον. (마 2:13)
(너는) 일어나서 아이와 그의 엄마를 데리고 이집트로 도망가라.

εἶπεν δὲ αὐτοῖς, Ὅταν προσεύχησθε λέγετε, Πάτερ, ἁγιασθήτω τὸ ὄνομά σου· (눅 11:2)
그러자 그 (예수)가 그들에게 말씀하셨다. "너희가 기도할 때마다, (이렇게) 말해라 : '아버지, 당신의 이름이 거룩히 여겨지십시오.'"

3. 금지의 표현

금지를 표현하는 가장 간단한 방법은 명령법에 부정어인 μή를 붙이는 것인데, 이때 주의 사항은 언제나 현재 명령법이 쓰인다는 것이다. 또다른 표현은 단순 과거 가정법에 μή를 붙여서 만든다.

Μὴ **κρίνετε**, ἵνα μὴ κριθῆτε·
(마 7:1) 비판받지 않도록 비판하지마라.
Μὴ **νομίσητε** ὅτι ἦλθον καταλῦσαι τὸν νόμον ἢ τοὺς προφήτας·

(마 5:17) 내가 율법이나 선지자들을 파괴하기위해 왔다고 생각하지 마라.

위에 설명한 명령법의 시상의 의미 때문에, 현재 명령법과 쓰이는 금지는 '---하기를 계속하지 마라'라는 뜻이 들어있고, 단순 과거 가정법과 쓰이는 금지는 '---하기를 시작하지 마라'라는 의미가 숨어있다. 이러한 점은 신약성경의 금지하는 명령의 해석에 중요한 역할을 할 수가 있다. 다만, 그러한 경향이 있다는 사실이지 항상 그렇지는 않다는 것이다.

[독해를 위한 단어]

ἀμνός οῦ ὁ	양
ἄξιος ία ον	합당한
ἀπολούω	씻다
ἀροτριάω	밭갈다
ἀσφαλίζω	지키다
ἔλεος ους τό	자비
θέλημα ατος τό	뜻
Ἰόππα ης ἡ	욥바
καταλύω	파괴하다
κλίνη ης ἡ	침상
κουστωδία ας ἡ	보초
λίθος ου ὁ	돌
μεταπέμπω	부르러 보내다
ὅσος η ον	-만큼
παραλυτικός ή ό	중풍병의

περισσότερος τέρα ον 더 큰(23과)

Πιλᾶτος ου ὁ 빌라도

προσεύχομαι 기도하다

σανδάλιον ου τό 샌들

σπεύδω 서두르다

τηρέω 지키다

ὑποδέω 신다

φεύγω 도망가다

φίλος η ον 친밀한

[독해를 위한 동사분해]

ἀνάπεσε ἀναπίπτω 단과. 능. 명. 2. 단. 누워라!

ἆρον αἴρω 단과. 능 명. 2. 단. 들어라!

ἐρεῖ λέγω 미. 능. 직. 3. 단. 그가 말할 것이다.

ἔφη φημί 단과. 능. 직. 3. 단. 그가 단언했다.(24과 참조)

ζῶσαι ζώννυμι 단과. 중. 명. 2. 단. 허리띠를 둘러라!

κατάβηθι καταβαίνω 단과. 능. 명. 2. 단. 내려와라!

προστεθήσεται προστίθημι 미. 수. 직. 3. 단. 그것이 더해질 것이다.

φάγωμεν ἐσθίω 단과. 능. 가. 1. 복. 우리가 먹기위해

연습문제

1. (마 6:10)
ἐλθέτω ἡ βασιλεία σου· γενηθήτω τὸ θέλημά σου, ὡς ἐν οὐρανῷ καὶ ἐπὶ γῆς·
2. (마 6:33)
ζητεῖτε δὲ πρῶτον τὴν βασιλείαν [τοῦ θεοῦ] καὶ τὴν δικαιοσύνην αὐτοῦ, καὶ ταῦτα πάντα προστεθήσεται ὑμῖν.
3. (눅 12:4)
Λέγω δὲ ὑμῖν τοῖς φίλοις μου, μὴ φοβηθῆτε ἀπὸ τῶν ἀποκτεινόντων τὸ **σῶμα** καὶ μετὰ ταῦτα μὴ ἐχόντων περισσότερόν τι ποιῆσαι.
4. (눅 5:13)
καὶ ἐκτείνας τὴν χεῖρα ἥψατο αὐτοῦ λέγων, Θέλω, καθαρίσθητι· καὶ εὐθέως ἡ λέπρα ἀπῆλθεν ἀπ' αὐτοῦ.
5. (눅 10:37)
ὁ δὲ εἶπεν, Ὁ ποιήσας τὸ ἔλεος μετ' αὐτοῦ. εἶπεν δὲ αὐτῷ ὁ Ἰησοῦς, Πορεύου καὶ σὺ ποίει ὁμοίως.
6. (눅 19:5)
καὶ ὡς ἦλθεν ἐπὶ τὸν τόπον, ἀναβλέψας ὁ Ἰησοῦς εἶπεν πρὸς αὐτόν· Ζακχαῖε, σπεύσας κατάβηθι, σήμερον γὰρ ἐν τῷ οἴκῳ σου δεῖ με μεῖναι.
7. (눅 22:8)
καὶ ἀπέστειλεν Πέτρον καὶ Ἰωάννην εἰπών, Πορευθέντες ἑτοιμάσατε ἡμῖν τὸ πάσχα ἵνα φάγωμεν.
8. (요 1:36)

καὶ ἐμβλέψας τῷ Ἰησοῦ περιπατοῦντι λέγει, Ἴδε ὁ ἀμνὸς τοῦ θεοῦ.

9. (눅 17:7)

Τίς δὲ ἐξ ὑμῶν δοῦλον ἔχων ἀροτριῶντα ἢ ποιμαίνοντα, ὃς εἰσελθόντι ἐκ τοῦ ἀγροῦ ἐρεῖ αὐτῷ· εὐθέως παρελθὼν ἀνάπεσε.

10. (마 23:3)

πάντα οὖν ὅσα **ἐὰν** εἴπωσιν ὑμῖν ποιήσατε καὶ τηρεῖτε, κατὰ δὲ τὰ ἔργα αὐτῶν μὴ ποιεῖτε· λέγουσιν γὰρ καὶ οὐ ποιοῦσιν.

11. (마 9:6)

τότε λέγει τῷ παραλυτικῷ, Ἐγερθεὶς **ἆρόν** σου τὴν κλίνην καὶ **ὕπαγε** εἰς τὸν οἶκόν σου.

12. (마 27:65)

ἔφη αὐτοῖς ὁ Πιλᾶτος, Ἔχετε κουστωδίαν· ὑπάγετε **ἀσφαλίσασθε** ὡς οἴδατε.

13. (눅 3:8)

ποιήσατε οὖν καρποὺς ἀξίους τῆς μετανοίας καὶ μὴ **ἄρξησθε** λέγειν ἐν ἑαυτοῖς, Πατέρα ἔχομεν τὸν Ἀβραάμ. λέγω γὰρ ὑμῖν ὅτι δύναται ὁ θεὸς ἐκ τῶν λίθων τούτων ἐγεῖραι τέκνα τῷ Ἀβραάμ.

14. (행 10:5)

καὶ νῦν πέμψον ἄνδρας εἰς Ἰόππην καὶ **μετάπεμψαι** Σίμωνά τινα ὃς ἐπικαλεῖται Πέτρος·

15. (행 12:8)

εἶπεν δὲ ὁ ἄγγελος πρὸς αὐτόν, **Ζῶσαι** καὶ **ὑπόδησαι** τὰ σανδάλιά σου. ἐποίησεν δὲ οὕτως. καὶ λέγει αὐτῷ, **Περιβαλοῦ** τὸ ἱμάτιόν σου καὶ ἀκολούθει μοι.

16. (행 22:16)

καὶ νῦν τί μέλλεις; ἀναστὰς **βάπτισαι** καὶ **ἀπόλουσαι** τὰς ἁμαρτίας σου ἐπικαλεσάμενος τὸ ὄνομα αὐτοῦ.

CHAPTER 21

현재완료

21 CHAPTER 현재 완료

개 요

헬라어의 완료형은 한글이나 영어에는 없는 독특한 시상을 전달하는데, 이 완료 시상은 모든 헬라어 시상 중에서 주석학적으로 가장 중요한 의미를 갖는 시상이다. 헬라어 완료 시상은 영어의 완료와는 아주 다른 것으로, 영어의 완료에 비추어 그 의미를 이해하려고 시도하면 이해하기가 더욱 어려워진다. 간단하게 미리 언급하자면, 헬라어의 현재 완료는 과거에 발생한 사건을 묘사하지만, 그 사건에 의해 만들어진 결과와 영향, 효력이 말하는 현재에도 존재함을 나타내 준다. 다시 말해서 헬라어의 현재 완료는 과거 사건이나 행동에도 관심이 있지만 그 현재적 결과에 관심이 집중되어 있다. 따라서, 헬라어의 현재 완료에는 과거 사건 발생과 현재 상태사이의 시간의 간격이 포함되어있다. 보다 자세한 내용은 본론에서 상세하게 다루어질 것이다. 또 한 가지 언급할 것은 헬라어에는 과거 완료가 있으나, 단지 22번 가량만 신약 성경에 나타나는 까닭에 이 책에서는 다루지 않는다. 강독을 하며 나올 때 마다 찾아보면 될 것이다. 참고로 과거 완료는 과거 시점 이전에 일어난 사건이지만 그 과거 시점에 그 사건이나 행동의 결과나 영향, 그리고 효과가 그대로 존재하고 있는 경우에 사용된다.

I. 현재 완료 능동태 직설법 변화표

구 분		λύω	γινώσκω	λαλέω	ἐγγίζω	οἶδα	θεραπεύω
단수	1인칭	λέλυκα	ἔγνωκα	λελάληκα	ἤγγικα	οἶδα	τεθεράπευκα
	2인칭	λέλυκας	ἔγνωκας	λελάληκας	ἤγγικας	οἶδας	τεθεράπευκας
	3인칭	λέλυκε(ν)	ἔγνωκε(ν)	λελάληκε(ν)	ἤγγικε(ν)	οἶδε(ν)	τεθεράπευκε(ν)
복수	1인칭	λελύκαμεν	ἐγνώκαμεν	λελαλήκαμεν	ἠγγίκαμεν	οἴδαμεν	τεθεραπεύκαμεν
	2인칭	λελύκατε	ἐγνώκατε	λελαλήκατε	ἠγγίκατε	οἴδατε	τεθεραπεύκατε
	3인칭	λελύκασι λέλυκαν	ἐγνώκασι ἔγνωκαν	λελαλήκασι λελάληκαν	ἠγγίκασι	οἴδασι	τεθεραπεύκασι

1. 한눈에 현재 완료 변화의 특성을 익히도록 λύω를 비롯한 여러 동사의 변화를 맨 처음에 놓았으나, λύω의 현재 완료 직설법은 신약에 전혀 쓰이지 않고 위의 표의 다른 동사들의 완료형 직설법 또한 자주 사용되지 않는다. 다른 예들도 형태를 중심으로 제시하였으며, 이 동사들을 옆에 놓아서 비교하게 하였다. 위의 동사 중에서 가장 많이 쓰이는 현재 완료 직설법은 οἶδα이며 그외의 동사는 잘 사용되지 않는다.

2. 금방 눈에 띄는 것은 λύω를 비롯한 대부분의 동사는 그 어미가 κα인 반면에 어떤 동사들은 κ없이 α가 쓰였다는 것이다. κα로 변화하는 현재 완료를 일반 현재 완료라 부르고, κ없이 α만으로 변화하는 완료를 제 2 현재 완료라고 부른다.

3. 현재 완료 어미는 σ대신 κ가 붙은 것과 3인칭 복수에서 κασι가 되는 것을 제외하고는 제 1 단순 과거 어미와 동일함을 알 수 있다. οἶδα의 3인칭 복수로는 οἴδασι만 신약에서 쓰인다.

4. 완료 어간 형성법 : 다양하게 설명이 가능한데, 다음의 기본적인 형성법을 기억하는 것이 좋다. 그러나, 이 원칙대로 그대로 되지는 않음을 동시에 기억해야 한다.

1) 자음으로 시작하는 동사는 λύω의 경우처럼 그 자음을 중복해서 앞에 붙여주되 이때 ϵ을 붙여준다.

2) 모음으로 시작하는 동사의 경우에는 직설법 (미완료) 과거에서 처럼 그 모음을 길게 해 준다. 다만, (미완료) 과거에서와는 달리 이렇게 길어진 모음은 직설법 이외의 다른 어떤 법에서도 다시 짧아지지 않으므로, 시상 접두어와는 엄밀한 의미에서는 다르다는 것을 기억할 필요가 있다 : ἐγγίζω의 변화를 보면 이 설명을 알 수 있다.

3) φ,θ,χ로 시작하는 동사의 경우에 자음을 중복할 때 같은 계통의 부드러운 자음인 π,τ,κ를 각각 붙여준다:

φ	π
θ	τ
χ	κ

하지만, 이러한 동사는 신약에서 잘 쓰이지 않는다.

4) 단축 동사의 경우 위의 λαλέω동사의 변화에서 보듯이, 어간의 모음이 모음 κ앞에서 규칙적으로 길어진다. 이것은 단축 동사의 단순 과거 변화에서 σ앞에서 규칙적으로 길어졌던 것과 같다.

5) 동사 어간이 δ, τ, θ로 끝나는 경우, 완료 어미 κ앞에서 그 자음은 탈락한다. 이것은 단순 과거와 미래 어미 σ앞에서 이 자음들이 탈락했던 것과 같다.

II. 현재 완료 중간, 수동태 직설법 변화표

구 분		λύω	θέαμαι
단수	1인칭	λέλυμαι	τεθέαμαι
	2인칭	λέλυσαι	τεθέασαι
	3인칭	λέλυται	τεθέαται
복수	1인칭	λελύμεθα	τεθέαμεθα
	2인칭	λέλυσθε	τεθέασθε
	3인칭	λελύνται	τεθέανται

현재 완료 중간, 수동태는 서로 같으며, 현재 완료 어간에다가 현재 중간, 수동태 직설법의 어미를 붙여서 만들어 준다. 이때 연결 모음은 붙이지 않는다 : -μαι, -σαι, -ται, -μεθα, -σθε, -νται.

III. 현재 완료 능동태, 중간-수동태 분사의 변화

구 분		πιστεύω			γίνομαι		
		남성	여성	중성	남성	여성	중성
단수	주	πεπιστευκώς	πεπιστευκυῖα	πεπιστευκός	γεγονώς	γεγονυῖα	γεγονός
	소	πεπιστευκότος	πεπιστευκυίας	πεπιστευκότος	γεγονότος	γεγονυίας	γεγονότος
	여	πεπιστευκότι	πεπιστευκυίᾳ	πεπιστευκότι	γεγονότι	γεγονυίᾳ	γεγονότι
	목	πεπιστευκότα	πεπιστευκυῖαν	πεπιστευκός	γεγονότα	γεγονυῖαν	γεγονός
복수	주	πεπιστευκότες	πεπιστευκυῖαι	πεπιστευκότα	γεγονότες	γεγονυῖαι	γεγονότα
	소	πεπιστευκότων	πεπιστευκυιῶν	πεπιστευκότων	γεγονότων	γεγονυιῶν	γεγονότων
	여	πεπιστευκόσι(ν)	πεπιστευκυίαις	πεπιστευκόσι(ν)	γεγονόσι(ν)	γεγονυίαις	γεγονόσι(ν)
	목	πεπιστευκότας	πεπιστευκυίας	πεπιστευκότα	γεγονότας	γεγονυίας	γεγονότα

1. 현재 완료 분사(약 600번)는 현재 완료 직설법 (약 700번)만큼이나 자주 사용되는 까닭에 여기에 그 변화표를 제시해 보았다.

2. λύω보다 완료 분사가 더 자주 나타나는 πιστεύω의 변화와 제 2 현재 완료중에서 자주 등장하는 γίνομαι의 변화를 제시하였는데, γίνομαι는 현재 완료에서는 디포넌트 동사가 아니고 일반 동사처럼 변화하며, 완료에서는 능동태 동사이다.

3. 능동태만 제시한 이유는 현재 완료에서 중간태와 수동태 형태가 이미 배운 현재 중간태, 수동태 어미와 동일하기 때문이다. πεπιστευμένος, -η, -ον.

III. 완료의 의미

앞서 이 과의 개요에서 잠깐 밝혔듯이 헬라어의 현재 완료는 과거 사건에도 관심이 있으나 그 과거 사건이 현재 가지고 있는 결과나 영향 더 많은 관심이 있다. 그래서 만일 '내가 보았다'는 표현을 헬라어 과거로 표현했다면 단순히 과거에 본 사실을 나타내는 반면에, 이것을 현재 완료로 표현하면, 과거에 본 그 결과를 지금도 가지고 있다는 것이다. 요한복음 20:25 전반부를 예로 들어 보면,

ἔλεγον οὖν αὐτῷ οἱ ἄλλοι μαθηταί, Ἑωράκαμεν τὸν κύριον. (요 20:25)

그러자, 다른 제자들이 그에게 말하고 있었다 : "우리가 주님을 보았다."

여기서 '보다'에 해당하는 헬라어 동사는 현재 완료로 되어 있다. 제

자들은 부활하신 예수님을 보았고 그 결과로 지금 현재 부활의 주님을 믿고 있음을 이 헬라어의 현재 완료는 표현해 준다. 물론, 저자가 이 동사를 단순 과거로 쓸 수도 있는데, 이때는 저자가 현재의 결과를 나타내는데는 관심이 없고, 단순히 과거의 사실을 기록하는데 관심이 있음을 드러낸다.

[독해를 위한 단어]

ἀναγινώσκω	읽다
ἀσθενής ές	약한(23과)
γεννάω	낳다
διανοία ας ἡ	지성
ἐγγίζω	가까이 있다
ἧλος ου ὁ	못
θερίζω	추수하다
ἰσχύς ύος ἡ	힘
κλείς κλειδός ἡ	열쇠
κοπιάω	수고하다
ὀρθῶς	옳게
πλεσίον	이웃한
σιγάω	침묵하다
σωφρονέω	정신이 온전하다

[독해를 위한 동사분해]

ἀναβέβηκεν ἀναβαίνω 완. 능. 직. 3. 단. 그가 올라갔다.

δώσω δίδωμι 미. 능. 직. 1. 단. 내가 줄 것이다.(24과 참조)

ἐλεύσονται ἔρχομαι 미. dep. 직. 3. 복. 그들이 올 것이다.

ἐλήλυθεν ἔρχομαι 완. 능. 직. 3. 단. 그가 왔다.

ἐσπαρμένον σπείρω 완. 수. 분. 중. 단. 목. 뿌려진

ἐσταυρωμένον σταυρόω 완. 수. 분. 남. 단. 목. 못박힌

εὗρον εὑρίσκω 단과. 능. 직. 3. 복. 그들이 발견했다.

ἑώρακαν βλέπω 완. 능. 직. 3. 복. 그들이 보았다.

ἱματισμένον ἱματίζω 완. 수. 분. 남. 단. 목. 옷입혀진

καταβάς καταβαίνω 단과. 능. 분. 남. 단. 주. 내려온

κέκραγεν κράζω 완. 능. 직. 3. 단. 그가 외쳤다.

συνίεντος συνίημι 현. 능. 분. 남. 단. 소. 이해하는(24과 참조)

연습문제

1. (마 16:19)
δώσω σοι τὰς κλεῖδας τῆς βασιλείας τῶν οὐρανῶν, καὶ ὃ ἐὰν δήσῃς ἐπὶ τῆς γῆς ἔσται δεδεμένον ἐν τοῖς οὐρανοῖς, καὶ ὃ ἐὰν λύσῃς ἐπὶ τῆς γῆς ἔσται λελύμενον ἐν τοῖς οὐρανοῖς.
2. (마 13:19)
παντὸς ἀκούοντος τὸν λόγον τῆς βασιλείας καὶ μὴ συνιέντος ἔρχεται ὁ πονηρὸς καὶ ἁρπάζει τὸ **ἐσπαρμένον** ἐν τῇ καρδίᾳ αὐτοῦ, οὗτός ἐστιν ὁ παρὰ τὴν ὁδὸν σπαρείς.
3. (눅 8:35)
ἐξῆλθον δὲ ἰδεῖν τὸ **γεγονὸς** καὶ ἦλθον πρὸς τὸν Ἰησοῦν καὶ εὗρον καθήμενον τὸν ἄνθρωπον ἀφ' οὗ τὰ δαιμόνια ἐξῆλθεν ἱματισμένον καὶ σωφρονοῦντα παρὰ τοὺς πόδας τοῦ Ἰησοῦ, καὶ

ἐφοβήθησαν.

4. (눅 10:9)
καὶ θεραπεύετε τοὺς ἐν αὐτῇ ἀσθενεῖς καὶ λέγετε αὐτοῖς, **Ἤγγικεν** ἐφ’ ὑμᾶς ἡ βασιλεία τοῦ θεοῦ.

5. (눅 9:36)
καὶ ἐν τῷ γενέσθαι τὴν φωνὴν εὑρέθη Ἰησοῦς μόνος. καὶ αὐτοὶ ἐσίγησαν καὶ οὐδενὶ ἀπήγγειλαν ἐν ἐκείναις ταῖς ἡμέραις οὐδὲν ὧν **ἑώρακαν**.

6. (눅 10:26-27)
26 ὁ δὲ εἶπεν πρὸς αὐτόν, Ἐν τῷ νόμῳ τί **γέγραπται**;πῶς ἀναγινώσκεις;
27 ὁ δὲ ἀποκριθεὶς εἶπεν, Ἀγαπήσεις κύριον τὸν θεόν σου ἐξ ὅλης [τῆς] καρδίας σου καὶ ἐν ὅλῃ τῇ ψυχῇ σου καὶ ἐν ὅλῃ τῇ ἰσχύϊ σου καὶ ἐν ὅλῃ τῇ διανοίᾳ σου, καὶ τὸν πλησίον σου ὡς σεαυτόν.

7. (눅 13:12)
ἰδὼν δὲ αὐτὴν ὁ Ἰησοῦς προσεφώνησεν καὶ εἶπεν αὐτῇ, Γύναι, **ἀπολέλυσαι** τῆς ἀσθενείας σου,

8. (눅 17:19)
καὶ εἶπεν αὐτῷ, Ἀναστὰς πορεύου· ἡ πίστις σου **σέσωκέν** σε.

9. (눅 20:21)
καὶ ἐπηρώτησαν αὐτὸν λέγοντες, Διδάσκαλε, **οἴδαμεν** ὅτι ὀρθῶς λέγεις καὶ διδάσκεις καὶ οὐ λαμβάνεις πρόσωπον, ἀλλ’ ἐπ’ ἀληθείας τὴν ὁδὸν τοῦ θεοῦ διδάσκεις·

10. (요 1:15)
Ἰωάννης μαρτυρεῖ περὶ αὐτοῦ καὶ **κέκραγεν** λέγων, Οὗτος ἦν

ὃν εἶπον, Ὁ ὀπίσω μου ἐρχόμενος ἔμπροσθέν μου **γέγονεν**, ὅτι πρῶτός μου ἦν.

11. (요 1:34)

κἀγὼ **ἑώρακα** καὶ **μεμαρτύρηκα** ὅτι οὗτός ἐστιν ὁ υἱὸς τοῦ θεοῦ.

12. (요 3:13)

καὶ οὐδεὶς **ἀναβέβηκεν** εἰς τὸν οὐρανὸν εἰ μὴ ὁ ἐκ τοῦ οὐρανοῦ καταβάς, ὁ υἱὸς τοῦ ἀνθρώπου.

(요 3:6)

τὸ **γεγεννημένον** ἐκ τῆς σαρκὸς σάρξ ἐστιν, καὶ τὸ **γεγεννημένον** ἐκ τοῦ πνεύματος πνεῦμά ἐστι.

13. (요 3:18-19)

18 ὁ πιστεύων εἰς αὐτὸν οὐ κρίνεται· ὁ δὲ μὴ πιστεύων ἤδη **κέκριται**, ὅτι μὴ **πεπίστευκεν** εἰς τὸ ὄνομα τοῦ μονογενοῦς υἱοῦ τοῦ θεοῦ.

19 αὕτη δέ ἐστιν ἡ κρίσις ὅτι τὸ φῶς **ἐλήλυθεν** εἰς τὸν κόσμον καὶ ἠγάπησαν οἱ ἄνθρωποι μᾶλλον τὸ σκότος ἢ τὸ φῶς· ἦν γὰρ αὐτῶν πονηρὰ τὰ ἔργα.

14. (요 4:38)

ἐγὼ ἀπέστειλα ὑμᾶς θερίζειν ὃ οὐχ ὑμεῖς **κεκοπιάκατε**· ἄλλοι **κεκοπιάκασιν** καὶ ὑμεῖς εἰς τὸν κόπον αὐτῶν **εἰσεληλύθατε**.

15. (요 19:35)

καὶ ὁ ἑωρακὼς μεμαρτύρηκεν, καὶ ἀληθινὴ αὐτοῦ ἐστιν ἡ μαρτυρία, καὶ ἐκεῖνος οἶδεν ὅτι ἀληθῆ λέγει, **ἵνα** καὶ ὑμεῖς πιστεύ[σ]ητε.

마무리

헬라어의 완료 시제는 성경 주석학적으로 가장 많은 함축적인 의미를 간직하고 있는 시제로서, 완료 시제를 사용했다는 사실 자체가 큰 의미를 전달해 준다. 갈라디아서 6장 14절의 '내가 세상에 대하여 못박히고 세상도 그렇다'고 할 때, '못박히다'에 해당하는 헬라어 동사의 시제는 현재 완료로서, 바울이 말하고자 하는 것은 과거에 못박힌 적이 있다는 사실이 아니라 그 못박힘이 여전히 말하고 있는 그 당시까지 유효하고 효력이 있어서 십자가에 못박힘의 영향력이 그대로 지속되는 상태를 가리킨다. 현재 완료 시제가 자주 신약 성경에 등장하는 까닭에 설교 준비를 할 때 그 시제의 의미를 헤아려 묵상한다면 깊은 맛을 느낄 수 있을 것이다.

CHAPTER 22

부정 대명사, 의문 대명사, 수사

22 CHAPTER 부정 대명사, 의문 대명사, 수사

개 요

부정 대명사라는 말의 의미는 부정사와 비슷하게 '한정되지 않는' 대명사를 뜻한다. 곧 인칭 대명사를 생각해 보면 알 수 있는데, 인칭 대명사는 그것이 지칭하는 명사의 성, 수에 의해 제한을 받는 반면에, 부정 대명사는 선행사에 의해 제한을 받지 않는다. 의문 대명사의 의미는 분명해서, 의문문에 사용되는 대명사로서 문장 마지막에 의문 부호가 붙어있어서 더욱 분명하다.

수사는 숫자를 나타내는데, 일반 적인 숫자에다 πᾶς와 μέγα나 πολύς같은 형용사를 포함시킬 것인가 하는 문제가 있다. 세가지 모두 신약 성경에서 자주 사용되기에 형태에 대해 잘 이해하고 있어야 하는데 분량이 너무 많으므로 다음 과에서 따로 떼어서 다루도록 한다.

Ⅰ. 부정 대명사와 의문 대명사

구 분		부정 대명사		의문 대명사	
		남성, 여성	중성	남성, 여성	중성
단수	주격	τις	τι	τίς	τί
	소유격	τινός	τινός	τίνος	τίνος
	여격	τινί	τινί	τίνι	τίνι
	목적격	τινά	τι	τίνα	τί
복수	주격	τινές	τινά	τίνες	τίνα
	소유격	τινῶν	τινῶν	τίνων	τίνων
	여격	τισί (ν)	τισί (ν)	τίσι(ν)	τίσι(ν)
	목적격	τινάς	τινά	τίνας	τίνα

1. 한 눈에 볼 수 있듯이, 부정 대명사와 의문 대명사는 형태가 서로 똑같다. 차이점은 의문 대명사는 액센트를 가지고 있는 반면에, 부정 대명사는 그 자체로 액센트를 갖지 못하고 앞에 있는 단어에 따라서 액센트가 붙는 후접어라는 것이다. 위의 표에서 부정 대명사 변화에 붙은 액센트는 후접어의 액센트 법칙에 따라 붙을 경우에 그렇게 붙인다는 표시이다.

2. 부정 대명사, 의문 대명사에서 남성과 여성은 형태가 서로 동일하며, 중성은 주격과 목적격이 언제나 동일해야 한다는 법칙의 적용을 받으므로, 주격과 목적격에서 남성, 여성과 다르다.

3. 의문 대명사의 경우 남성과 여성, 중성 주격 그리고 중성 목적격의 경우에 마지막 음절에 애큐트 액센트가 있는데, 이 애큐트 액센트는 그레이브로 바뀌지 않는다.

4. 부정 대명사와 의문 대명사는 독립적 또는 관형적 용법으로 사용된다. 곧 명사와 함께 쓰여 명사를 수식하는 모양을 취하거나, 명사없이 그 자체만으로 사용된다는 것이다.

καὶ εἰ ἐγὼ ἐν Βεελζεβοὺλ ἐκβάλλω τὰ δαιμόνια, οἱ υἱοὶ ὑμῶν ἐν **τίνι** ἐκβάλλουσιν; (마 12:27)
그러나 만일 내가 바알세불로 귀신들을 내쫓는다면 너희의 아들들은 무엇으로 내어쫓는 것이냐?

ἐὰν γὰρ ἀγαπήσητε τοὺς ἀγαπῶντας ὑμᾶς, **τίνα** μισθὸν ἔχετε; (마 5:46)

왜냐하면 만일 너희가 너희를 사랑하는 자들을 사랑하면 너희가 무슨 상을 받겠느냐?

Ἔφη αὐτῷ ὁ Ἰωάννης, Διδάσκαλε, εἴδομέν **τινα** ἐν τῷ ὀνόματί σου ἐκβάλλοντα δαιμόνιὰ (막 9:38)
요한이 그에게 확언했다. 선생님, 우리가 어떤 사람이 당신의 이름으로 귀신을 내쫓는 것을 보았습니다.

Ἐν δὲ τῷ πορεύεσθαι αὐτοὺς αὐτὸς εἰσῆλθεν εἰς κώμην **τινά**· (눅10:38)
그런데 그들이 가고 있는 중에 그가 친히 어떤 마을로 들어가셨다.

II. 숫자

	하 나			셋	
	남성	여성	중성	남성,여성	중성
주 격	εἷς	μία	ἕν	τρεῖς	τρία
소 유 격	ἑνός	μιᾶς	ἑνός	τριῶν	τριῶν
여 격	ἑνί	μιᾷ	ἑνί	τρισί(ν)	τρισί(ν)
목 적 격	ἕνα	μίαν	ἕν	τρεῖς	τρία

1. 말할 것도 없이, εἷς는 단수만 있고 τρεῖς는 복수만 있다.

2. εἷς의 남성, 중성 변화는 제 3변화 명사의 단수처럼 변하고 여성 변화는 제 1변화 명사처럼 변한다. τρεῖς의 경우에는 제 3변화 명사의 복수처럼 변했다.

3. 수사는 형용사의 세 가지 용법 처럼 사용된다 :

독립적 : ὁ δὲ ἀποκριθεὶς **ἑνὶ** αὐτῶν εἶπεν. (마 20:13)
그런데 그가 그들 중 한 사람에게 대답하였다.

관형적 : οὕτως, λέγω ὑμῖν, γίνεται χαρὰ ἐνώπιον τῶν ἀγγέλων τοῦ θεοῦ ἐπὶ **ἑνὶ** ἁμαρτωλῷ μετανοοῦντι. (눅 15:10)
이와 같이, 내가 너희에게 말하노니 회개하는 한 사람의 죄인 때문에 하나님의 천사들 앞에 기쁨이 생긴다.

서술적 : εἷς ἐστιν ὁ ἀγαθός· (마 19:17중반)
선하신 분은 한 분이시니.

4. δύο (둘)은 여격인 δυσί (ν)을 제외하고는 그대로 쓰이며, 넷을 가리키는 τέσσαρες는 제 3변화 복수의 어미를 어간인 τεσσαρ에 붙여서 만들어 준다. 그리고 이들 외에 200까지의 헬라어 기수는 변화형없이 한가지 형만 쓰인다.

5. οὐδείς, οὐδεμία, οὐδέν과 μηδείς, μηδεμία, μηδέν (아무도 아니)는 εἷς에 οὐδε 와 μηδε를 앞에 붙여서 만든 것으로, 앞 부분은 그대로 있고 뒤의 '하나'에 해당하는 부분만 εἷς와 똑같이 변화한다.

6. 목적격의 용법 : 시간과 공간의 범위 표현
목적격이 시간과 공간의 범위를 나타내는데 사용되기도 하는데 이것은 한글에서도 잘 드러난다 :
내가 하루를 걸었다. 내가 일 킬로미터를 걸어갔다.

공간의 범위를 나타내는 목적격은 자주 사용되지 않으나, 시간의 범위를 나타내는 목적격은 자주 사용된다.

ὥσπερ γὰρ ἦν Ἰωνᾶς ἐν τῇ κοιλίᾳ τοῦ κήτους **τρεῖς** ἡμέρας καὶ **τρεῖς** νύκτας. (마 12:40)
요나가 삼일 낮 삼일밤을 큰 물고기 배속에 있었던 것처럼

ἐληλακότες οὖν ὡς **σταδίους** εἴκοσι πέντε ἢ τριάκοντα. (요 6:19)
그러므로 (그들이) 약 25 혹은 30 스타디온을 배저어 갔을 때에

[독해를 위한 단어]

ἀκροβυστία ας ἡ	무할례
ἀλήθω	맡갈다
ἀμπελουργός οῦ ὁ	포도원 관리인
ἀποκαλύπτω	드러내다
ἀφίημι	버리다
βούλομαι	원하다
βραχίων ονς ὁ	팔
γέεννα ας ἡ	지옥
δείκνυμι	보여주다
δουλεύω	섬기다
ἔκστασις εως ἡ	경이로움
ἐμβάλλω	던져넣다
ἐπιγινώσκω	알다
ἡλικία ας ἡ	수명, 신장
Ἰωνᾶς ᾶ ὁ	요나
καταφρονέω	경멸하다
κῆτος ους τό	바닷괴물
μαμωνάς ᾶ ὁ	부
Μαριάμ ἡ	미리암
μεριμνάω	염려하다
μήν μηνός ὁ	달(기간)
μύλος ου ὁ	맷돌
ξηραίνω	마르다
ὄραμα ατος τό	광경

παραγγέλλω	명령하다
παραλαμβάνω	취하다
παύω	멈추게 하다
περιτομή ῆς ἡ	할례
πῆχυς εως ὁ	규빗
προσμένω	함께 머물다
συκή ῆς ἡ	무화과 나무
τρόμος ου ὁ	떨림
ὑποδείκνυμι	보여주다
φύλλον ου τό	잎

[독해를 위한 동사분해]

ἀνθέξεται ἀντέχω 미. 중. 직. 3. 단. 그가 헌신할 것이다.

παραδόθη παραδίδωμι 단과. 능. 직. 3. 단. 그가 넘겨졌다.(24과 참조)

ἔφυγον φεύγω 단과. 능. 직. 3. 단. 그들이 달아났다.

εἶχεν ἔχω 미완. 능. 직. 3. 단. 그가 가지고 있었다.

ἑστήκασιν ἵστημι 완. 능. 직. 3. 복. 그들이 서있다.(24과 참조)

προσένεγκε προσφέρω 단과. 능. 명. 2. 단. ---에게 가져가라!

προσθεῖναι προστίθημι 단과. 능. 부. 더할 수.(24과 참조)

연습문제

1. (마 6:27)
τίς δὲ ἐξ ὑμῶν μεριμνῶν δύναται προσθεῖναι ἐπὶ τὴν ἡλικίαν αὐτοῦ πῆχυν ἕνα;
2. (마 12:47-48)
[εἶπεν δέ **τις** αὐτῷ, Ἰδοὺ ἡ μήτηρ σου καὶ οἱ ἀδελφοί σου ἔξω ἑστήκασιν ζητοῦντές σοι λαλῆσαι.] ὁ δὲ ἀποκριθεὶς εἶπεν τῷ λέγοντι αὐτῷ, **Τίς** ἐστιν ἡ μήτηρ μου καὶ τίνες εἰσὶν οἱ ἀδελφοί μου;
3. (막 8:29)
καὶ αὐτὸς ἐπηρώτα αὐτούς, Ὑμεῖς δὲ **τίνα** με λέγετε εἶναι; ἀποκριθεὶς ὁ Πέτρος λέγει αὐτῷ, Σὺ εἶ ὁ Χριστός.
4. (눅 12:5)
ὑποδείξω δὲ ὑμῖν **τίνα** φοβηθῆτε· φοβήθητε τὸν μετὰ τὸ ἀποκτεῖναι ἔχοντα ἐξουσίαν ἐμβαλεῖν εἰς τὴν γέενναν. ναὶ λέγω ὑμῖν, τοῦτον φοβήθητε.
5. (눅 11:1)
Καὶ ἐγένετο ἐν τῷ εἶναι αὐτὸν ἐν τόπῳ **τινὶ**προσευχόμενον, ὡς ἐπαύσατο, εἶπέν τις τῶν μαθητῶν αὐτοῦ πρὸς αὐτόν, Κύριε, δίδαξον ἡμᾶς προσεύχεσθαι, καθὼς καὶ Ἰωάννης ἐδίδαξεν τοὺς μαθητὰς αὐτοῦ.
6. (마 12:40)
ὥσπερ γὰρ ἦν Ἰωνᾶς ἐν τῇ κοιλίᾳ τοῦ κήτους **τρεῖς** ἡμέρας καὶ **τρεῖς** νύκτας, οὕτως ἔσται ὁ υἱὸς τοῦ ἀνθρώπου ἐν τῇ καρδίᾳ

τῆς γῆς **τρεῖς** ἡμέρας καὶ **τρεῖς** νύκτας.

7. (눅 13:7)

εἶπεν δὲ πρὸς τὸν ἀμπελουργόν, Ἰδοὺ **τρία** ἔτη ἀφ᾽ οὗ ἔρχομαι ζητῶν καρπὸν ἐν τῇ συκῇ ταύτῃ καὶ οὐχ εὑρίσκω·

8. (마 24:40-41)

τότε δύο ἔσονται ἐν τῷ ἀγρῷ, εἷς παραλαμβάνεται καὶ εἷς ἀφίεται· δύο ἀλήθουσαι ἐν τῷ μύλῳ, **μία** παραλαμβάνεται καὶ **μία** ἀφίεται.

9. (마 11:27)

Πάντα μοι παρεδόθη ὑπὸ τοῦ πατρός μου, καὶ **οὐδεὶς** ἐπιγινώσκει τὸν υἱὸν εἰ μὴ ὁ πατήρ, οὐδὲ τὸν πατέρα τις ἐπιγινώσκει εἰ μὴ ὁ υἱὸς καὶ ᾧ ἐὰν βούληται ὁ υἱὸς ἀποκαλύψαι.

10. (막 16:8)

καὶ ἐξελθοῦσαι ἔφυγον ἀπὸ τοῦ μνημείου, εἶχεν γὰρ αὐτὰς τρόμος καὶ ἔκστασις· καὶ **οὐδενὶ** οὐδὲν εἶπαν[주)] ἐφοβοῦντο γάρ.

11. (마 17:9)

Καὶ καταβαινόντων αὐτῶν ἐκ τοῦ ὄρους ἐνετείλατο αὐτοῖς ὁ Ἰησοῦς λέγων, **Μηδενὶ** εἴπητε τὸ ὅραμα ἕως οὗ ὁ υἱὸς τοῦ ἀνθρώπου ἐκ νεκρῶν ἐγερθῇ.

12. (요 12:37-38)

37 Τοσαῦτα δὲ αὐτοῦ σημεῖα πεποιηκότος ἔμπροσθεν αὐτῶν οὐκ ἐπίστευον εἰς αὐτόν,

38 ἵνα ὁ λόγος Ἠσαΐου τοῦ προφήτου πληρωθῇ ὃν εἶπεν· κύριε, τίς ἐπίστευσεν τῇ ἀκοῇ ἡμῶν; καὶ ὁ βραχίων κυρίου τίνι ἀπεκαλύφθη;

주) 제 2단순과거 동사가 종종 1단순과거 어미를 취하는 경우가 있다.

CHAPTER 23

πᾶς, μέγας, πολύς의 변화 형용사의 비교급과 최상급, 소유 형용사

πᾶς, μέγας, πολύς의 변화 형용사의 비교급과 최상급, 소유 형용사

23 CHAPTER

개 요

πᾶς, μέγας 그리고 πολύς의 변화는 이미 배워 알고 있는 1, 2, 3변화 어미를 붙여주면 되는 까닭에 간단하게 익힐 수가 있다. 그 반면에, 형용사의 비교급과 최상급은 단어에 따라 다양하게 형태 변화를 하기 때문에 상당히 복잡하게 느껴진다. 하지만, 최상급은 신약 전체에서 20번 내외만 사용되었으므로 너무 많은 힘을 쏟을 필요가 없으며, 비교급의 경우는 규칙 형용사의 어미 변화, 곧 가장 많이 사용되는 형태인 μέγας의 비교급 처럼 변화하는 형용사들을 익히면 될 것이다. 소유 형용사는 신약에서 잘 사용되지 않지만, 드물게 나타나므로 간단히 설명하게 될 것인데, 그런 형태가 있다는 것을 인식하여 강독할 때에 당황하지 않을 정도로 익히면 될 것이다.

I. πᾶς와 πολύς의 변화

구 분		남성	여성	중성	남성	여성	중성
단수	주 격	πᾶς	πᾶσα	πᾶν	πολύς	πολλή	πολύ
	소유격	παντός	πάσης	παντός	πολλοῦ	πολλῆς	πολλοῦ
	여 격	παντί	πάσῃ	παντί	πολλῷ	πολλῇ	πολλῷ
	목적격	πάντα	πᾶσαν	πᾶν	πολύν	πολλήν	πολύ
복수	주 격	πάντες	πᾶσαι	πάντα	πολλοί	πολλαί	πολλά
	소유격	πάντων	πασῶν	πάντων	πολλῶν	πολλῶν	πολλῶν
	여 격	πᾶσι(ν)	πάσαις	πᾶσι(ν)	πολλοῖς	πολλαῖς	πολλοῖς
	목적격	πάντας	πάσας	πάντα	πολλούς	πολλάς	πολλά

1. πᾶς의 변화를 살펴보면 남성과 중성은 제 3변화 명사처럼 어미가 변하며, 여성은 제 1변화 명사처럼 변화한다. 여성변화에서 어간이 자음으로 끝났으므로 단수 소유격, 여격에서 α는 η로 변한다. 따라서, 특별히 암기해야 하는 것은 아니다. 다만, 단수 주격의 남성, 여성, 중성을 외워서 밑으로 격변화에 따라 어미를 붙여주면 효과적으로 암기할 수가 있다.
3. πολύς의 변화를 보면 아주 단순하게 남성, 중성은 제 2변화 명사의 어미를, 여성은 제 1변화 명사의 어미를 따른 것을 알 수 있다. 남성, 중성 단수의 주격, 목적격을 제외한 모든 변화에서 이중 λ가 사용되었다. 이 변화에서도 단수 주격의 남성, 여성, 중성을 외워두면 간단하다.
4. μέγας, μεγάλη, μέγα는 πολύς와 아주 유사하게 변화한다. 곧, 남성과 중성은 제 2변화 명사처럼, 여성은 제 1변화 명사처럼 변화하며, 남성, 중성 단수의 주격, 목적격을 제외한 모든 변화에서 λ가 어간에 들어있다. (이 책의 뒤에 붙은 부록에 변화표를 참조)

II. πᾶς의 용법

πᾶς는 특별한 형용사로 일반 형용사와는 용법에서 차이가 있어서 서술적 용법으로 사용되지 않는다. 예를 들어 πᾶς ὁ δοῦλος는 '모두는 종이다'를 의미하지 않는다. πᾶς용법과 관련하여 어떤 헬라어 문법서에서는 어순에 따라 의미가 달라진다고 설명하면서 모호하거나 부정확하게 기술하고 있는데 대략적으로 정리해 보면 다음과 같다:

1. 명사와 함께 쓰이는 경우

   πᾶς + 명사 : …마다 (every)

   πᾶσα πόλις 도시 마다 (every city 마 12:25)

   πᾶσα ἁμαρτία 죄 마다 (every sin 마 12:31)

   πᾶς + 관사 + 명사 : 모든 (all), 전체 (whole)

   πᾶσα ἡ πόλις 그 도시 전체가 (마 8:34; 21:10 행 13:44 등)

   πᾶς ὁ ὄχλος 군중 전체(모든 무리)가 (막 4:1; 눅 6:19등)

2. 관사있는 분사와 함께 쓰이는 경우

   πᾶς ὁ βλέπων (마 5:28) 보는 자 마다

   πᾶς ὁ πιστεύων (요 3:15) 믿는 자 마다

[요점]

> πᾶς의 용법과 관련된 혼란은 어느 정도 있을 수밖에 없으나 대략적으로 여기에서 설명하는 내용이 정확하다고 보면 된다. 메이첸의 문법책 등에서 ἡ πᾶσα πόλις와 πᾶσα ἡ πόλις의 의미가 서로 다른 것처럼 설명하거나 모호하게 설명하는데, 첫번째 구문은 칠십인경에서는 아주 드물게 나마 사용되나 신약에서 사용되지 않아서 고려할 필요가 없다. 그리고 관사있는 분사와 함께 사용되면 πᾶς는 every의 뜻을 나타낸다고 정리하면 되겠다.

III. μείζων (μέγας의 비교급)과 πρεσβύτερος (πρεσβύς의 비교급) 변화

		남성, 여성	중성	남성	여성
단 수	주 격	μείζων	μεῖζον	πρεσβύτερος	πρεσβύτερα
	소 유 격	μείζονος	μείζονος	πρεσβυτέρου	πρεσβύτερας
	여 격	μείζονι	μείζονι	πρεσβυτέρῳ	πρεσβυτέρᾳ
	목 적 격	μείζονα (μείζω)	μεῖζον	πρεσβύτερον	πρεσβύτεραν
복 수	주 격	μείζονες	μείζονα(μείζω)	πρεσβύτεροι	πρεσβύτεραι
	소 유 격	μειζόνων	μειζόνων	πρεσβυτέρων	πρεσβυτέρων
	여 격	μείζοσι(ν)	μείζοσι(ν)	πρεσβυτέροις	πρεσβυτέραις
	목 적 격	μείζονας	μείζονα(μείζω)	πρεσβύτερους	πρεσβυτέρας

1. 신약에서 자주 사용되는 형용사의 비교급은 위 표의 첫 부분에 있는 μείζων과 πλείων (πολύς의 비교급)을 들 수가 있다. 이러한 형태로 변화하는 비교급으로 χείρων (κακός의 비교급), κρείσσων 또는 κρείττων (ἀγαθός의 비교급)을 들 수 있는데, 이 모든 비교급

들은 자주 발견되는 편이다.

2. 위의 표에서 두 번째 부분에 나타나는 πρεσβύτερος처럼 변화하는 비교급들이 몇 가지 있다 : -τερος, -τερα, -τερον. 남성과 여성만 제시한 것은 신약 성경에 중성이 나타나지 않고 또 제 2변화 중성과 동일하게 변하기도 하기 때문이다. 어미가 남성과 중성은 2변화 명사 처럼, 여성은 1변화 명사처럼 변한다. 사실, 이 비교급 형용사의 보통형은 πρεσβύς인데 이 보통형은 신약에는 나타나지 않으며, 오직 비교급만 나타나며, 대부분의 경우에 관사와 함께 쓰이며, 그 뜻은 언제나 '장로'다. 이와 같은 방식으로 변하는 형용사로 다음 동사들을 들 수 있다:

εὔκοπος	(쉬운)	εὐκοπώτερος
ἰσχυρός	(강한)	ἰσχυρότερος
μικρός	(작은)	μικρότερος
νεός	(새로운, 젊은)	νεώτερος
περισσός	(풍성한)	περισσότερος

그 외에도 몇 개가 더 있으나, 5회 이상 신약에 나타나는 비교급만 여기에 제시하였다. 중점은 비교급을 보고 쉽게 원형을 생각해 낼 수 있다는 것이다.

3. 비교하는 방법

헬라어에서 비교하는 흔한 방법은 비교급 형용사 뒤에 소유격 명사를 써서 표현하거나, 접사 ἤ를 사용하여 표현한다.

ὁ πατὴρ μείζων μού ἐστιν. (요 14:28)
아버지께서 나보다 더 크시다.

Ἰησοῦς πλείονας μαθητὰς ποιεῖ καὶ βαπτίζει ἢ Ἰωάννης. (요 4:1)
예수님께서 요한 보다 제자들을 더 많이 만들고 더 많이 세례를 주고 계신다.

Ⅲ. 소유 형용사

헬라어에서 소유 관계를 나타낼 때는 명사나 대명사의 소유격을 써서 나타낸다는 것은 이미 알고 있는 사실일 것이다 : 나의 제자- μαθητής μου.

그런데, 가끔 인칭대명사의 소유격을 쓰는 대신에 소유 형용사를 쓰기도 하며, 이 경우에 소유 형용사는 강조하는 역할을 한다 : ἐμός (나의), σός (너의), ἡμέτερος (우리의), ὑμέτερος (너희의). 이 형용사들은 ἀγαθός처럼 변화하며, 앞에 관사가 놓이는 관형적 위치에서 주로 사용되나, 때로는 관사 없이 사용되기도 한다:

ἡ κρίσις ἡ ἐμὴ δικαία ἐστίν.	나의 심판은 의롭다.
ἐμὸν βρῶμα	나의 양식

소유형용사는 자주 사용되지 않으며, 대부분의 경우에 인칭대명사의 소유격이 사용된다.

[독해를 위한 단어]

ἀπιστέω	믿지 않다
ἀσώτως	사치스럽게
γαζοφυλάκιον ου τό	헌금통
δύσκολός η ον	어려운
δυσκόλως	어렵게
ἐνδύμα ατος τό	옷
εὔκοπος ή όν	쉬운
ἰσχυρός ή όν	강한
κάμηλος ου ὁ	낙타
μακρός ά όν	먼
νεός ά όν	새로운, 젊은
περιβλέπω	둘러보다
περισσός ά όν	풍성한
ῥαφίς ιδος ἡ	바늘
τελειόω	완성하다
τροφή ῆς ἡ	음식
τρυμαλιά ᾶς ἡ	구멍
χήρα ας ἡ	과부
χρῆμα ατος τό	재산

[독해를 위한 동사분해]

δός δίδωμι 단과. 능. 명. 2. 단. 주소서!(24과 참조)

διεῖλεν διαιρέω 단과. 능. 직. 3. 단. 그가 나눠주었다.

συαγαγών συάγω 단과. 능. 분. 남. 단. 주. 모은 후에

연습문제

1. (눅 7:28)
λέγω ὑμῖν, μείζων ἐν γεννητοῖς γυναικῶν Ἰωάννου οὐδείς ἐστιν· ὁ δὲ μικρότερος ἐν τῇ βασιλείᾳ τοῦ θεοῦ μείζων αὐτοῦ ἐστιν.
2. (마 6:25)
Διὰ τοῦτο λέγω ὑμῖν, μὴ μεριμνᾶτε τῇ ψυχῇ ὑμῶν τί φάγητε [ἢ τί πίητε], μηδὲ τῷ **σώματι** ὑμῶν τί ἐνδύσησθε. οὐχὶ ἡ ψυχὴ πλεῖόν ἐστιν τῆς τροφῆς καὶ τὸ σῶμα τοῦ ἐνδύματος;
3. (막 12:43)
καὶ προσκαλεσάμενος τοὺς μαθητὰς αὐτοῦ εἶπεν αὐτοῖς, Ἀμὴν λέγω ὑμῖν ὅτι ἡ χήρα αὕτη ἡ πτωχὴ πλεῖον πάντων ἔβαλεν τῶν βαλλόντων εἰς τὸ γαζοφυλάκιον·
4. (요 13:16)
ἀμὴν ἀμὴν λέγω ὑμῖν, οὐκ ἔστιν δοῦλος μείζων τοῦ κυρίου αὐτοῦ οὐδὲ ἀπόστολος μείζων τοῦ πέμψαντος αὐτόν.
5. (막 10:23-25)
εὐκοπώτερόν ἐστιν κάμηλον διὰ [τῆς] τρυμαλιᾶς [τῆς] ῥαφίδος διελθεῖν ἢ πλούσιον εἰς τὴν βασιλείαν τοῦ θεοῦ εἰσελθεῖν.
6. (마 11:9)
ἀλλὰ τί ἐξήλθατε ἰδεῖν; προφήτην; ναὶ λέγω ὑμῖν, καὶ **περισσότερον** προφήτου.
7. (눅 15:12-13)
καὶ εἶπεν ὁ **νεώτερος**αὐτῶν τῷ πατρί, Πάτερ, δός μοι τὸ ἐπιβάλλον μέρος τῆς οὐσίας. ὁ δὲ διεῖλεν αὐτοῖς τὸν βίον.

καὶ μετ' οὐ πολλὰς ἡμέρας συναγαγὼν πάντα ὁ **νεώτερος**υἱὸς ἀπεδήμησεν εἰς χώραν μακρὰν καὶ ἐκεῖ διεσκόρπισεν τὴν οὐσίαν αὐτοῦ ζῶν ἀσώτως.

8. (요 4:34)

λέγει αὐτοῖς ὁ Ἰησοῦς, **Ἐμὸν** βρῶμά ἐστιν ἵνα ποιήσω τὸ θέλημα τοῦ πέμψαντός με καὶ τελειώσω αὐτοῦ τὸ ἔργον.

9. (요 14:28)

ἠκούσατε ὅτι ἐγὼ εἶπον ὑμῖν· ὑπάγω καὶ ἔρχομαι πρὸς ὑμᾶς. **εἰ** ἠγαπᾶτέ με ἐχάρητε ἂν ὅτι πορεύομαι πρὸς τὸν πατέρα, ὅτι ὁ πατὴρ μείζων μού ἐστιν.

10. (눅 3:16)

ἀπεκρίνατο λέγων πᾶσιν ὁ Ἰωάννης· ἐγὼ μὲν ὕδατι βαπτίζω ὑμᾶς· ἔρχεται δὲ ὁ ἰσχυρότερός μου, οὗ οὐκ εἰμὶ ἱκανὸς λῦσαι τὸν ἱμάντα τῶν ὑποδημάτων αὐτοῦ· αὐτὸς ὑμᾶς βαπτίσει ἐν πνεύματι ἁγίῳ καὶ πυρί·

11. (마 6:11-12)

11 πορεύεσθε δὲ **μᾶλλον**πρὸς τὰ πρόβατα τὰ ἀπολωλότα οἴκου Ἰσραήλ.

12 πορευόμενοι δὲ κηρύσσετε λέγοντες ὅτι ἤγγικεν ἡ βασιλεία τῶν οὐρανῶν.

12. (요 14:12-15)

12 Ἀμὴν ἀμὴν λέγω ὑμῖν, ὁ πιστεύων εἰς ἐμὲ τὰ ἔργα ἃ ἐγὼ ποιῶ κἀκεῖνος ποιήσει καὶ μείζονα τούτων ποιήσει, ὅτι ἐγὼ πρὸς τὸν πατέρα πορεύομαι·

13 καὶ ὅ τι ἂν αἰτήσητε ἐν τῷ ὀνόματί μου τοῦτο ποιήσω, ἵνα

δοξασθῇ ὁ πατὴρ ἐν τῷ υἱῷ.

14 ἐάν τι αἰτήσητέ με ἐν τῷ ὀνόματί μου ἐγὼ ποιήσω.

15 Ἐὰν ἀγαπᾶτέ με, τὰς ἐντολὰς τὰς ἐμὰς τηρήσετε·

13. (막 12:31)

δευτέρα αὕτη· ἀγαπήσεις τὸν πλησίον σου ὡς σεαυτόν. μείζων τούτων ἄλλη ἐντολὴ οὐκ ἔστιν.

마무리

이번 과에서 배운 형용사들의 변화형은 신약 성경에서 자주 사용되므로 잘익혀두어야 한다. 비교급의 경우에는 주요한 형용사를 중심으로 형태를 배워두면 강독할 때 유익할 것이다. 강독을 하면서 다시 기억을 되살리며 반복하는 방식으로 진행한다면 헬라어 성경에 친숙해 질 수 있을 것이다.

CHAPTER 24

μι동사 변화

24 CHAPTER μι동사 변화

개 요

신약 헬라어 문법에서 μι동사를 어디에서 어떻게 다룰 것인가 하는 것은 신약 문법서 저자들에게 골치거리 중에 하나이다. 한편으로 μι 동사는 신약성경에서 200번 가량만 사용되어 그 빈도수가 많지 않은 것은 사실이나, 또 다른 한편으로는 강독을 할 때 흔히 제일 먼저 읽어 내려가는 부분인 요한 복음 1장에 μι동사가 등장하여 이 동사를 문법서 중반부 정도에 다루어야 하지 않는가 하는 생각이 들기 때문이다. 그러나, 사실 δίδωμι동사를 제외한 나머지 μι동사는 성경에 잘 사용되지 않아서 그 사용 횟수가 아주 적으며, 그 나마 δίδωμι동사의 경우에도 주로 단순 과거형이 사용되고 있음을 알 수 있다. 따라서, μι동사를 문법서 앞부분에서 다룰 필요는 없다고 생각되며, 또한 그 내용도 신약에서 실제로 사용되는 형태를 중심으로 이루어져야 한다고 여겨진다.

본 문법서는 통계에 근거하여 μι동사를 배우는 실용적인 접근을 시도할 것이다. 그 중요성에 비추어 μι동사는 간단하게 한 과에서 다루는 것이 합당하다고 여겨진다. 별로 사용되지 않는 동사의 변화를 위해 따로 한 과나 또는 한 과의 반을 할애할 필요는 없기 때문이다. 이 과에서 핵심은 μι동사의 현재와 과거를 구분하는 방법을 배우는 것이며, 이것은 동사의 어간이 무엇인가를 바르게 아는 데서 시작된다. 특별히 강조점은 과거형에 놓여질 것인데, 그 이유는 신약에서 사용되는 대다수의 μι동사는 과거형이기 때문이다. 그리고, 실제적으로 도움이 되도록 신약에서 가장 자주 사용되는 δίδωμι동사와 그 다음으로 많이 나타나는 τίθημι동사의 변화를 함께 비교하도록 변화표를 배열하였다. 그 외의 사소한 것들은 이 후의 강독 과목에서 나올 때 마다 배워도 아무런 문제가 없다는 것을 감히 단언하는 바이다.

I. δίδωμι와 τίθημι의 현재와 미완료 과거 능동태 직설법 변화

		δίδωμι의 능동태 직설법		τίθημι의 능동태 직설법	
		현 재	미완료	현 재	미완료
단수	1인칭	δίδωμι (9)	ἐδίδουν (2)	τίθημι (5)	ἐτίθην (x)
	2인칭	δίδως (x)	ἐδίδους (x)	τίθης (x)	ἐτίθεις (x)
	3인칭	δίδωσιν (11)	ἐδίδου (9)	τίθησιν (6)	ἐτίθει (1)
복수	1인칭	δίδομεν (x)	ἐδίδομεν (x)	τίθεμεν (x)	ἐτίθεμεν (x)
	2인칭	δίδοτε (x)	ἐδίδοτε (x)	τίθετε (x)	ἐτίθετε (x)
	3인칭	διδόασιν (1)	ἐδίδοσαν (1)	τίθεασιν (1)	ἐτίθεσαν (1)

1. 위의 두 동사의 현재 어미는 순서대로 -μι, -ς, -σιν, -μεν, -τε, -ασιν인 것을 알 수 있다. 3인칭 단수와 복수의 마지막 ν은신약성경에서 언제나 붙어 나오므로, 괄호로 묶지 않고 그대로 표기 하였다.
2. δίδωμι동사의 어간은 –δο이며, τίθημι의 어간은 –θε로 현재 변화에서는 어간 앞에 각각 δι와 τι를 붙여준다. 위의 변화표에서 그 어간의 흔적을 살펴볼 수 있는데, 곧 복수 변화를 중심으로, δίδωμι에는 –δο가 살아 있고 τίθημι에는 –θε가 살아 있음을 알 수 있다.
3. 각 변화형 옆에 괄호 안에 있는 숫자는 신약 성경에 나타나는 횟수를 나타낸다. 자세히 보면 알겠지만, 특정한 형태만, 그것도 적은 횟수만 나타나는 것을 알 수 있다. 특별히 맨 마지막 칸의 τίθημι의 미완료 능동태 변화는 거의 나타나지 않는데, 그 변화를 제시한 것은 단순히 변화의 흐름을 이해하는 데 도움이 되도록 하기 위함이다.
4. 1인칭 단수와 3인칭 단수, 복수형만이 신약 성경에서 사용되고 있음을 알 수 있다. 그 변화형들을 중심으로 익히는 것이 중요하다.

5. 현재 가정법과 명령법은 거의 나타나지 않으므로 위의 표에 포함시키지 않았다. 현재 가정법은 1인칭 단수인 διδῶ만 단 한차례 사용되었으며, 명령법은 2인칭 단수인 δίδου와 2인칭 복수인 δίδοτε가 각각 두 번씩 사용되었을 뿐이다.
6. 현재 능동태 분사의 변화는 주격은 διδούς, (διδοῦσα), διδόν로 변하며 소유격은 διδόντος, (διδούσης), διδόντος로 변한다. 여성은 한 번도 신약에 나타나지 않아서 괄호로 묶었고, 남성은 열번 정도 나타나고 (그 중 단수 주격이 5번) 중성은 복수 주격 형태만 두 번 나타난다 : διδόντα.
7. 현재 능동태 부정사는 διδόναι인데 6번 신약 성경에 나타난다.

II. δίδωμι와 τίθημι의 단순과거 변화

수	인칭	δίδωμι의 단순 과거			τίθημι의 단순과거		
		능동,직설법	능동,가정법	능동,명령법	능동,직설법	중간,직설법	능동,가정법
단수	1	ἔδωκα (2)	δῶ (x)		ἔθηκα (3)	ἐθέμην (x)	θῶ (5)
	2	ἔδωκας(8)	δῷς (1)	δός (16)	ἔθηκας (2)	ἔθου (1)	θῇς (x)
	3	ἔδωκεν(64)	δῷ (6)	δότω (1)	ἔθηκεν (11)	ἔθετε (7)	θῇ (2)
복수	1	ἐδώκαμεν(1)	δῶμεν (5)		ἐθήκαμεν (x)	ἐθέμεθα (x)	θῶμεν (1)
	2	ἐδώκατε (3)	δῶτε (3)	δότε (14)	ἐθήκατε (x)	ἔθεσθε (1)	θῆτε (x)
	3	ἔδωκαν (8)	δῶσιν (1)	δότωσαν(x)	ἔθηκαν (7)	ἔθεντο (4)	θῶσιν (x)

1. 앞서 밝힌대로 δίδωμι와 τίθημι의 어간은 각각 δο와 θε며 현재에서는 이 어간들 앞에 각각 δι와 τι가 붙었으나, 단순 과거에는 이 접두어가 붙지 않는다.

2. 이 두 동사의 단순 과거형은 일반 동사의 단순 과거형 어미의 σα 대신에 κα를 대신 넣어서 만든다. 단순 과거형에서 이 두 동사는 마치 단축 동사의 마지막 모음이 시상 접미사 앞에서 규칙적으로 길어졌던 것처럼 단순 과거 능동태 직설법 어미 κα앞에서 δο의 ο는 ω로, θϵ의 ϵ는 η로 길어진다.
3. 가정법은 길게 해서 만드는데, δίδωμι는 무조건 δω를 기본으로 어미를 붙이며, τίθημι도 θω를 기본으로 하며, 신약에 나타나는 형태 중 θω가 아니라 θη가 되는 형태는 3인칭 단수 θῇ로서 이것은 신약에 단 두 번만 쓰이고 있을 뿐이다.

III. ἵστημι (어간 στα-)의 변화는 특별한 관심을 끌지는 않는다. 왜냐하면, 단순 과거 능동태 직설법 3인칭 단수인 ἔστη와 3인칭 복수인 ἔστησαν만이 각각 9번씩 신약 성경에 나타날 뿐이기 때문이다. 그런데, 이 변화가 주목을 끄는 것은 이 동사의 변화가 γινώσκω (어간 γνο-)의 단순과거 변화와 비슷하게 변하기 때문이다. 이 두 동사는 제 2단순과거로서 제 2 단순과거 어미를 갖는데, 이 때에 어간은 각각 στῆ와 γνῶ로 길어지며, 직설법이므로 시상접두어 ϵ이 붙는 것은 당연하다. 신약에 자주 나타나는 γινώσκω의 단순과거 능동태 직설법 변화는 아래와 같이 변한다 : ἔγνων, ἔγνως, ἔγνω, ἔγνωμεν, ἔγνωτϵ, ἔγνωσαν. 어미가 제 2단순 과거처럼 (ν, ς, -, μϵν, τϵ, ν)붙었으며 3인칭 복수만 ν대신 σαν이 붙은 것을 알 수 있다.

IV. ἀφίημι는 전치사 ἀπο와 ἵημι (어간 ἑ-)가 합쳐져서 만들어진 동사이며, 현재와 미완료 과거는 ἀφι-를 앞에 가지고 있고, 단순 과거 능동태 직설법은 ἀφη-를 앞에 두고 διδῶμι나 τίθημι처럼 κα를 어미로 가지고 있다 : ἀφήκα. 어간인 ἑ-가 시상 접미어 κα앞에서 η-로 길어졌음을 알 수 있다.

[독해를 위한 단어]

ἀνάμνησις εως ἡ	기념, 기억
Ἁνανίας ου ὁ	아나니아
ἀπαντάω	만나다
βιβλίον ου τό	책
βλασφημέω	신성모독하다
γεωργός οῦ ὁ	농부
διηγέομαι	말하다
ἐγκαθέτος	첩자
ἐκπνέω	죽다
ἐλλάσσων ἔλασσον	더 나쁜
καθίζω	앉다
μεθύσκω	취하다
παρατηρέω	감시하다
παρατίθημι	맡기다
προθέσις εως ἡ	펼침, 전시
πόρρωθεν	멀리서부터
πρωΐ	일찍
πτερύγιον ου τό	꼭대기
πτύσσω	덮다
συμβούλιον ου τό	회의
ὑπηρέτης ου ὁ	종, 사환
ὑποκρίνομαι	인체 하다
χάρις ιτος ἡ	은혜

[독해를 위한 동사분해]

ἀναστῇ ἀνίστημι 단과. 능. 가. 3. 단. 그가 일어날 때

ἀπήνεγκαν ἀποφέρω 단과. 능. 직. 3. 복. 그들이 끌어냈다.

ἀποδούς ἀποδίδωμι 단과. 능. 분. 남. 단. 주. 넘겨준 후에

ἀπολέσει ἀπόλλυμι 미. 능. 직. 3. 단. 그가 허물 것이다.

ἀφεθήσεται ἀφίημι 미. 수. 직. 3. 단. 그가 용서받을 것이다.

ἀφεντες ἀφίημι 단과. 능. 분. 남. 복. 주. 버려둔 후에

διδόμενον δίδωμι 현. 수. 분. 중. 단. 주. 주어지는

δόντα δίδωμι 단과. 능. 분. 남. 단. 목. 주신

δώσει δίδωμι 미. 능. 직. 3. 단. 그가 줄 것이다.

ἐξέπνευσεν ἐκπνέω 단과. 능. 직. 3. 단. 그가 죽었다.

ἐπιθέντα ἐπιτίθημι 단과. 능. 분. 남. 단. 목. 얹은 후에

ἔστησαν ἵστημι 단과. 능. 직. 3. 복. 그들이 섰다.

ἔστησεν ἵστημι 단과. 능. 직. 3. 단. 그가 세웠다.

καταγαγόντες κατάγω 단과. 능. 분. 남. 복. 주. 내린 후에

μεθυσθῶσιν μεθύσκω 단과. 수. 가. 3. 복. 그들이 취했을 때

παραδοῦναι παραδίδωμι 단과. 능. 부. 넘겨주려고

σταθῇ ἵστημι 단과. 수. 가. 3. 단. 그것이 서도록

연습문제

1. (막 14:22)

   Καὶ ἐσθιόντων αὐτῶν λαβὼν ἄρτον εὐλογήσας ἔκλασεν καὶ ἔδωκεν αὐτοῖς καὶ εἶπεν, Λάβετε, τοῦτό ἐστιν τὸ **σῶμά** μου.

   (막 12:9)

   τί [οὖν] ποιήσει ὁ κύριος τοῦ ἀμπελῶνος; ἐλεύσεται καὶ ἀπολέσει τοὺς γεωργοὺς καὶ δώσει τὸν ἀμπελῶνα ἄλλοις.

2. (마 4:5)

   Τότε παραλαμβάνει αὐτὸν ὁ διάβολος εἰς τὴν ἁγίαν **πόλιν** καὶ ἔστησεν αὐτὸν ἐπὶ τὸ πτερύγιον τοῦ ἱεροῦ.

3. (눅 22:19)

   καὶ λαβὼν ἄρτον εὐχαριστήσας ἔκλασεν καὶ ἔδωκεν αὐτοῖς λέγων, Τοῦτό ἐστιν τὸ σῶμά μου τὸ ὑπὲρ ὑμῶν διδόμενον· τοῦτο ποιεῖτε εἰς τὴν ἐμὴν ἀνάμνησιν.

4. (눅 5:11)

   καὶ καταγαγόντες τὰ πλοῖα ἐπὶ τὴν γῆν ἀφέντες πάντα ἠκολούθησαν αὐτῷ.

5. (눅 23:46)

   καὶ φωνήσας φωνῇ μεγάλῃ ὁ Ἰησοῦς εἶπεν, Πάτερ, εἰς χεῖράς σου παρατίθεμαι τὸ πνεῦμά μου. τοῦτο δὲ εἰπὼν ἐξέπνευσεν.

6. (눅 12:10)

   καὶ πᾶς ὃς ἐρεῖ λόγον εἰς τὸν υἱὸν τοῦ ἀνθρώπου, ἀφεθήσεται αὐτῷ· τῷ δὲ εἰς τὸ ἅγιον πνεῦμα βλασφημήσαντι οὐκ ἀφεθήσεται.

7. (마 18:16)
ἐὰν δὲ μὴ ἀκούσῃ, παράλαβε μετὰ σοῦ ἔτι ἕνα ἢ **δύο**, ἵνα ἐπὶ στόματος **δύο** μαρτύρων ἢ τριῶν σταθῇ πᾶν ῥῆμα·

8. (막 9:9)
Καὶ καταβαινόντων αὐτῶν ἐκ τοῦ ὄρους διεστείλατο αὐτοῖς ἵνα **μηδενὶ** ἃ εἶδον διηγήσωνται, εἰ μὴ ὅταν ὁ υἱὸς τοῦ ἀνθρώπου ἐκ νεκρῶν ἀναστῇ.

9. (요 2:10)
καὶ λέγει αὐτῷ, Πᾶς ἄνθρωπος πρῶτον τὸν καλὸν οἶνον τίθησιν καὶ ὅταν μεθυσθῶσιν τὸν ἐλάσσω· σὺ **τετήρηκας** τὸν καλὸν οἶνον ἕως ἄρτι.

10. (행 9:12)
καὶ εἶδεν ἄνδρα [ἐν ὁράματι] Ἁνανίαν ὀνόματι εἰσελθόντα καὶ ἐπιθέντα αὐτῷ [τὰς] χεῖρας ὅπως ἀναβλέψῃ.

11. (눅 20:20)
Καὶ παρατηρήσαντες ἀπέστειλαν ἐγκαθέτους ὑποκρινομένους ἑαυτοὺς δικαίους εἶναι, ἵνα ἐπιλάβωνται αὐτοῦ λόγου, ὥστε παραδοῦναι αὐτὸν τῇ ἀρχῇ καὶ τῇ ἐξουσίᾳ τοῦ ἡγεμόνος.

12. (고후 8:16)
Χάρις δὲ τῷ θεῷ τῷ δόντι τὴν αὐτὴν σπουδὴν ὑπὲρ ὑμῶν ἐν τῇ καρδίᾳ Τίτου.

마무리

-μι동사를 완벽하게 익히고 강독에 들어가는 것 보다는 대략적인 그림을 그려 놓고 신약 성경을 읽으면서 습득해 가는 것이 더 효과적인 방법이다. 단순화 시켜서 말하자면 어미를 보면 시제나 인칭 등을 알 수 있기 때문에 그러한 감(感)을 점차로 뚜렷하게 가질 수 있도록 연습하는 것이 더 중요하다. 이제 기본적인 헬라어 문법 체계를 갖추었으니, 다른 도구들-분해서나 바이블 스등-을 사용하면서 헬라어 신약 성경을 읽기 시작하도록! 바로 지금부터! Do It Now!

APPENDIX 01

GREEK VOCABULARY

GREEK VOCABULARY

1
APPENDIX

목 차

명 사

A

'Αβραάμ ὁ 아브라함
αγγελος ου ὁ 천사
ἀγκάλη ης ἡ 팔
ἄγκυρα ας ἡ 닻
αγορα ας ἡ 시장
ἄγρα ας ἡ (고기)잡이
'Αγρίππας α ὁ 아그립바
ἀγρός οῦ ὁ 들판
ἀδελφός οῦ ὁ 형제
Αἴγυπτος ου ἡ 애굽
αἷμα ατος τό 피
αἰών ῶνος τό 시대
ἄκανθα ης ἡ 가시덤불
ἀκοή ῆς ἡ 소문
ἀκροατήριον ου τό 변론장
ἀκροβυστία ας ἡ 무할례
ἀλαβαστρος ὁ ἡ (τό)향유병
ἄλευρον ου τό 밀가루
ἀλήθεια ας ἡ 진리
'Αλφαῖος ου ὁ 알패오
ἁμαρτία ας ἡ 죄
ἁμαρτωλός ου ὁ 죄인
ἄμνος ου ὁ 어린양
ἀμπελουργός οῦ ὁ 정원사
ἀμπελών ῶνος ὁ 포도원
ἀνάμνησις εως ἡ 기념, 기억
'Ανανίας ου ὁ 아나니아
ἀνάστασις εως ἡ 부활
'Ανδρέας ου ὁ 안드레
ἀνήρ ἀνδρός ὁ 남편
ἄνθροπος ου ὁ 사람 인간
ἀνομία ας ἡ 무법함
ἀπάτη ης ἡ 속임
ἀπιστία ας ἡ 불신
ἀποκαραδοκία ας ἡ 열망
ἀπόστολος ου ὁ 사도
ἀριθμός οῦ ὁ 숫자
ἄριστον ου τό 아침 식사
ἀρνίον ου τό 어린 양
ἁρπαγή ῆς ἡ 강도질
ἄρτος ου ὁ 빵
ἀρχή ῆς ἡ 시작, 처음
ἀρχιερεύς έως ὁ 대제사장

ἄρχων οντος ὁ 통치자

ἀρῶμα ατος ἡ 향유

ἀσπασμός οῦ ὁ 문안인사

ἀστήρ τέρος ὁ 별

ἀτμίς ίδος ἡ 증기

αὐλή ῆς ἡ 양문

αὐτός ή ό 그

ἄφεσις εως ἡ 용서

B

Βαρθολομαῖος ου ὁ 바돌로매

βάπτισμα ατος τό 세례

βασιλεία ας ἡ 나라 왕국

βασιλεύς έως ὁ 왕

βδέλυγμα ατος τό 혐오 대상

Βεελζεβούλ 바알세불

Βερνίκη ης ἡ 버니게

Βηθανία ας ἡ 베다니

Βηθλεέμ ἡ 베들레헴

Βηθσαϊδά ἡ 벳세다

βιβλίον ου τό 책

βίος ου ὁ 생애, 살림

βλασφημία ας ἡ 신성모독

βοή ῆς ἡ 외침

βοῦς βοός 소

βραχίων ονος ὁ 팔

βρῶσις εως ἡ 먹을것

Γ

γαζοφυλάκιον ου τό 헌금통

Γαλιλαία ας ἡ 갈릴리

γάμος ου ὁ 결혼 잔치

γέεννα ης ἡ 지옥

Γεθσημανί 겟세마네

γεωργός οῦ ἡ 농부

γῆ ῆς ἡ 땅

γλῶσσα ης ἡ 혀

γονεύς έως ὁ 부모

γόνυ ατος τό 무릎

γραμματεύς έως ὁ 서기관

γραφή ῆς ἡ 문서

γυνή αικός ἡ 여자

Δ

δαιμόνιον ου τό 귀신

δάκτυλος ου ὁ 손가락

Δαυίδ ὁ 다윗

δεῖπνον ου τό 저녁 식사

δεῖπνος ου ὁ 연회

Δεκάπολις εως ἡ 데가볼리

δένδρον ου τό 나무

Δέρβη ης ἡ 더베
δεσμωτήριον ου τό 감옥
δῆμος ου ὁ 군중
δηνάριον ου τό 데나리온
διακονία ας ἡ 섬김, 봉사
διακόσιοι 2000
διαλογισμός οῦ ὁ 논쟁
διάνοια ας ἡ 정신
διδασκαλία ας ἡ 가르침
διδάσκαλος ου ὁ 선생
διδαχή ῆς ἡ 가르침
δικαιοσύνη ης ἡ 의
διωγμός οῦ ὁ 핍박
δόλος ου ὁ 간계
δόξα ης ἡ 영광
δούλη ης ἡ 여종
δοῦλος ου ὁ 종 하인
δοχή ῆς ἡ 잔치
δύναμις εως ἡ 능력
δύο 둘
δώδεκα 12
δῶρον ου τό 선물

E

ἔγερσις εως ἡ 부활
ἐγκάθετος ου ὁ 첩자
ἔθνος ους τό 민족
εἷς μία ἕν 하나
ἑκατόν 100
ἔκστασις εως ἡ 놀람, 황홀함
ἔλαιον ου τό 감람유
ἔλεος ους τό 자비
Ἕλλην ηνος ὁ 헬라인
ἐλπίς ίδος ἡ 소망
ἐνδύμα τος τό 옷
ἐντάλμα ατος τό 교훈, 계명
ἔντευξις εως ἡ 청원, 간구
ἐντολή ῆς ἡ 계명
ἐνύπνιον ου τό 꿈
ἑξήκοντα 60
ἐξουσία ας ἡ 권세
ἐξοχή ῆς ἡ 특권
ἑορτή ῆς ἡ 잔치
ἐπίβλημα ατος τό (천)조각
ἔργον ου τό 일
ἔρημος ου ἡ 사막
εὐαγγέλιον ου τό 복음
εὐλογία ας ἡ 축복

Z

Ζεβεδαῖος ου ὁ 세베대

Ζηλωτής οῦ ὁ 열심당원

ζιζάνιον ου τό 엉겅퀴

ζύμη ης ἡ 누룩

ζωή ῆς ἡ 생명

H

'Ηλίας ου ὁ 엘리야

ἡδονή ῆς ἡ 즐거움

ἡλικία ας ἡ 수명

ἥλιος ου ὁ 태양

ἧλος ου ὁ 못

ἡμέρα ας ἡ 날

Ηρῴδης ου ὁ 헤롯

'Ησαΐας ὁ 이사야

Θ

θάλασσα ης ἡ 바다

θάμβος ους τό 놀라움

θάνατος ου ὁ 죽음

θέλημα ατος τό 뜻

θεμέλιον ου τό 기초

θεμέλιος ου ὁ 기초

θεός οῦ ὁ 하나님 신

θεωρία ας ἡ 광경

θησαυρός οῦ ὁ 보물

θλῖψις εως ἡ 환란

θυγάτηρ τρός ἡ 딸

Θωμᾶς ᾶ ὁ 도마

I

'Ιάϊρος ου ὁ 야이로

'Ιακώβος ου ὁ 야고보

ἰατρός ου ὁ 의사

'Ιερεμίας ου ὁ 예레미야

ἱερεύς εως ὁ 제사장

ἱερόν οῦ τό 성전

'Ιεροσόλυμα 예루살렘

'Ιησοῦς οῦ ὁ 예수

ἱμάτιον ου τό 옷

'Ιόππη ης ἡ 욥바

'Ιορδανής ου ὁ 요단

'Ιουδαία ας ἡ 유대

'Ιούδας α ὁ 유다

ἰσχύς ύος ἡ 힘

ἰχθύς οῦς τό 물고기

'Ιωάννης ου ὁ 요한

'Ιωνᾶς ᾶ ὁ 요나

'Ιωσῆτος ὁ 요세

'Ιωσήφ ὁ 요셉

K

καθαρισμός οῦ ὁ 깨끗함
καιρός οῦ ὁ 때
Καῖσαρ αρος ὁ 시저
κάμηλος ου ὁ 낙타
Κανά ἡ 가나
καπνός οῦ ὁ 연기
καρδία ας ἡ 마음
καρπός οῦ ὁ 열매
κατάρα ας ἡ 저주
Καφαρναούμ ἡ 가버나움
κέρμα ατος τό 작은 동전
κεφαλή ῆς ἡ 머리
κῆνσος ου ὁ 세금
κῆτος ους τό 큰 바다 생물
Κῆφας ᾶ ὁ 게바
κλείς κλείδος ἡ 열쇠
κλίνη ης ἡ 침상
κλοπή ῆς ἡ 도둑질
κοιλία ας ἡ 복부
κοινωνός οῦ ὁ 동료
κολλυβίστης ου ὁ 환전상
κοράσιον ου τό 소녀
κόσμος ου ὁ 세상
κουστωδία ας ἡ 보초
κράτος ους τό 능력
κρίσις εως ἡ 심판
κριτής οῦ ὁ 재판관
κροατήριον ου τό 변론장
κτῆμα ατος τό 소유
κτῆνος ους τό 짐승
κτίσις εως ἡ 창조
κυνάριον ου τό 개
κύριος ου ὁ 주인
κώμη ης ἡ 마을

Λ

λαός οῦ ὁ 백성
λεπρός οῦ ὁ 한센 병자
Λευί(ς) ὁ 레위
λίβανος ου ὁ 유향
λίθος ου ὁ 돌
λόγος ου ὁ 말씀
Λύστρα ας ἡ 루스드라
λύχνος ου ὁ 등

M

Μαγδαληνή ῆς ἡ 막달라 여자
μάγος ου ὁ 마술사
μαθητής οῦ ὁ 제자
Μαθθαῖος ου ὁ 마태

μακαρισμός οῦ ὁ 복의 선포
μαμωνᾶς ᾶ ὁ 재물
μάννα τό 만나
Μαρία ας ἡ 마리아
Μαριάμ ἡ 미리암
μαρτυρία ας ἡ 증거
μάρτυς μάρτυρος ὁ 증인
μάχαιρα ας ἡ 검
μέριμνα ης ἡ 걱정
μέρος ους τό 지역 부분
μετανοία ας ἡ 회개
μηδείς μηδεμία μηδέν 하나도 않는
μήν μηνός ὁ 달, 월
μήτηρ τρός ἡ 어머니
μισθός οῦ ὁ 품삯
μνῆμα ατος τό 무덤
μνημεῖον ου τό 무덤
μνημόσυνον ου τό 기억
μοιχεία ας ἡ 음란
μύλος ου ὁ 맷돌
μύρον ου τό 향유
μυστήριον ου τό 신비
Μωϋσῆς εῶς ὁ 모세

N

Ναζαρέτ 나사렛
Ναζωραῖος ου ὁ 나사렛인
Ναθαναήλ ὁ 나다나엘
ναός οῦ ὁ 성전
νάρδος ου ἡ 나드
νεανίσκος ου ὁ 젊은이
νεφέλη ης ἡ 구름
νόμος ου ὁ 율법
νύξ κτος ἡ 밤

Ξ

ξύλον ου τό 나무

O

ὁ ἡ τό 관사
ὁδός οῦ ἡ 길
ὀθόνιον ου τό 베옷
οἰκία ας ἡ 집
οἰκοδεσπότης ου ὁ 집주인
οἶκος ου ὁ 집
οἶνος ου ὁ 포도주
ὄναρ τό 꿈
ὄνομα ατος τό 이름
ὅραμα ατος τό 광경
ὅρασις εως ἡ 환상

ὄρθρος ου ὁ 동틀 녘
ὅριον ου τό 경계
ὄρος ους τό 산
ὅς ἥ ὅν 관계대명사
ὀσμή ῆς ἡ 냄새
οὐδείς μία δέν 아무도 -않는
οὐρανός οῦ ὁ 하늘
οὖς ὦτος τό 귀
οὐσία ας ἡ 재산, 부
οὗτος αὕτη τοῦτο 이(지시대명사)
ὀφθαλμός οῦ ὁ 눈
ὄχλος ου ὁ 무리
ὀψάριον ου τό 생선

Π

παιδάριον ου τό 소년
παιδίσκη ης ἡ 어린 여종
πανδοχεῖον ου τό 여관
παραβολή ῆς ἡ 비유
παράδοσις εως ἡ 전통
παράκλησις εως ἡ 편안함
παραπτῶμα ατος τό 죄
παρρησία ας ἡ 나타남
πάσχα τό 유월절
πατήρ πατρός ὁ 아버지

πειρασμός οῦ ὁ 시험
πέντε 다섯
περιστερά ᾶς ἡ 비둘기
περιτομή ῆς ἡ 할례
πετεινόν οῦ τό 새
πέτρα ας ἡ 바위
Πέτρος ου ὁ 베드로
πῆχυς εως ὁ 규빗
Πιλᾶτος ου ὁ 빌라도
πινακίδιον ου τό 서판
πίναξ ακος ὁ 접시
πίστις εως ἡ 믿음
πλευρά ᾶς ἡ 옆구리
πλῆθος ους τό 수량
πλοῖον ου τό 배
πλοῦτος ου ὁ 부유함
πνεῦμα ατος τό 영 성령
ποίημα ατος τό 작품
ποιμήν ένος ὁ 목자
πόλις εως ἡ 성 도시
πονήρια ας ἡ 악
πορνεία ας ἡ 간음
πόσις εως ἡ 마실것
ποταμός οῦ ὁ 강
ποτήριον ου τό 잔

πούς ποδός ὁ 발
πρεσβύτερος ου ὁ 노인, 장로
πρόβατον ου τό 양
πρόγονος ον 조상
προθέσις εως ἡ 펼침, 전시
προσκυνητής οῦ ὁ 예배자
προσφορά ᾶς ἡ 제사
πρόσωπον ου τό 얼굴
προφήτης ου ὁ 선지자
πρωτοκαθεδρία ας ἡ 상석
πτερύγιον ου τό 꼭대기
πυλών ῶνος ὁ 입구
πῦρ ός τό 불

P

ῥαββί 랍비
ῥαφίς ιδος ἡ 바늘
ῥῆγμα ατος τό 폐허
ῥῆμα ατος τό 말씀
ῥίζα ης ἡ 뿌리
ῥιπή ης ἡ 깜빡임

Σ

σάββατον ου τό 안식일
σάλπιγξ ιγγος ἡ 나팔
Σαλώμη ης ἡ 살로메
Σαμαρεῖα ας ἡ 사마리아
Σαμαρίτης ου ὁ 사마리아인
σανδάλιον ου τό 샌들
σάρξ σαρκός ἡ 육신
Σατανᾶς ᾶ ὁ 사탄
σάτον ου τό 적은 분량
σελήνη ης ἡ 달
σημεῖον ου τό 표적
Σιδῶν ῶνος ἡ 시돈
Σίμων ονος ὁ 시몬
σκηνή ῆς ἡ 장막
σκληροκαρδία ας ἡ 강퍅함
σκοτία ας ἡ 어둠
σμύρνα ης ἡ 몰약
Σολομών ῶνος ὁ 솔로몬
σπέρμα ατος τό 씨
σπουδή ῆς ἡ 긴급, 긴박
στάσις εωσ ἡ 불화
στῆθος ους τό 가슴
στόμα ατος τό 입
στρατιώτης ου ὁ 군인
συκῆ ῆς ἡ 무화과 나무
συμβούλιον ου τό 회의, 계획
συναγωγή ῆς ἡ 회당
συνείδησις εως ἡ 의식

συνοδία ας ἡ 동행
σχίσμα ατος τό 분파 분열
σχοινίον ου τό 밧줄
σῶμα ατος τό 몸

T

τέκνον ου τό 아이
τελώνης ου ὁ 세리
τέρας ατος τό 이적
τετραάρχης ου ὁ 분봉왕
Τιβερίας αδος ἡ 디베랴
Τιμόθεος ου ὁ 디모데
Τίτος ου ὁ 디도
τραπέζα ης ἡ 탁자
τραῦμα ατος τό 상처
τρεῖς τρία 셋
τριάκοντα 30
τρίβος ου ἡ 길
τρόμος ου ὁ 떨림
τροφή ης ἡ 음식
τρυμαλιά ᾶς ἡ 구멍
Τύρος ου ἡ 두로

Y

ὕδωρ ατος τό 물
υἱός οῦ ὁ 아들
ὑμεῖς ῶν ῖν ᾶς 너희
ὑπηρέτης ου ὁ 종, 사환
ὑποκριτής οῦ ὁ 위선자
ὑπομονή ῆς ἡ 인내

Φ

φαντασία ας ἡ 영화
Φαρισαῖος ου ὁ 바리새인
φήμη ης ἡ 소식
Φῆστος ου ὁ 베스도
φίλος ου ὁ 친구
Φίλιππος ου ὁ 빌립
φόνος ου ὁ 살인자
φραγέλλιον ου τό 채찍
φύλλον ου τό 잎
φωνή ῆς ἡ 소리
φῶς τος τό 빛

X

Χαναναῖος α ον 가나안의
χαρά ᾶς ἡ 기쁨
χάρις ιτος ἡ 은혜
χεῖλος ους τό 입술
χείρ χειρός ἡ 손
χήρα ας ἡ 과부
χιλιάρχος ου ὁ 천부장

χρεία ας ἡ 필요

χρῆμα ατος τό 재산

Χριστός οῦ ὁ 그리스도

χρόνος ου ὁ 시간

χρυσός οῦ ὁ 금

χωρίον ου τό 장소 지역

Ψ

ψευδομαρτυρία ας ἡ 거짓 증거

ψυχή ῆς ἡ 영혼, 목숨

Ω

ὥρα ας ἡ 시간

형 용 사

Α

ἀγαθός ή όν 선한 좋은

ἀγαπητός ή όν 사랑하는

ἅγιος α ον 거룩한

ἄζυμος ον 발효하지 않은

αἰώνιος ον 영원한

ἀκάθαρτος η ον 더러운

ἄκαρπος η ον 열매 없는

ἄλαλος ον 말 못하는

ἀληθής ἀληθές 진실된

ἀληθινός ή όν 참된

ἄλλος η ο 다른

ανυδρος ον 마른

ἄξιος α ον 합당한

ἅπας ασα αν 모든

ἄρσην εν 남성의

ἀσθενής ές 약한

ἄτομος ον 볼 수 없는

ἄφθαρτος ον 썩지 않는

Β

βαθύς εῖα ύ 깊은

βραχύς εῖα ύ 적은

Γ

Γερασηνός ή όν 거라사의

γεννητός η ον 태어난

γνωστός ή όν 알려진

Δ

δεύτερος α ον 두 번째

διάβολος ον 참소하는

δίκαιος α ον 의로운

δύο 둘

δύσκολος η ον 어려운

Ε

ἕκαστος η ον 각각의

ἐλάσσων ἔλασσον 더 나쁜

ἐμός ή όν 나의

ἐπιφανής ές 영화로운

ἐπουράνιος ον 하늘의

ἔσχατος η ον 마지막의

ἕτερος α ον 다른

ἕτοιμος η ον 예비된

εὐθύς εῖα ύ 곧은

εὔκοπος η ον 쉬운

εὐλογητός ή όν 복된

Θ

θῆλυς εια υ 여성의

Ι

ἴδιος α ον 자신의

ἱκανός ή όν 충분한

ἰσχυρός ά όν 강한

Κ

καθαρός ά όν 깨끗한

καινός ή όν 새로운

κακός ή όν 악한

καλός ή όν 아름다운

κενός ή όν 빈

κοινός ή όν 더러운

κρίθινος η ον 보리의

κρύπτος η ον 감추어진

κωφός ή όν 청각장애의

Λ

λεπρός ά ού 한센병의

Μ

μακάριος α ον 행복한, 복된

μακρός ά όν 먼

μέγας μεγάλη μέγα 큰

μείζων ον μέγας의 비교급

μέσος η ον 가운데

μικρός ά όν 작은

μονογενής ες 독생한

μόνος η ον 오직

Ν

νεκρός ά όν 죽은

νεός ά όν 새로운

Ο

ὅλος η ον 전체의 온

ὅμοιος α ον 비슷한

ὅσος η ον 만큼

Π

παλαιός ά όν 오래된

παραλυτικός 중풍병의

πᾶς πᾶσα πᾶν 모든

περισσός ή όν 풍성한

περίχωρος ον 이웃한

πετρώδης ες 바위투성이의

πιστικός ή όν 순전한

πιστός ή όν 신실한

πλείων ον πολύς의 비교급

πλήρης ες (+소)충만한

πλησίον 가까운

πλούσιος α ον 부유한

πολύςπολλή πολύ 많은

πολυτελής ές 값이 매우 비싼

πονηρός ά όν 악한

ποταπός ή ού 어떤 종류의?

πρόσκαιρος ον 순간적인

πρῶτος η ον 처음의, 첫

πρωτότοκος ον 첫태의

πτωχός ή όν 가난한

Σ

σαπρός ά όν 나쁜

σός ή όν 너의

σοφός ή όν 지혜로운

συγγενής ές 친척의

Τ

τοσοῦτος τοσαύτη τοσοῦτον 이정도의

τρίτος η ον 세 번째

τυφλός ή όν 시각장애의

Υ

ὑγιής ές 건강한

ὑμέτερος α ον 너희의

ὑψηλός ή όν 높은

Φ

φαῦλος η ον 무가치한

φίλος η ον 친밀한

φωτεινός ή όν 빛나는

Χ

Χαναναῖος α ον 가나안의

χείρων ον 더 나쁜

χωλός ή όν 다리저는

동 사

A

ἀγαπάω ἀγαπήσω ἠγάπησα ἠγάπηκα ἠγάπημαι ἠγάπηθην 사랑하다

ἁγιάζω ἁγιάσω ἡγίασα ἡγίακα ἡγίασμαι ἡγιάσθην 거룩하게 하다

ἀγοράζω ἀγοράσομαι ἠγόρασα ἠγόρακα ἠγοράσθην 사다

ἄγω ἄξω ἤγαγον ἀγήοκα ἤχθην 인도하다

ἀθετέω ἀθετήσω ἠθέτησα ἠθέτηκα 거절하다

αἴρω ἀρῶ ἦρα ἦρκα ἦρμαι ἤρθην 치워버리다

αἰσχύνω αἰσχυνῶ ᾔσχυνα ᾐσχύθην 부끄럽게 만들다

αἰτέω αἰτήσω ᾔτησα ᾔτηκα 요구하다

ἀκολουθέω ἀκολουθήσω ἠκολούθησα ἠκολούθηκα (+여) 따르다

ἀκούω ἀκούσομαι ἤκουσα ακήκοα ἠκούσθην 듣다

ἀκριβόω ἠκρίβωσα 질문하다

ἀκυρόω ἠκύρωσα 폐지하다

ἀλείφω ἤλειψα 기름붓다

ἀλήθω 갈다

ἀλλάσσω ἀλλάξω ἤλλαξα ἤλλαχα ἤλλαγμαι ἠλλάχθην 바꾸다

ἀναβαίνω ἀναβήσομαι ἀνέβην ἀναβέβηκα 올라가다

ἀναβλέπω ἀναβλέψω ἀνέβλεψα ἀναβέβλεφα ἀναβέβλεμαι ἀνεβλέφθην 시력을 회복하다, 올려보다

ἀναγγέλλω ἀναγγελῶ ἀνήγγειλα ἀνήγγελκα ἀνηγγέλην 보고하다

ἀναγινώσκω ἀναγνώσομαι ἀνέγνων ἀνεγνώσθην 읽다

ἀναζητέω ἀναζητήσω ἀνεζήτησα ἀνεζήτηκα ἀνεζητήθην 주의깊게 찾다

ἀνακλίνω ἀνακλινῶ ἀνέκλινα ἀνεκλίθην 식탁에 기대다

ἀνακράζω ἀνέκραξα 소리치다

ἀναπίπτω ἀνέπεσον 기대어 눕다

ἀνατρέπω ἀνέτρεψα ἀνετράπην 뒤엎다

ἀναφαίνω ἀνέφανα 나타나다

ἀναχωρέω ἀνεχώρησα ἀνακεχώρηκα 떠나다

ἀνέρχομαι ἀνελεύσομαι ἀνῆλθον ἀνελήλυθα 올라가다

ἀνίστημι ἀναστήσω ἀνέστησα ἀνέστακα ἀνεστάθην 일으키다

ἀνοίγω ἀνοίξω ἀνέῳξα ἀνέῳγα ἀνέῳγμαι ἠνεῴχθην 열다

ἀντέχω[주)] ἀνθέξομαι 충성하다

ἀπαγγέλλω ἀπαγγελῶ ἀπήγγειλα ἀπέγγελκα ἀπηγγέλθη 보고하다

ἀπαντάω ἀπαντήσω ἀπήντησα ἀπήντηκα ἀπηντήθην 만나다, --에게 오다

ἀπειθέω ἠπείθησα 불순종하다

ἀπέρχομαι ἀπελεύσομαι ἀπῆλθον ἀπελήλυθα 가다

ἀπέχω ἀφέξω ἀπέσχον απέσχηκα ἀπέσχημαι 가득히 받다, 멀다

ἀπιστέω ἠπίστησα ἠπιστήθην 안 믿다

ἀποδημέω ἀποδημήσω ἀπεδήμησαν 여행을 떠나다

ἀποδίδωμι ἀποδώσω ἀπἔδωκα ἀποδέδωκα ἀποδέδομαι ἀπἐδόθην 돌려주다, 포기하다

ἀποδοκιμάζω ἀποδοκιμῶ ἀπεδοκίμασα ἀπεδοκιμάσθην 거절하다

ἀποθνῄσκω ἀποθανοῦμαι ἀπέθανον αποτέθνηκα 죽다

ἀποκαλύπτω ἀποκαλύψω ἀπεκάλυψα ἀπεκαλύφθην 드러내다

ἀποκόπτω ἀποκόψω ἀπέκοψα 잘라버리다

ἀποκρίνομαι ἀπεκρινάμην ἀπεκρίθην 대답하다

ἀποκτείνω ἀποκτενῶ ἀπέκτεινα ἀπεκτάνθην 죽이다

ἀπολαμβάνω ἀπολήμψομαι ἀπέλαβον 받다

ἀπόλλυμι ἀπολέσω ἀπώλεσα ἀπολώλεκα 파괴하다

주) 신약성경에는 중간태만 나타난다

ἀπολούω ἀπελουσάμην 씻다[주)]

ἀποστέλλω ἀποστελῶ ἀπέστειλα ἀπέσταλκα ἀπέσταλμαι ἀπεστάλην 보내다

ἀποφέρω ἀφοίσω ἀπήνεγκα ἀπηνέχθην 치워버리다

ἅπτω ἧψα 불켜다, (중)만지다

ἀριστάω ἠρίστησα 아침을 먹다

ἀρκέω ἀρκέσω ἤρκεσα ηρκεσμαι ἠρκέσθην 충분하다

ἀρνέομαι ἀρνήσομαι ἠρνησάμην ἤρνημαι 부인하다

ἀροτριάω ἀροτριάσω ἠροτρίασα 밭갈다

ἁρπάζω ἁρπάσω ἥρπασα ἥρπακα ἡρπάσθην 강탈하다

ἄρχω ἄρξω ἦρξα ἦργμαι 다스리다, (중)시작하다

ἀσθενέω ἠσθένησα ἠσθένηκα 아프다

ἀσπάζομαι ἠσπάσαμην 문안하다

ἀσφαλίζω ἠσφαλίσθην 지키다

ἀτενίζω ἠτένισα 응시하다

αὐξάνω αὐξήσω ηὔξησα ηὔξηκα ηὔξημαι ηὐξήθην 자라다

ἀφίημι ἀφήσω ἀφῆκα ἀφέθην 가게 하다, 취소하다

ἀφίστημι ἀποστήσω ἀπέστησα ἀπέστηκα 반역하게 하다

ἀφορίζω ἀφορίσω ἀφώρισα ἀφωρίσθην 구분짓다

ἀφρίζω 입에 거품을 물다

B

βάλλω βαλῶ ἔβαλον βέβηκα βέβημαι ἐβλήθην 던지다

βαπτίζω βαπτίσω ἐβάπτισα ἐβαπτίσθην 세례주다

βασανίζω βασανίσω ἐβασάνισα ἐβασανίσθην 괴롭히다

주) 신약성경에는 중간태만 나타난다

βιάζω βιάσομαι ἐβιασάμην βεβιάσμαι 강제하다, 강요하다

βλασφημέω ἐβλασφήμησα 신성모독하다

βλέπω ὄψομαι εἶδον ἑώρακα ὤφθην 보다

βοάω βοήσω ἐβόησα 외치다

βόσκω βοσκήσω ἐβόσκησα 먹이다 치다

βούλομαι βουλήσεται ἐβουλήθην 원하다

Γ

γελάω γελάσω ἐγέλασα 웃다

γέμω 가득차다

γεννάω γεννήσω ἐγέννησα γεγέννηκα γεγέννημαι ἐγεννήθην 낳다

γίνομαι γενήσομαι ἐγενόμην γέγονα γεγένημαι ἐγενήθην 되다

γινώσκω γνώσομαι ἔγνων ἔγνωκα ἔγνωσμαι ἐγνώσθην 알다

γογγύζω γογγύσω ἐγόγγυσα 수군거리다

γράφω γράψω ἔγραψα γέγραφα γέγραμμαι ἐγράφην 쓰다

γρηγορέω γρηγορήσω ἐγρηγορήσα 깨어있다

Δ

δαιμονίζομαι 귀신들리다

δαπανάω δαπανήσω ἐδαπάνησα ἐδαπανήθην 소비하다

δεῖ δεήσει 해야한다

δείκνυμι δείξω ἔδειξα δέδειχα δέδειγμαι ἐδείχθην 보여주다

δέομαι δεηθήσομαι δεδέημαι ἐδεήθην 구하다

δέρω ἔδειρα ἐδάρην 때리다

δέχομαι δέξομαι ἐδεξάμην δεδέγμαι ἐδέχθην 영접하다

δέω δήσω ἔδησα δέδημαι 묶다, 싸다

διαγίνομαι διεγενόμην 지나다

διαιρέω διελῶ διεῖλον διῄρημαι διῃρέθην 나눠주다

διακονέω διακονήσω διηκόνησα διηκονήθην 시중들다

διαλογίζομαι διαλογιοῦμαι διελογισάμην διαλέλογιμαι 논의하다

διαμερίζω διαμεριῶ διεμέρισα διεμερίσθην 나누다

διανοίγω διανοίξω διήνοιξα διήνοιγμαι διηνοίχθην 완전히 열다

διασκορπίζω διασκορπιῶ διεσκόρπισα διεσκορπίσθην 낭비하다, 탕진하다

διασώζω διέσωσα διασέσωμαι διεσώθην 구하다

διδάσκω διδάξω ἐδίδαξα δεδίδαγμαι ἐδιδάχθην 가르치다

δίδωμι δώσω ἔδωκα δέδωκα δέδομαι ἐδόθην 주다

διέρχομαι διελεύσομαι διῆλθον διελήλυθα 관통하여 가다

διώκω διώξω ἐδίωξα ἐδιώχθην 추격하다 핍박하다

διηγέομαι διηγήσομαι διηγησάμην 말하다, 묘사하다

δοκέω δόξω ἔδοξα 여기다

δοξάζω δοξάσω ἐδόξασα δεδόξακα δεδόξασμαι ἐδοξάσθην 영광스럽게 하다

δουλεύω δουλεύσω ἐδούλευσα δεδούλευκα 섬기다

δύναμαι δυνήσομαι δεδύνημαι ἠδυνήθην 할 수 있다

E

ἐγγίζω ἐγγιῶ ἤγγισα ἤγγικα 가까이 있다

ἐγείρω ἐγερῶ ἤγειρα ἐγήγερκα ἐγήγερμαι ἠγέρθην 일으키다

ἐγκρύπτω ἐγκρύψω ἐνέκρυψα ἐγκέκρυμμαι 숨기다

ἐθίζω 익숙하다

εἰμί ἔσομαι 이다

εἰσάγω εἰσάξω εἰσήγαγον εἰσαγήοκα εἰσῆγμαι εἰσήχθην 인도해 들이다

εἰσέρχομαι εἰσελεύσομαι εἰσῆλθον εἰσελήλυθα 들어가다

εἰσπορεύομαι εἰσπορεύσομαι εἰσπέπορευμαι εἰσπορεύθην 들어가다

ἐκβάλλω ἐκβαλῶ ἐξέβαλον ἐκβέβλημαι ἐξεβλήθην 내던지다

ἐκθαμβέω ἐκθαμβήσω ἐξεθαμβήθην 놀라다

ἐκλέγομαι ἐκλέξομαι ἐξελεξάμην ἐκλέλεγμαι ἐξελέγην 뽑다

ἐκπλήσσω ἐξέπληξα ἐξεπλάγην 놀라다

ἐκπνέω ἐξέπνευσα 죽다

ἐκπορεύομαι ἐκπορεύσομαι ἐκπεπόρευμαι 나가다

ἐκχέω ἐκχεῶ ἐξέχεα ἐκκέχυκα ἐκκέχυμαι ἐξεχύθην 붓다

ἐλαύνω ἐλάσω ἐλήλακα 몰다

ἐλεέω ἐλεήσω ἠλέησα ἠλεήθην 불쌍히 여기다

ἐλπίζω ἐλπιῶ ἤλπισα ἤλπικα 바라다

ἐμβαίνω ἐνέβην 배에 타다

ἐμβάλλω ἐμβαλῶ ἐνέβαλον ἐμβέβληται 던져 넣다

ἐμβλέπω ἐνέβλεψα 주시하다

ἐμφανίζω ἐμφανίσω ἐνεφάνισα ἐνεφανίσθην 보고하다

ἐνδύω ἐνδύσω ἐνέδυσα 옷입다

ἐντέλλω[주)] ἐντελοῦμαι ἐντειλάμην ἐντέταλμαι 명령하다

ἐντρέπω ἐντέτραμμαι ἐνετράφην 부끄럽게 하다

ἐνυπνιάζομαι ἐνυπνιασθήσομαι ἐνυπνιάσθην 꿈꾸다

ἐξέρχομαι ἐξελεύσομαι ἐξῆλθον ἐξελήλυθα 나가다

ἐξέστιν ἐξέσται -합당하다

ἐξομολογέω ἐξωμολόγησα 고백하다

ἐπαίρω ἐπῆρα ἐπῆρκα ἐπήρθην 들어올리다

주) 신약성경에서는 보통 중간태 디포넌트 동사형으로 나타난다

ἐπέρχομαι ἐπελεύσομαι ἐπῆλθον ἐπελήλυθα 도착하다

ἐπερωτάω ἐπερωτήσω ἐπηρώτησα ἐπηρώτηκα ἐπηρώτημαι ἐπηρωτήθην 질문하다

ἐπιβάλλω ἐπιβαλῶ ἐπέβαλον ἐπιβέβληκα ἐπιβέβλημαι ἐπεβλήθην --에 던지다

ἐπιβιβάζω ἐπιβιβῶ ἐπεβίβασα ---에 두다

ἐπιγινώσκω ἐπιγνώσομαι ἐπέγνων ἐπέγνωκα ἐπεγνώσθην 알다

ἐπιζητέω ἐπιζητήσω ἐπεζήτησα ἐπεζητήθην 찾다

ἐπικαλέω ἐπεκάλεσα επικέκλημαι ἐπεκλήθην 부르다

ἐπιμελέομαι ἐπιμελήσομαι ἐπεμελήθην 돌보다

ἐπισκέπτομαι ἐπισκέψομαι ἐπεσκεψάμην ἐπέσκεμμαι ἐπεσκέπην 방문하다

ἐπισκιάζω ἐπισκιάσω ἐπεσκίασα 덮다

ἐπισυντρέχω 함께 달리다

ἐπιτάσσω ἐπέταξα ἐπετάγην 꾸짖다

ἐπιτιμάω ἐπετίμησα 꾸짖다

ἐπιφαίνω ἐπέφανα 나타나다

ἐπιχέω ἐπεχύθην 붓다

ἐργάζομαι εἰργασάμην 일하다

ἑρμηνεύω ἡρμενεύσα 번역하다

ἔρχομαι ἐλεύσομαι ἦλθον ἐληλύθα 오다, 가다

ἐσθίω φάγομαι ἔφαγον ἐδήδοκα ἐδήδεσμαι ἠδέσθην 먹다

ἑτοιμάζω ἑτοιμάσω ἡτοίμασα ἡτοίμακα ἡτοίμασμαι ἡτοιμάσθην 준비하다

εὐαγγελίζομαι[주)] εὐαγγελιοῦμαι εὐαγγελισάμην εὐηγγέλισμαι εὐηγγελίσθην 복음 전하다

εὐλογέω εὐλογήσω εὐλόγησα εὐλόγηκα 축복하다

εὑρίσκω εὑρήσω εὗρον εὕρηκα εὕρημαι εὑρήθην 발견하다

주) 현재형에서 때때로 수동의 의미를 지니기도 함.

ἔχω ἕξω ἔσχον ἔσχηκα ἔσχημαι 소유하다

Z

ζάω ζήσομαι ἔζησα 살다

ζητέω ζητήσω ἐζήτησα ἐζήτηκα ἐζητήθην 구하다

ζυμόω 부풀게 하다

ζώννυμι ζώσω ἔζωσα 허리띠를 두르다

ζωοποέω ζωοποιήσω ἐζωοποίησα ἐζωοποιήθην 살게하다

H

ἥκω ἥξω ἧξα 와있다

ἡσυχάζω ἡσυχάσω ἡσύχασα 안식하다

Θ

θαμβέω ἐθάμβησα ἐθαμβήθην 놀라다

θανατόω θανατώσω ἐθανάτωσα τεθανάτωμαι ἐθανατώθην 죽이다

θαυμάζω θαυμάσομαι ἐθαύμασα τεθαύμακα τεθαύμαμαι ἐθαυμάσθην 놀라다

θεάομαι θεάσομαι ἐθεάσαμην τεθέαμαι ἐθεάθην 보다

θέλω θελήσω ἠθέλησα τεθέληκα 원하다

θεραπεύω θεραπεύσω ἐθεράπευσα ἐθεραπεύθην 치료하다

θερίζω θερίσω ἐθέρισα ἐθερίσθην 추수하다

θεωρέω θεωρήσω ἐθεώρησα τεθεώρηκα τεθεώρημαι ἐθεωρήθην 보다

θύω θύσω ἔθυσα τέθυκα ἐθύθην 도살하다

I

ἰάομαι ἰάσομαι ἰασάμην ἴαμαι ἰάθην 치료하다

ἱματίζω 옷입다

ἵστημι στήσω ἔστησα ἕστηκα ἐστάθην 세우다

ἰσχύω ἰσχύσω ἴσχυσα 강하다

K

καθαρίζω καθαριῶ ἐκαθάρισα ἐκαθαρίσθην 깨끗하게 하다

κάθημαι καθήσομαι 앉다

καθίζω καθίσω ἐκάθισα κεκάθικα 앉다

καθίημι καθῆκα 앉다

καθίστημι καταστήσω κατέστησα καθέστακα καθεστάθην 맡기다

καλέω καλῶ ἐκάλεσα κέκληκα κέκλημαι ἐκλήθην 부르다

καρποφορέω καρποφορήσω ἐκαρποφόρησα 열매맺다

καταβαίνω καταβήσομι κατέβην καταβέβηκα 내려오다

καταγγέλλω κατήγγειλα κατήγγελκα κατηγγέλην 선포하다

κατάγω κατάξω κατήγαγον κατήχθην 내리다

καταδέω κατέδησα 묶다

κατακεῖμαι κατακείσομαι 눕다

κατακολουθέω κατηκολούθησα 뒤따르다

κατακρίνω κατακρινῶ κατέκρινα κατακέκριμαι κατεκρίθην 판결하다

καταλαμβάνω καταλήμψομαι κατέλαβον κατείληφα κατείλημμαι κατελήμφθην 영접하다

καταλείπω καταλείψω κατέλιπον καταλέλοιφα καταλέλειμμαι κατελείφθην 남겨두다, 떠나다

καταλύω καταλύσω κατέλυσα κατελύθην 파괴하다

καταντάω κατήντησα κατήντηκα 오다

κατασκευάζω κατασκευάσω κατεσκεύασα κατεσκεύακα κατεσκευάθην 준비하다

καταφρονέω καταφρονήσω κατεφρόνησα 무시하다 (수)존경받다

καταχέω 쏟다

κατέρχομαι κατελεύσομαι κατῆλθον κατελήλυθα 내려가다

κατεσθίω καταφάγομαι κατέφαγον 먹어치우다

κατέχω καθέξω κατέσχον 소유하다

κατοικέω κατοικήσω κατῴκησα 거하다

κελεύω κελεύσω ἐκέλευσα κεκέλευκα κεκέλευσμαι ἐκελεύσθην 명령하다

κηρύσσω κηρύξω ἐκήρυξα κεκήρυγμαι ἐκηρύχθην 선포하다

κλαίω κλαύσω ἔκλαυσα ἐκλαύσθην 울다

κλάω ἔκλασα 깨뜨리다, 나누다

κοιμάω κεκοίμημαι ἐκοιμήθην 잠들다

κοινόω ἐκοίνωσα κεκοίνωκα 불결하게 만들다

κολλάω ἐκόλλησα κεκόλληκα κεκόλλημαι ἐκολλήθην 연합하다

κοπιάω κοπιάσω ἐκοπίασα κεκοπίακα ἐκοπιάθην 수고하다

κράζω κράξω ἔκραξα κέκραγα 소리지르다

κρατέω κρατήσω ἐκράτησα κεκράτηκα κεκράτημαι ἐκρατήθην 붙잡다

κρίνω κρινῶ ἔκρινα κέκρινα κέκριμαι ἐκρίθην 판단하다

κτίζω ἔκτισα ἔκτισμαι ἐκτίσθην 창조하다

κυλίω ἐκύλισα ἐκυλίσθην 구르다

κυριεύω κυριεύσω ἐκυρίευσα κεκυρίευκα 다스리다

Λ

λαλέω λαλήσω ἐλάλησα λελάληκα λελάλημαι ἐλαλήθην 말하다

λαμβάνω λήμψομαι ἔλαβον εἴληφα εἴληφται εἰλήφθην 취하다

λατρεύω λατρεύσω ἐλάτρευσα 섬기다

λέγω ἐρῶ εἶπον εἴρηκα εἴρημαι ἐρρήθην 말하다

λογίζομαι λογιοῦμαι ἐλογισάμην λελόγιμαι ἐλογίσθην 여기다

λυπέω ἐλύπησα λελύπηκα λελύπημαι ἐλυπήθην 슬퍼하다

λύω λύσω ἔλυσα λέλυκα λέλυμαι ἐλύθην 풀다, 파괴하다

M

μαρτυρέω μαρτυρήσω ἐμαρτύρησα μεμαρτύρηκα μεμαρτύρημαι ἐμαρτυρήθην 증거하다

μαρτύρομαι 증거하다

μαστιγόω μαστιγώσω ἐμαστίγωσα μεμαστίγωμαι ἐμαστιγώσθην 채찍질하다

μεγαλύνω μεγαλυνῶ ἐμεγάλυνα ἐμεγαλύνθην 위대하게 하다

μεθύσκω μεθύσω ἐμέθυσα ἐμεθύσθην 술 취하다.

μέλει ἐμέλησεν 신경쓰다

μέλλω μελλήσω ἐμέλλησα ---하려하다

μένω μενῶ ἔμεινα μεμένηκα 거하다

μερίζω μεριῶ ἐμέρισα μεμέρικα μεμέρισμαι ἐμερίσθην 나누다

μεριμνάω μεριμνήσω ἐμερίμνησα 염려하다

μεταπέμπω[주)] μετεπεμψάμην 부르러 보내다

μεταστρέφω μεταστρέψω μετέστρεψα μετεστράφην 변하다

μιμνῄσκομαι μνησθήσομαι μέμνημαι ἐμνήσθην 기억하다

μισέω μισήσω ἐμίσησα μεμίσηκα μεμίσημαι ἐμνήσθην 미워하다

N

νίπτω ἔνιψα 씻다

νομίζω ἐνόμισα νενόμικα νενόμισμαι ἐνομίσθην 생각하다

주) 신약에는 오직 중간태와 수동태형만이 나타난다

Ξ

ξηραίνω ξηρανῶ ἐξήρανα ἐξήραμμαι ἐξηράνθην 마르다

Ο

ὁδεύω ὥδευσα 여행하다

οἶδα ᾔδειν 알다(완료와 과거완료만 존재)

οἰκοδομέω οἰκοδομήσω ᾠκοδόμησα ᾠκοδόμημαι ᾠκοδομήθην 짓다

ὀνειδίζω ὀνειδιῶ ὠνείδισα ὠνειδίσθην 비난하다

ὀνομάζω ὀνομάσω ὠνόμασα ὠνομάσθην 이름짓다

ὁράω ὄψομαι εἶδον ἑώρακα ἑώραμαι ὤφθην 보다

ὀφείλω ὀφειλήσω ὠφείλησα ὠφείληκα ὠφειλήθην 빚지다

Π

παραβαίνω παραβήσομαι παρέβην 깨다 어기다

παραγγέλλω παρήγγειλα 명령하다

παραγίνομαι παρεγενόμην παραγέγονα παρεγενήθην 오다

παράγω παρήγαγον παρήχθην 지나가다

παραδίδωμι παραδώσω παρέδωκα παραδέδωκα παραδέδομαι παρεδόθην 넘겨주다

παρακαλέω παρακαλῶ παρεκάλεσα παρακέκληκα παρακέκλημαι παρεκλήθην 권고하다

παρακολουθέω παρακολουθήσω παρηκολούθησα παρηκολούθηκα 가까이 따르다

παραλαμβάνω παρέλαβον 취하다

παρατηρέω παρετήρησα 감시하다

παρατίθημι παραθήσω παρέθηκα 맡기다, 베풀어 두다

πάρειμι παρέσομαι 있다

παρεισέρχομαι παρεισῆλθον 가만히 들어오다

πάσχω παθοῦμαι ἔπαθον πέπονθα 어려움을 겪다

παύω παύσω ἔπαυσα 멈추게 하다

πεινάω πεινάσω ἐπείνασα 배고프다

πειράζω πειράσω ἐπείρασα πεπείρασμαι ἐπειράσθην 시험하다

πέμπω πέμψω ἐπέμψα πέπομφα ἐπέμφθην 보내다

περιάγω περιάξω περιήγαγον περιαγήοκα περιήγμαι περιήχθην 돌아다니다

περιβάλλω περιβαλῶ περιέβαλον 옷을 두르다

περιβλέπω περιβλέψομαι περιέβλεψα 둘러보다

περιέχω περιέξω περιέσχον 둘러싸다

περιζώννυμι περιέζωσα 옷을 두르다

περιπατέω περιπατήσω περιεπάτησα 걷다

πίμπλημι πλήσω ἔπλησα ἐπλήσθην 충만하다

πίνω πίομαι ἔπιον πέπωκα πέπομαι ἐπόθην 마시다

πίπτω πεσοῦμαι ἔπεσον πέπτωκα 떨어지다

πιστεύω πιστεύσω ἐπίστευσα πεπίστευκα πεπίστευμαι ἐπιστεύθην 믿다

πλανάω πλανήσω ἐπλάνησα πεπλάνημαι ἐπλανήθην 방황하다

πλεονάζω πλεονάσω ἐπλεόνασα 증가하다

πληθύνω πληθυνῶ ἐπληθύνα πεπληθύμμαι ἐπληθύνθην 가득차다

πληρόω πληρώσω ἐπλήρωσα πεπλήρωκα πεπλήρωμαι ἐπληρώθην 충만하다

ποιέω ποιήσω ἐπίησα πεποίηκα πεποίημαι ἐποιήθην 만들다

ποιμαίνω ποιμανῶ ἐποίμανα 치다 먹이다

πράσσω πράξω ἔπραξα πέπραξα πέπραχα ἐπράχθην 행하다

προάγω προάξω προήγαγον προήχθην 앞서서 가다

προετοιμάζω προετοιμάσω προητοίμασα προητοίμακα προητοίμασμαι προητοιμάσθην 예정하다

προσδοκάω προσδοκήσω προσεδόκησα 기대하다

προσέρχομαι προσελεύσομαι προσῆλθον προσελήλυθα ~에게 가다

προσεύχομαι προσεύξομαι προσηυξάμην 기도하다

προσέχω προσέξω προσέσχον προσέσχηκα ---에 빠지다

προσκολλάω προσκολλήσω προσεκολλήθην 열중하다

προσκόπτω προσκόψω προσέκοψα 부딪히다

προσκυνέω προσκυνήσω προσεκύνησα 경배하다

προσμένω προσμενῶ προσέμεινα 함께 머물다

προσπίπτω προσέπεσον 엎드리다

προσρήγνυμι προσρήξω προσέρηξα 부딪히다

προστάσσω προσέταξα προστέταχα προστέταγμαι προσετάχθην 명령하다

προστίθημι προσθήσω προσέθηκα προστέθεικα προσετέθην 더하다

προστρέχω προσέδραμον -에게 달려가다

προσφέρω προσοίσω προήνεγκα προσενήνοκα προσηνέχθην -에게 가져오다

προσφονέω προσεφώνησα 부르다

προφητεύω προφητεύσω ἐπροφήτευσα πεπροφέτευμαι προεφητεύθην 예언하다

πτύσσω ἔπτυξα 말다

πτύω ἔπτυσα 침뱉다

P

ῥέω ῥεύσω ἐρρύην 흐르다

Σ

σαλπίζω σαλπίσω ἐσάλπισα 나팔불다

σέβω 예배하다

σιγάω σιγήσω ἐσίγησα 잠잠하다

σκανδαλίζω ἐσκανδάλισα ἐσκανδαλίσθην 넘어지게 하다

σπαράσσω ἐσπάραξα ἐσπάραγμαι ἐσπαράχθην 찢다

σπείρω σπερῶ ἔσπειρα ἔσπαρκα ἐσπάρην 씨뿌리다

σπεύδω σπεύσω ἔσπευσα 서두르다

σπλαγχνίζομαι σπλαγχνισθήσομαι ἐσπλαγχνίσθην 동정하다

σταυρόω σταυρώσω ἐσταύρωσα ἐσταύρωμαι ἐσταυρώθην 십자가에 못박다

στενάζω στενάξω ἐστέναξα 신음하다

στυγνάζω ἐστύγνασα 슬픈 기색을 하다

συζητέω 논의하다

συλλαμβάνω συλλήμψομαι συνέλαβον συνείληφα συνελήμφθην 붙잡다

συμβαίνω συμβήσομαι συνέβην συμβέβηκα 함께 가다

συμπαραγίνομαι συμπαρεγενόμην 함께 오다

συμπίπτω συνέπεσον συμπέπωκα 함께 무너지다

συμπνίγω συνέπνιξα 목조르다

συμφωνέω συμφωνήσω συνεφώνησα συμφωνήθην 일치하다

συνάγω συνάξω συνήγαγον συνήχθην 모으다

συνανάκειμαι 식탁에 함께 눕다

συνέρχομαι συνελεύσομαι συνῆλθον συνελήλυθα 함께 오다

συνίημι συνήσω συνῆκα 이해하다

συντάσσω συνέταξα συνέταχα 명령하다

συντρίβω συντρίψω συνέτριψα συνετρίβην 깨뜨리다

συσπαράσσω συνεσπάραξα 경련시키다

σχίζω σχίσω ἔσχισα ἐσχίσθην 나누다 떼어내다

σώζω σώσω ἔσωσα σέσωκα σέσωμαι ἐσώθην 구원하다

σωφρονέω ἐσωφρόνησα 정신이 온전하다

T

τελειόω τελειώσω ἐτελείωσα τετελείωκα τετελείωμαι ἐτελειώθην 완성하다

τελεσφορέω 열매맺다

τελευτάω τελευτήσω ἐτελεύτησα τετελεύτηκα 죽다

τηρέω τηρήσω ἐτήρησα τετήρηκα τετήρημαι ἐτηρήθην 지키다

τίθημι θήσω ἔθηκα τέθεικα τέθειμαι ἐτέθην 두다

τίκτω τέξομαι ἔτεκον τέτοκα ἐτέχθην 낳다

τιμάω τιμήσω ἐτίμησα τετίμηκα τετίμημαι ἐτιμήθην 경외하다

τρέχω δραμοῦμαι ἔδραμον δεδράμηκα δεδράμημαι 달리다

τρώγω τρώξω ἔτρωξα τέτρωγμαι 먹다

τύπτω ἔτυψα 치다, 때리다

Y

ὑγιαίνω 건강하다

ὑπάγω ὑπάξω ὑπήγαγον ὑπῆχα ὑπῆγμαι ὑπήχθην 떠나다

ὑπακούω ὑπακούσομαι ὑπήκουσα ὑπακήκοα ὑπηκούσθην 순종하다

ὑπαντάω ὑπαντήσομαι ὑπήντησα 만나다

ὑπάρχω ὑπάρξω ὑπῆρξα 이다

ὑπηρετέω ὑπηρέτησω ὑπηρήτησα 섬기다

ὑποδείκνυμι ὑποδείξω ὑπέδειξα ὑπεδείχθην 드러내다

ὑποδέω[주)] ὑπεδησάμην 착용하다

ὑποκρίνομαι ὑπεκρίθην ~인체 하다

ὑπολαμβάνω ὑπέλαβον ὑπείληφα 취하여 올리다

ὑποστρέφω ὑποστρέψω ὑπέστρεψα 돌이키다

주) 신약성경에는 중간태형이 지배적으로 나타난다

ὑποτάσσω ὑποτάξω ὑπέταξα ὑποτέταχα ὑποτέταγμαι ὑπετάγην 굴복시키다

Φ

φαίνω φανῶ ἔφηνα πέφηνα πεφάσμαι ἐφάνην 비추다

φανερόω φανερώσω ἐφανέρωσα πεφανέρωμαι ἐφανερώθην 드러내다

φέρω οἴσω ἤνεγκα ἐνήνοκα ἠνέχθην 가져오다

φεύγω φεύξομαι ἔφυγον πέφυγα 도망가다

φημί ἔφην 확언하다

φθάνω ἔφθασα ἔφθακα 앞서가다

φιλέω φιλήσω ἐφίλησα πεφίληκα πεφίλημαι ἐφιλήθην 사랑하다

φοβέομαι φοβηθήσομαι ἐφοβήθην 두려워하다

φρίσσω ἔφριξα πέφρικα 떨다

φωνέω φωνήσω ἐφώνησα ἐφωνήθην 소리내다

Χ

χαίρω ἐχάρην 기뻐하다

χορτάζω ἐχόρτασα ἐχορτάσθην 배부르다

χρονίζω χρονίσω ἐχρόνισα κεχρόνικα 지체하다

기 타

Α

ἀληθῶς 진실로

ἀλλά 그러나

ἀμήν 참으로

ἄν 가정을 나타내는 접속사

ἄνω 위

ἀπό (+소)에서부터

ἄρα 그러면

ἀσώτως 방탕하게

Γ

γάρ 왜냐하면

γε 그러한, 그렇게, 또한

Δ

δέ 그러나

δή 그러므로

δία (+목)때문에 (+소)통하여

διό 그러므로

διότι 왜냐하면

δυσκόλως 어렵게

Ε

ἐάν 만일(+가정법)

ἐγγύς 가까이

εἰς (+목)안으로

εἶτα 그때에

εἰτέ - εἰτέ - -이든 -이든

ἐκ (+소)밖으로

ἐκεῖ 거기에

ἐκεῖθεν 거기로부터

εμπροσθεν 앞에

ἐν (+여)안에

ἕνεκα -때문에

ἐνώπιον -앞에

ἔξωθεν 바깥으로부터

ἑπτάκις 일곱번

ἐπαύριον 다음날

ἐπί (+여)에 (+소)가까이에 (+목)에

ἔσωθεν 안으로부터

ἔτι 여전히

εὐθύς 곧

ἕως -까지

Η

η 혹은

ἡδέως 기쁨으로 즐거워

ἤδη 이미

I

ἰδού 보라!

ἵνα -위하여 (+가정법)

K

καθάπερ 마치 -처럼

καθώς -같이

καί 그리고

κακῶς 심하게

καλῶς 잘, 선하게

κατά (+목)따라서, (+소)대항하여

κάτω 아래로

Λ

λάθρᾳ 은밀히

λίαν 매우

M

μακροθέν 멀리서부터

μᾶλλον 더욱

μάτην 공허하게

μέν 한편으로는

μετά (+소)함께 (+목)뒤에

μέχρι -까지

μή 아니

μήποτε 하지않도록

N

ναί 네

νῦν 지금, 이제

O

ὁ ἡ τό 관사

ὁμοίως 마찬가지로

ὀπίσω 뒤에

ὅπου -곳

ὅπως -하기 위하여

ὀρθῶς 정확하게

ὅταν -때(+가정법)

ὅτε -할 때

ὅτι 왜냐하면, -한 바

οὐ,κ. 아니

οὐαί 화로다

οὐδέ -까지도 아니

οὐκέτι 더 이상 -않는

οὖν 그러므로

οὔπω 아직 -아닌

οὕτως 그러므로

Π

πάλιν 다시

πάντοτε 항상

παρά (+소)에서부터, (+여)곁에, (+목)주변에

παραχρῆμα 즉시

πέραν 반대편

περὶ (+소)대하여, (+목)주위에

πλήν 더욱

πλησίον 이웃한

πόθεν 어디로부터?

πόρρω 멀리

πόρρωθεν 멀리서부터

ποῦ 어디에? 어디로?

πρίν −전에

πρό (+소)앞에

πρός (+목)향하여

πρωΐ 아침 일찍

πῶς 어떻게?

Σ

σήμερον 오늘

σφόδρα 매우

σύν (+여)함께

T

τέ 그리고

τις τι 어떤

τίς τί 누구? 무엇?

τότε 그때

Y

ὑπέρ (+소)위하여, (+목)위에

ὑπό (+소)에 의하여, (+목)아래에

X

χωρίς -없이

Ω

ὧδε 여기

ὡς −같이

ὡσεί −처럼

ὥστε 그러므로, 그래서

APPENDIX 02

신약성경 헬라어 PARADIGM

신약성경 헬라어 PARADIGM

2
APPENDIX

1. 관사의 변화

	단수			복수		
	남성	여성	중성	남성	여성	중성
주	ὁ	ἡ	τό	οἱ	αἱ	τά
소	τοῦ	τῆς	τοῦ	τῶν	τῶν	τῶν
여	τῷ	τῇ	τῷ	τοῖς	ταῖς	τοῖς
목	τόν	τήν	τό	τούς	τάς	τά

2. 관계대명사의 변화

	단수			복수		
	남성	여성	중성	남성	여성	중성
주	ὅς	ἥ	ὅ	οἵ	αἵ	ἅ
소	οὗ	ἧς	οὗ	ὧν	ὧν	ὧν
여	ᾧ	ᾗ	ᾧ	οἷς	αἷς	οἷς
목	ὅν	ἥν	ὅ	οὕς	ἅς	ἅ

3. 2-1-2변화 형용사

	단수			복수		
	남성	여성	중성	남성	여성	중성
주	κακός	κακή	κακόν	κακοί	κακαί	κακά
소	κακοῦ	κακῆς	κακοῦ	κακῶν	κακῶν	κακῶν
여	κακῷ	κακῇ	κακῷ	κακοῖς	κακαῖς	κακοῖς
목	κακόν	κακήν	κακόν	κακούς	κακάς	κακά
호	κακέ	κακή	κακόν	κακοί	κακαί	κακά

4. 인칭 대명사

1) 1, 2인칭

	단수		복수	
	1인칭	2인칭	1인칭	2인칭
주	ἐγώ	σύ	ἡμεῖς	ὑμεῖς
소	μου (ἐμοῦ)	σου (σοῦ)	ἡμῶν	ὑμῶν
여	μοι (ἐμοί)	σοι (σοί)	ἡμῖν	ὑμῖν
목	με (ἐμέ)	σε (σέ)	ἡμᾶς	ὑμᾶς

2) 3인칭

	단수			복수		
	남성	여성	중성	남성	여성	중성
주	αὐτός	αὐτή	αὐτό	αὐτοί	αὐταί	αὐτά
소	αὐτοῦ	αὐτῆς	αὐτοῦ	αὐτῶν	αὐτῶν	αὐτῶν
여	αὐτῷ	αὐτῇ	αὐτῷ	αὐτοῖς	αὐταῖς	αὐτοῖς
목	αὐτόν	αὐτήν	αὐτό	αὐτούς	αὐτάς	αὐτά

5. 지시대명사

1) 근칭대명사

	단수			복수		
	남성	여성	중성	남성	여성	중성
주	οὗτος	αὕτη	τοῦτο	οὗτοι	αὗται	ταῦτα
소	τούτου	ταύτης	τούτου	τούτων	τούτων	τούτων
여	τούτῳ	ταύτῃ	τούτῳ	τούτοις	ταύταις	τούτοις
목	τοῦτον	ταύτην	τοῦτο	τούτους	ταύτας	ταῦτα

2) 원칭대명사

	단수			복수		
	남성	여성	중성	남성	여성	중성
주	ἐκεῖνος	ἐκείνη	ἐκεῖνο	ἐκεῖνοι	ἐκεῖναι	ἐκεῖνα
소	ἐκείνου	ἐκείνης	ἐκείνου	ἐκείνων	ἐκείνων	ἐκείνων
여	ἐκείνῳ	ἐκείνῃ	ἐκείνῳ	ἐκείνοις	ἐκείναις	ἐκείνοις
목	ἐκεῖνον	ἐκείνην	ἐκεῖνο	ἐκείνους	ἐκείνας	ἐκεῖνα

6. 재귀대명사

1) 1인칭

	단수			복수		
	남성	여성	중성	남성	여성	중성
소	ἐμαυτοῦ	ἐμαυτῆς	ἐμαυτοῦ	ἑαυτῶν	ἑαυτῶν	ἑαυτῶν
여	ἐμαυτῷ	ἐμαυτῇ	ἐμαυτῷ	ἑαυτοῖς	ἑαυταῖς	ἑαυτοῖς
목	ἐμαυτόν	ἐμαυτήν	ἐμαυτό	ἑαυτούς	ἑαυτάς	ἑαυτά

2) 2인칭

	단수			복수		
	남성	여성	중성	남성	여성	중성
소	σεαυτοῦ	σεαυτῆς	σεαυτοῦ	ἑαυτῶν	ἑαυτῶν	ἑαυτῶν
여	σεαυτῷ	σεαυτῇ	σεαυτῷ	ἑαυτοῖς	ἑαυταῖς	ἑαυτοῖς
목	σεαυτόν	σεαυτήν	σεαυτό	ἑαυτούς	ἑαυτάς	ἑαυτά

3) 3인칭

	단수			복수		
	남성	여성	중성	남성	여성	중성
소	ἑαυτοῦ	ἑαυτῆς	ἑαυτοῦ	ἑαυτῶν	ἑαυτῶν	ἑαυτῶν
여	ἑαυτῷ	ἑαυτῇ	ἑαυτῷ	ἑαυτοῖς	ἑαυταῖς	ἑαυτοῖς
목	ἑαυτόν	ἑαυτήν	ἑαυτό	ἑαυτούς	ἑαυτάς	ἑαυτά

7. 1변화 명사

1) 여성 명사

	단수			복수		
	-α변화	-η변화	혼합변화	동일하게 변화함		
주	ἀλήθεια	φωνή	δόξα	ἀλήθειαι	φωναί	δόξαι
소	ἀλήθειας	φωνῆς	δόσης	ἀληθειῶν	φωνῶν	δοξῶν
여	ἀληθείᾳ	φωνῇ	δόξῃ	ἀληθείαις	φωναῖς	δόξαις
목	ἀλήθειαν	φωνήν	δόξαν	ἀλήθειας	φωνάς	δόξας

2) 남성 명사

	단수	복수
주	προφήτης	προφῆται
소	προφήτου	προφητῶν
여	προφήτῃ	προφήταις
목	προφήτην	προφήτας
호	προφῆτα	προφῆται

8. 2변화 명사

	단수	복수
주	ἄνθρωπος	ἄνθρωποι
소	ἀνθρώπου	ἀνθρώπων
여	ἀνθρώπῳ	ἀνθρώποις
목	ἄνθρωπον	ἀνθρώπους
호	ἄνθρωπε	ἄνθρωποι

9. 3변화 명사

	단수			복수		
	남성	여성	중성	남성	여성	중성
주	ἄρχων	νύξ	ὄνομα	ἄρχοντες	νύκτες	ὀνόματα
소	ἄρχοντος	νυκτός	ὀνόματος	ἀρχόντων	νυκτῶν	ὀνομάτων
여	ἄρχοντι	νυκτί	ὀνόματι	ἄρχουσι	νυξί	ὀνόμασι
목	ἄρχοντα	νύκτα	ὄνομα	ἄρχοντας	νύκτας	ὀνόματα

10. 3변화 명사의 변형

	단수			복수		
	남성	여성	중성	남성	여성	중성
주	βασιλεύς	πίστις	ἔθνος	βασιλεῖς	πίστεις	ἔθνη
소	βασιλέως	πίστεως	ἔθνους	βασιλέων	πιστέων	ἔθνων
여	βασιλεῖ	πίστει	ἔθνει	βασιλεῦσι	πίστεσι	ἔθνεσι
목	βασιλέα	πίστιν	ἔθνος	βασιλεῖς	πίστεις	ἔθνη

	단수		복수	
주	πατήρ	γυνή	πατέρες	γυναῖκες
소	πατρός	γυναικός	πατέρων	γυναικῶν
여	πατρί	γυναικί	πατράσι	γυναιξί
목	πατέρα	γυναῖκα	πατέρες	γυναῖκες

11. 3변화 형용사

1) 3-1-3변화

	단수			복수		
	남성	여성	중성	남성	여성	중성
주	πᾶς	πᾶσα	πᾶν	πάντες	πᾶσαι	πάντα
소	παντός	πάσης	παντός	πάντων	πασῶν	πάντων
여	παντί	πάσῃ	παντί	πᾶσι	πασαῖς	πᾶσι
목	πάντα	πάσαν	πᾶν	πάντας	πάσας	πάντα

2) 어간이 모음으로 끝나는 형용사의 변화 (제 3변화 형용사)

	단수		복수	
	남성, 여성	중성	남성, 여성	중성
주	πληρής	πληρές	πληρεῖς	πληρῆ
소	πληροῦς	πληροῦς	πληρῶν	πληρῶν
여	πληρεῖ	πληρεῖ	πληρέσι	πληρέσι
목	πληρῆ	πληρές	πληρεῖς	πληρῆ

3) 어간이 λ로 끝나는 형용사의 변화

	단수			복수		
	남성	여성	중성	남성	여성	중성
주	πολύς	πολλή	πολύ	πολλοί	πολλαί	πολλά
소	πολλοῦ	πολλῆς	πολλοῦ	πολλῶν	πολλῶν	πολλῶν
여	πολλῷ	πολλῇ	πολλῷ	πολλοῖς	πολλαῖς	πολλοῖς
목	πολύν	πολλήν	πολύ	πολλούς	πολλάς	πολλά

	단수			복수		
	남성	여성	중성	남성	여성	중성
주	μέγας	μεγάλη	μέγα	μέγαλοι	μέγαλαι	μέγαλα
소	μεγάλου	μεγάλης	μεγάλου	μεγάλων	μεγαλῶν	μεγάλων
여	μεγάλῳ	μεγάλῃ	μεγάλῳ	μεγάλοις	μεγάλαις	μεγάλοις
목	μέγαν	μεγάλην	μέγα	μεγάλους	μεγάλας	μέγαλα

12. 형용사의 비교급

1) μέγας

	단수		복수	
	남성, 여성	중성	남성, 여성	중성
주	μείζων	μεῖζον	μείζονες	μείζονα
소	μείζονος	μείζονος	μειζόνων	μειζόνων
여	μείζονι	μείζονι	μείζοσι	μείζοσι
목	μείζονα	μεῖζον	μείζονας	μείζονα

2) μικρός

	단수			복수		
	남성	여성	중성	남성	여성	중성
주	μικρότερος	μικρότερα	μικρότερον	μικρότεροι	μικρότεραι	μικρότερα
소	μικροτέρου	μικρότερας	μικροτέρου	μικροτέρων	μικροτερῶν	μικροτέρων
여	μικροτέρῳ	μικροτέρᾳ	μικροτέρῳ	μικροτέροις	μικροτέραις	μικροτέροις
목	μικρότερον	μικρότεραν	μικρότερον	μικροτέρους	μικροτέρας	μικρότερα

13. 의문대명사

	단수		복수	
	남성, 여성	중성	남성, 여성	중성
주	τίς	τί	τίνες	τίνα
소	τίνος	τίνος	τίνων	τίνων
여	τίνι	τίνι	τίσι	τίσι
목	τίνα	τί	τίνας	τίνα

14. 부정대명사

	단수		복수	
	남성, 여성	중성	남성, 여성	중성
주	τις	τι	τινές	τινά
소	τινός	τινός	τινῶν	τινῶν
여	τινί	τινί	τισί	τισί
목	τινά	τι	τινάς	τινά

15. 수사

	하나			셋	
	남성	여성	중성	남성, 여성	중성
주	εἷς	μία	ἕν	τρεῖς	τρία
소	ἑνός	μιᾶς	ἑνός	τριῶν	τριῶν
여	ἑνί	μιᾷ	ἑνί	τρισί,ν.	τρισί,ν.
목	ἕνα	μίαν	ἕν	τρεῖς	τρία

16. 분사의 변화

1) 능동태

	단수			복수		
	남성	여성	중성	남성	여성	중성
주	πιστεύων	πιστεύουσα	πίστευον	πιστεύονται	πιστεύουσαι	πιστεύοντα
소	πιστεύοντος	πιστευούσης	πιστεύοντος	πιστευόντων	πιστευουσῶν	πιστευόντων
여	πιστεύοντι	πιστευούσῃ	πιστεύοντι	πιστεύουσι	πιστευούσαις	πιστεύουσι
목	πιστεύοντα	πιστεύουσαν	πίστευον	πιστεύοντας	πιστευούσας	πιστεύοντα

2) 현재 중간-수동태

	단수			복수		
	남성	여성	중성	남성	여성	중성
주	πιστευόμενος	πιστευομένη	πιστευόμενον	πιστευόμενοι	πιστευόμεναι	πιστευόμενα
소	πιστευομένου	πιστευομένης	πιστευομένου	πιστευομένων	πιστευομενῶν	πιστευομένων
여	πιστευομένῳ	πιστευομένῃ	πιστευομένῳ	πιστευομένοις	πιστευομέναις	πιστευομένοις
목	πιστευόμενον	πιστευομένην	πιστευόμενον	πιστευομένους	πιστευομένας	πιστευόμενα

3) 단순과거 능동태 분사

	단수			복수		
	남성	여성	중성	남성	여성	중성
주	πίστευσας	πιστεύσασα	πίστευσαν	πιστεύσαντες	πιστεύσασαι	πιστεύσαντα
소	πιστεύσαντος	πιστευσάσης	πιστεύσαντος	πιστευσάντων	πιστευσασῶν	πιστευσάντων
여	πιστεύσαντι	πιστευσάσῃ	πιστεύσαντι	πιστεύσασι	πιστευσάσαις	πιστεύσασι
목	πιστεύσαντα	πιστεύσασαν	πίστευσαν	πιστεύσαντες	πιστευσάσας	πιστεύσαντα

4) 단순과거 중간태 분사

	단수			복수		
	남성	여성	중성	남성	여성	중성
주	πιστευσάμενος	πιστευσαμένη	πιστευσάμενον	πιστευσάμενοι	πιστευσάμεναι	πιστευσάμενα
소	πιστευσαμένου	πιστευσαμένης	πιστευσαμένου	πιστευσαμένων	πιστευσαμενῶν	πιστευσαμένων
여	πιστευσαμένῳ	πιστευσαμένῃ	πιστευσαμένῳ	πιστευσαμένοις	πιστευσαμέναις	πιστευσαμένοις
목	πιστευσάμενον	πιστευσαμένην	πιστευσάμενον	πιστευσαμένους	πιστευσαμένας	πιστευσάμενα

5) 단순과거 수동태 분사

	단수			복수		
	남성	여성	중성	남성	여성	중성
주	πιστευθείς	πιστευθεῖσα	πιστευθέν	πιστευθέντες	πιστευθεῖσαι	πιστευθέντα
소	πιστευθέντος	πιστευθείσης	πιστευθέντος	πιστευθέντων	πιστευθεισῶν	πιστευθέντων
여	πιστευθέντι	πιστευθείσῃ	πιστευθέντι	πιστευθεῖσι	πιστευθείσαις	πιστευθεῖσι
목	πιστευθέντα	πιστευθεῖσαν	πιστευθέν	πιστευθέντας	πιστευθείσας	πιστευθέντα

17. 규칙동사 πιστεύω의 변화

구분			πιστεύω				πιστεύσω	
			현재 능동태	미완료 능동태	현재 중간, 수동태	미완료 중간, 수동태	미래 능동태	미래 중간태
직설법	단수	1	πιστεύω	ἐπίστευον	πιστεύομαι	ἐπιστευόμην	πιστεύσω	πιστεύσομαι
		2	πιστεύεις	ἐπίστευες	πιστεύῃ	ἐπιστεύου	πιστεύσεις	πιστεύσῃ
		3	πιστεύει	ἐπίστευε,ν.	πιστεύεται	ἐπιστεύετο	πιστεύσει	πιστεύσεται
	복수	1	πιστεύομεν	ἐπιστεύομεν	πιστευόμεθα	ἐπιστευόμεθα	πιστεύσομεν	πιστευσόμεθα
		2	πιστεύετε	ἐπιστεύετε	πιστεύεσθε	ἐπιστεύεσθε	πιστεύσετε	πιστεύσεσθε
		3	πιστεύουσι	ἐπίστευον	πιστεύονται	ἐπιστεύοντο	πιστεύσουσι	πιστεύσονται
가정법	단수	1	πιστεύω		πιστεύωμαι			
		2	πιστεύῃς		πιστεύῃ			
		3	πιστεύῃ		πιστεύηται			
	복수	1	πιστεύωμεν		πιστευώμεθα			
		2	πιστεύητε		πιστεύησθε			
		3	πιστεύωσι(ν)		πιστεύωνται			
명령법	단수	2	πίστευε		πιστεύου			
		3	πιστευέτω		πιστευέσθω			

구분			πιστεύω				πιστεύσω	
			현재 능동태	미완료 능동태	현재 중간, 수동태	미완료 중간, 수동태	미래 능동태	미래 중간태
	복	2	πιστεύετε		πιστεύεσθε			
	수	3	πιστευέτωσαν		πιστευέσθωσαν			
부정법			πιστεύειν		πιστεύεσθαι			
분사			πιστεύων		πιστευόμενος			
			πιστεύουσα		πιστευομένη			
			πίστευον		πιστευόμενον			

	ἐπίστευσα		πεπίστευκα		πεπίστευμαι	ἐπιστεύθην	
	단순과거 능동태	단순과거 중간태	완료 능동태	과거완료 능동태	완료 중간수동태	부정과거 수동태	미래 수동태
1	ἐπίστευσα	ἐπιστευσάμην	πεπίστευκα	(ἐ)πεπιστεύκειν	πεπίστευμαι	ἐπιστεύθην	πιστευθήσομαι
2	ἐπίστευσας	ἐπιστεύσω	πεπίστευκας	(ἐ)πεπιστεύκεις	πεπίστευσαι	ἐπιστεύθης	πιστευθήσῃ
3	ἐπίστευσε(ν)	ἐπιστεύσατο	πεπίστευκε	(ἐ)πεπιστεύκει	πεπίστευται	ἐπιστεύθη	πιστευθήσεται
1	ἐπιστεύσαμεν	ἐπιστευσάμεθα	πεπιστεύκαμεν	(ἐ)πεπιστεύκειμεν	πεπιστεύμεθα	ἐπιστεύθημεν	πιστευθησόμεθα
2	ἐπιστεύσατε	ἐπιστεύσασθε	πεπιστεύκατε	(ἐ)πεπιστεύκειτε	πεπίστευσθε	ἐπιστεύθητε	πιστευθήσεσθε
3	ἐπίστευσαν	ἐπιστεύσαντο	πεπίστευκαν	(ἐ)πεπιστεύκεισαν	πεπίστευνται	ἐπιστεύθησαν	πιστευθήσονται
1	πιστεύσω					πιστευθῶ	
2	πιστεύσῃς					πιστευθῇς	
3	πιστεύσῃ					πιστευθῇ	
1	πιστεύσωμεν					πιστευθῶμεν	
2	πιστεύσητε					πιστευθῆτε	
3	πιστεύσωσι(ν)					πιστευθῶσι(ν)	
2	πίστευσον	πίστευσαι				πιστεύθητι	
3	πιστευσάτω	πιστευσάσθω				πιστευθήτω	
2	πιστεύσατε	πιστεύσασθε				πιστεύθητε	
3	πιστευσάτωσαν	πιστευσάσθωσαν				πιστευθήτωσαν	
부	πίστευσαι	πιστεύσασθαι	πεπιστεύκεναι	πεπίστευσθαι		πιστευθῆναι	
분사	πίστευσας	πιστευσάμενος	πεπιστευκώς		πεπιστεύμενος	πιστευθείς	
	πιστεύσασα	πιστευσαμένη	πεπιστευκυῖα		πεπιστευμένη	πιστευθεῖσα	
	πίστευσαν	πιστευσάμενον	πεπιστευκός		πεπιστεύμενον	πιστευθέν	

18. 불규칙 동사 βάλλω의 변화

구분			βαλλ-	βαλ-	ἐβαλ-	βεβληκ-	βεβλη-	ἐβληθγ-
			현재 능동태	미래 능동태	단순과거 능동태	완료 능동태	완료 중간,수동태	단순과거 수동태
직설법	단수	1	βάλλω	βαλῶ	ἔβαλον	βέβληκα	βέβλημαι	ἐβλήθην
		2	βάλλεις	βαλεῖς	ἔβαλες	βέβληκας	βέβλησαι	ἐβλήθης
		3	βάλλει	βαλεῖ	ἔβαλε(ν)	βέβληκε(ν)	βέβληται	ἐβλήθη
	복수	1	βάλλομεν	βαλοῦμεν	ἐβάλομεν	βεβλήκαμεν	βεβλήμεθα	ἐβλήθημεν
		2	βάλλετε	βαλεῖτε	ἐβάλετε	βεβλήκατε	βέβλησθε	ἐβλήθητε
		3	βάλλουσι	βαλοῦσι	ἔβαλον	βέβληκαν	βέβληνται	ἐβλήθησαν
가정법	단수	1	βάλλω		βάλω			βληθῶ
		2	βάλλῃς		βάλῃς			βληθῇς
		3	βάλλῃ		βάλῃ			βληθῇ
	복수	1	βάλλωμεν		βάλωμεν			βληθῶμεν
		2	βάλλητε		βάλητε			βληθῆτε
		3	βάλλωσι(ν)		βάωσι			βληθῶσαν
명령법	단수	2	βάλλε		βάλε			βλήθητι
		3	βαλλέτω		βαλέτω			βληθήτω
	복수	2	βάλλετε		βάλετε			βλήθητε
		3	βαλλέτωσαν		βαλέτωσαν			βληθήτωσαν
부정법			βάλλειν		βάλειν	βεβλήκεναι	βέβλησθαι	βληθῆναι
분사			βάλλων		βάλων	βεβληκώς	βεβλήμενος	βληθείς
			βάλλουσα		βάλουσα	βεβληκυῖα	βεβλημένη	βληθεῖσα
			βάλλον		βάλον	βεβληκός	βεβλήμενον	βληθές

19. 단축동사 ἀγαπάω의 현재, 미완료 변화

구분			현재		미완료	
			능동태	중간, 수동태	능동태	중간, 수동태
직설법	단수	1	ἀγαπῶ	ἀγαπῶμαι	ἠγάπων	ἠγαπώμην
		2	ἀγαπᾷς	ἀγαπᾷ	ἠγάπας	ἠγαπῶ
		3	ἀγαπᾷ	ἀγαπᾶται	ἠγάπα	ἠγαπᾶτο
	복수	1	ἀγαπῶμεν	ἀγαπώμεθα	ἠγαπῶμεν	ἠγαπώμεθα
		2	ἀγαπᾶτε	ἀγαπᾶσθε	ἠγαπᾶτε	ἠγαπᾶσθε
		3	ἀγαπῶσι(ν)	ἀγαπῶνται	ἠγάπων	ἠγαπῶντο
가정법	단수	1	ἀγαπῶ	ἀγαπῶμαι		
		2	ἀγαπᾷς	ἀγαπᾷ		
		3	ἀγαπᾷ	ἀγαπᾶται		
	복수	1	ἀγαπῶμεν	ἀγαπώμεθα		
		2	ἀγαπᾶτε	ἀγαπᾶσθε		
		3	ἀγαπῶσι(ν)	ἀγαπῶνται		
명령법	단수	2	ἀγάπα	ἀγαπῶ		
		3	ἀγαπάτω	ἀγαπάσθω		
	복수	2	ἀγαπᾶτε	ἀγαπᾶσθε		
		3	ἀγαπάτωσαν	ἀγαπάσθωσαν		
부정법			ἀγαπᾶν	ἀγαπᾶσθαι		
분사			ἀγαπῶν	ἀγαπώμενος		
			ἀγαπῶσα	ἀγαπωμένη		
			ἀγαπῶν	ἀγαπώμενον		

19-1. 단축동사 φιλέω의 현재, 미완료 변화

구분			현재		미완료	
			능동태	중간, 수동태	능동태	중간, 수동태
직설법	단수	1	φιλῶ	φιλοῦμαι	ἐφίλουν	ἐφιλούμην
		2	φιλεῖς	φιλῇ	ἐφίλεις	ἐφιλοῦ
		3	φιλεῖ	φιλεῖται	ἐφίλει	ἐφιλεῖτο
	복수	1	φιλοῦμεν	φιλούμεθα	ἐφιλοῦμεν	ἐφιλούμεθα
		2	φιλεῖτε	φιλεῖσθε	ἐφιλεῖτε	ἐφιλεῖσεθε
		3	φιλοῦσι(ν)	φιλοῦνται	ἐφίλουν	ἐφιλοῦντο
가정법	단수	1	φιλῶ	φιλῶμαι		
		2	φιλῇς	φιλῇ		
		3	φιλῇ	φιλῆται		
	복수	1	φιλῶμεν	φιλώμεθα		
		2	φιλῆτε	φιλῆσθε		
		3	φιλῶσι(ν)	φιλῶνται		
명령법	단수	2	φίλει	φιλοῦ		
		3	φιλείτω	φιλείσθω		
	복수	2	φιλεῖτε	φιλεῖσθε		
		3	φιλείτωσαν	φιλείσθωσαν		
부정법			φιλεῖν	φιλεῖσθαι		
분사			φιλῶν	φιλούμενος		
			φιλοῦσα	φιλουμένη		
			φιλοῦν	φιλούμενον		

19-2. 단축동사 πληρόω의 현재, 미완료 변화

구분			현재		미완료	
			능동태	중간, 수동태	능동태	중간, 수동태
직설법	단수	1	πληρῶ	πληροῦμαι	ἐπλήρουν	ἐπληρούμην
		2	πληροῖς	πληροῖ	ἐπλήρους	ἐπληροῦ
		3	πληροῖ	πληροῦται	ἐπλήρου	ἐπληροῦτο
	복수	1	πληροῦμεν	πληρούμεθα	ἐπληροῦμεν	ἐπληρούμεθα
		2	πληροῦτε	πληροῦσθε	ἐπληροῦτε	ἐπληροῦσθε
		3	πληροῦσι(ν)	πληροῦνται	ἐπλήρουν	ἐπληροῦντο
가정법	단수	1	πληρῶ	πληρῶμαι		
		2	πληροῖς	πληροῖ		
		3	πληροῖ	πληρῶται		
	복수	1	πληροῦμεν	πληρώμεθα		
		2	πληρῶτε	πληρῶσθε		
		3	πληρῶσι(ν)	πληρῶνται		
명령법	단수	2	πλήρου	πληροῦ		
		3	πληρούτω	πληρούσθω		
	복수	2	πληροῦτε	πληροῦσθε		
		3	πληρούτωσαν	πληρούσθωσαν		
부정법			πληροῦν	πληροῦσθαι		
분사			πληρῶν	πληρούμενος		
			πληροῦσα	πληρουμένη		
			πληροῦν	πληρούμενον		

20. 유음동사 μένω의 미래와 제 1 단순 과거

구분			미래		단순과거	
			능동태	중간태	능동태	중간태
직설법	단수	1	μενῶ	μενοῦμαι	ἔμεινα	ἐμεινάμην
		2	μενεῖς	μενῇ	ἔμεινας	ἐμείνω
		3	μενεῖ	μενεῖται	ἔμεινε	ἐμείνατο
	복수	1	μενοῦμεν	μενούμεθα	ἐμείναμεν	ἐμεινάμεθα
		2	μενεῖτε	μενεῖσθε	ἐμείνατε	ἐμείνασθε
		3	μενοῦσι(ν)	μενοῦνται	ἔμειναν	ἐμείναντο
가정법	단수	1			μένω	μένωμαι
		2			μένῃς	μένῃ
		3			μένῃ	μένηται
	복수	1			μένωμεν	μενώμεθα
		2			μένητε	μένησθε
		3			μένωσι	μένωνται
명령법	단수	2			μένον	μέναι
		3			μενάτω	μενάσθω
	복수	2			μένατε	μένασθε
		3			μενάτωσαν	μενάσθωσαν
부정법					μέναι	μένασθαι
분사					μένας	μενάμενος
					μένασα	μεναμένη
					μέναν	μενάμενον

21. μι동사의 변화

1) δίδωμι

구분			현재		미완료		단순과거	
			능동태	중, 수동태	능동태	중, 수동태	능동태	중간태
직설법	단수	1	δίδωμι	δίδομαι	ἐδίδουν	ἐδιδόμην	ἔδωκα	ἐδόμην
		2	δίδως	δίδοσαι	ἐδίδους	ἐδίδοσο	ἔδωκας	ἔδου
		3	δίδωσι(ν)	δίδοται	ἐδίδου	ἐδίδοτο	ἔδωκε	ἔδοτο
	복수	1	δίδομεν	διδόμεθα	ἐδίδομεν	ἐδιδόμεθα	ἐδώκαμεν	ἐδόμεθα
		2	δίδοτε	δίδοσθε	ἐδίδοτε	ἐδίδοσθε	ἐδώκατε	ἔδοσθε
		3	διδόασι(ν)	δίδονται	ἐδίδοσαν	ἐδίδοντο	ἔδωκαν	ἔδοντο
가정법	단수	1	διδῶ				δῶ	
		2	διδῷς				δῷς	
		3	διδῷ				δῷ	
	복수	1	διδῶμεν				δῶμεν	
		2	διδῶτε				δῶτε	
		3	διδῶσι(ν)				δῶσι(ν)	
명령법	단수	2	δίδου	δίδοσο			δός	
		3	διδότω	διδόσθω			δότω	
	복수	2	δίδοτε	δόδοσθε			δότε	
		3	διδότωσαν	διδόσθωσαν			δότωσαν	
부정법			διδόναι	δίδοσθαι			δοῦναι	
분사			διδούς	διδόμενος			δούς	
			διδοῦσα	διδομένη			δοῦσα	
			διδόν	διδόμενον			δόν	

2) τίθημι

구분			현재		미완료		단순과거	
			능동태	중, 수동태	능동태	중, 수동태	능동태	중간태
직설법	단수	1	τίθημι	τίθεμαι	ἐτίθην	ἐτιθέμην	ἔθηκα	ἐθέμην
		2	τίθης	τίθεσαι	ἐτίθεις	ἐτίθεσο	ἔθηκας	ἔθου
		3	τίθησι(ν)	τίθεται	ἐτίθει	ἐτίθετο	ἔθηκε(ν)	ἔθετο
	복수	1	τίθεμεν	τιθέμεθα	ἐτίθεμεν	ἐτιθέμεθα	ἐθήκαμεν	ἐθέμεθα
		2	τίθετε	τίθεσθε	ἐτίθετε	ἐτίθεσθε	ἐθήκατε	ἔθεσθε
		3	τιθέασι(ν)	τίθενται	ἐτίθεσαν	ἐτίθεντο	ἔθηκαν	ἔθεντο
가정법	단수	1	τιθῶ				θῶ	
		2	τιθῇς				θῇς	
		3	τιθῇ				θῇ	
	복수	1	τιθῶμεν				θῶμεν	
		2	τιθῆτε				θῆτε	
		3	τιθῶσι(ν)				θῶσι(ν)	
명령법	단수	2	τίθει	τίθεσο			θές	
		3	τιθέτω	τιθέσθω			θέτω	
	복수	2	τίθετε	τίθεσθε			θέτε	
		3	τιθέτωσαν	τιθέσθωσαν			θέτωσαν	
부정법			τιθέναι	τίθεσθαι			θεῖναι	
분사			τιθείς	τιθέμενος			θείς	
			τιθεῖσα	τιθεμένη			θεῖσα	
			τιθέν	τιθέμενον			θέν	

3) ἵστημι

구분			현재		미완료		단순과거
			능동태	중, 수동태	능동태	중, 수동태	능동태
직설법	단수	1	ἵστημι	ἵσταμαι	ἵστην	ἱστάμην	ἔστην
		2	ἵστης	ἵστασαι	ἵστης	ἵστασο	ἔστης
		3	ἵστησι(ν)	ἵσταται	ἵστη	ἵστατο	ἔστη
	복수	1	ἵσταμεν	ἱστάμεθα	ἵσταμεν	ἱστάμεθα	ἔστημεν
		2	ἵστατε	ἵστασθε	ἵστατε	ἵστασθε	ἔστητε
		3	ἱστᾶσι(ν)	ἵστανται	ἵστασαν	ἵσταντο	ἔστησαν
가정법	단수	1	ἱστῶ				στῶ
		2	ἱστῇς				στῇς
		3	ἱστῇ				στῇ
	복수	1	ἱστῶμεν				στῶμεν
		2	ἱστῆτε				στῆτε
		3	ἱστῶσι(ν)				στῶσι(ν)
명령법	단수	2	ἵστη	ἵστασο			στῆθι
		3	ἱστάτω	ἱστάσθω			στήτω
	복수	2	ἵστατε	ἵστασθε			στῆτε
		3	ἱστάτωσαν	ἱστάσθωσαν			στήτωσαν
부정법			ἱστάναι	ἵστασθαι			στῆναι
분사			ἱστάς	ἱστάμενος			στάς
			ἱστᾶσα	ἱσταμένη			στᾶσα
			ἱστάν	ἱστάμενον			στάν

22. γινώσκω의 제 2단순과거 능동태 변화

		직설법	가정법	명령법	부정사	분사
단수	1	ἔγνων	γνῶ		γνῶναι	γνούς γνοῦσα γνόν
	2	ἔγνως	γνῷς	γνῶθι		
	3	ἔγνω	γνῷ	γνώτω		
복수	1	ἔγνωμεν	γνῶμεν			
	2	ἔγνωτε	γνῶτε	γνῶτε		
	3	ἔγνωσαν	γνῶσι(ν)	γνώτωσαν		

23. εἰμί의 변화

구분			현재	미완료	미래
직설법	단수	1	εἰμί	ἤμην	ἔσομαι
		2	εἶ	ἦς	ἔσῃ
		3	ἐστί(ν)	ἦν	ἔσται
	복수	1	ἐσμέν	ἦμεν	ἐσόμεθα
		2	ἐστέ	ἦτε	ἔσεσθε
		3	εἰσί(ν)	ἦσαν	ἔσονται
가정법	단수	1	ὦ		
		2	ᾖς		
		3	ᾖ		
	복수	1	ὦμεν		
		2	ἦτε		
		3	ὦσι(ν)		
명령법	단수	2	ἴσθι		
		3	ἔστω		
	복수	2	ἔστε		
		3	ἔστωσαν		
부정법			εἶναι		
분사			ὤν		
			οὖσαι		
			ὄν		

24. οἶδα의 변화

완료	과거완료
οἶδα	ᾔδειν
οἶδας	ᾔδεις
οἶδε(ν)	ᾔδει
οἴδαμεν	ᾔδειμεν
οἴδατε	ᾔδειτε
οἴδασι(ν)	ᾔδεισαν
εἰδῶ	
εἰδῇς	
εἰδῇ	
εἰδῶμεν	
εἰδῆτε	
εἰδῶσι(ν)	
ἴσθι	
ἴστω	
ἴστε	
ἴστωσαν	
εἰδέναι	
εἰδώς	
εἰδυῖα	
εἰδός	

새로운
성경 헬라어 문법

지은이 • 정 창 욱
발행인 • 이 재 서
발행처 • 총신대학교출판부

서울 · 동작구 사당로 143
전 화 3479-0247
등록번호 제 14-24호 (1976. 4. 12)

2008년 3월 31일 1판 1쇄 발행
2019년 8월 31일 1판 4쇄 발행

값 25,000원

ISBN 89-8169-200-9